AF454070

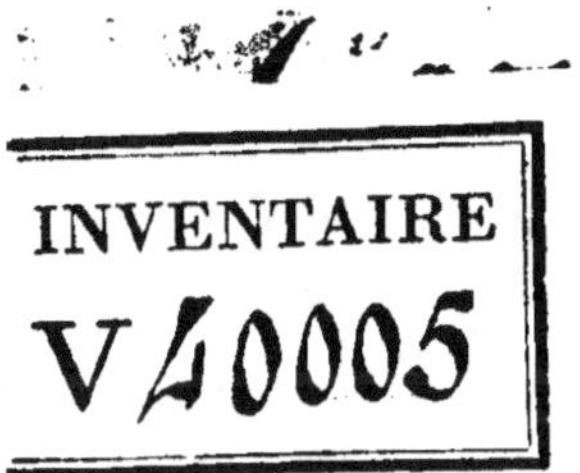

LES

~~CUR~~IOSITÉS

DE

L'EXPOSITION

UNIVERSELLE

PRIX : **1** FRANC

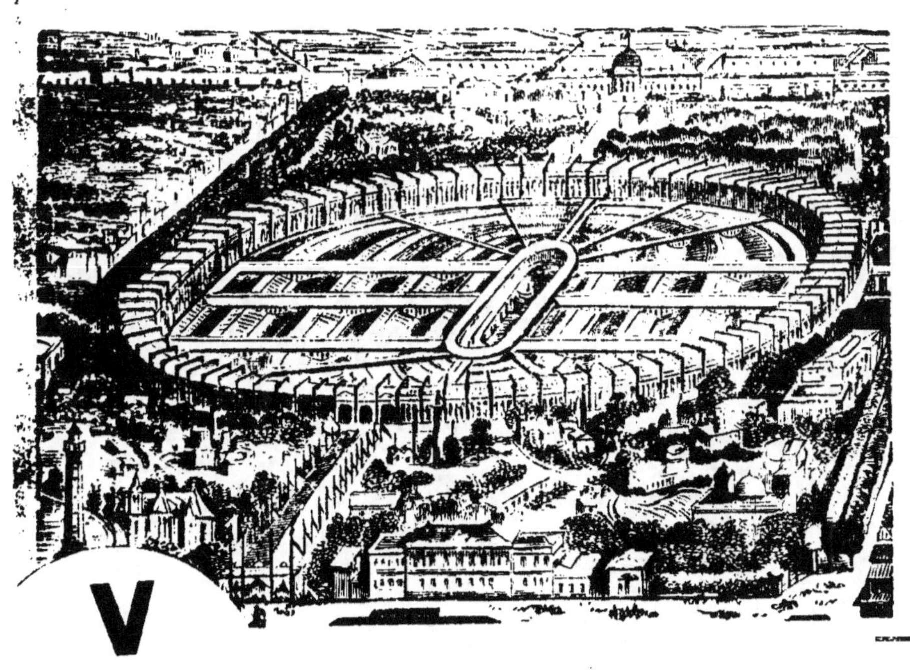

PARIS

~~DE~~GRAVE ET Cⁱᵉ, LIBRAIRES-ÉDITEURS

78, RUE DES ÉCOLES, 78

Juillet 1867.

LES CURIOSITÉS

DE

L'EXPOSITION

UNIVERSELLE DE 1867

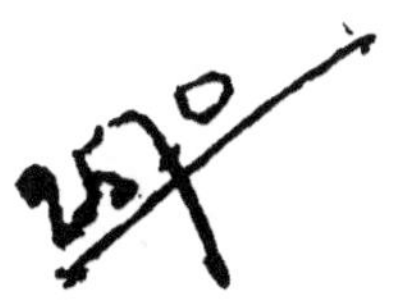

A LA MÊME LIBRAIRIE

PARIS-EXPOSITION. Nouveau guide à Paris en 1867. Pratique, historique, pittoresque. Avec la description des environs. Par Edmond RENAUDIN. 1 beau volume de 500 pages in-18 jésus, orné de 40 gravures et accompagné de 25 plans.

Prix, broché, 2 fr. 50; relié à l'anglaise, 3 fr.

Le même ouvrage, avec une très-belle **Carte de Paris,** tirée en quatre couleurs. Prix, broché, 3 fr.; relié à l'anglaise, 3 fr. 50.

La **CARTE DE PARIS,** séparément :   60 cent.

    —   Avec un **Indicateur des Rues,** et cartonné.   1 fr.

C.

Imprimerie générale de Ch. Lahure, rue de Fleurus, 9, à Paris.

LES CURIOSITÉS

DE

L'EXPOSITION

UNIVERSELLE DE 1867

SUIVI

D'UN INDICATEUR PRATIQUE DES MOYENS DE TRANSPORT, DES PRIX D'ENTRÉE, ETC.

avec six plans

PAR

M. HIPPOLYTE GAUTIER

AVEC LA COLLABORATION

DE MM. ADRIEN DESPREZ, SIMON BOUILLON, GUSTAVE LEJEAL

ET DE PLUSIEURS MEMBRES DU JURY INTERNATIONAL

PARIS

CH. DELAGRAVE ET Cᶦᵉ, LIB.-ÉDITEURS

78, RUE DES ÉCOLES, 78

1867

INTRODUCTION.

« Où est l'Algérie? — Entre la France et les Pays-Bas.

— Irons-nous, ce matin?

— En Algérie soit ! puis au Brésil ! c'est tout près.

— En passant nous déjeunerons en Russie, pour y goûter du caviar.

— Et chez les Chinois, si nous restons ce soir, nous prendrons le thé. »

Propos croisés, qu'on entend tout le jour parmi ces milliers de voyageurs qui sont venus faire leur tour du monde dans un parc de quarante hectares.

On s'est si vite accoutumé à ne plus connaître de distances entre les antipodes dans ce petit coin de la terre, baptisé Champ de Mars, qui la contient tout entière en ce moment! Rien ne paraît plus simple que de voir toutes les nations rassemblées sous un même coup d'œil. D'une exploration en Afrique, d'un dîner en Suède, d'une halte au Canada on ne fait plus que l'affaire d'un instant. Ce sont bouchées pour cet immense Gargantua cosmopolite, qu'on appelle l'homme du dix-neuvième siècle. *Il n'y a plus de Pyrénées!* disait Louis XIV. Pour nous, ni Pyrénées, ni Océan. Nous touchons d'un pied à l'un des pôles, de l'autre à l'équateur. Pendant quelques mois seulement, c'est vrai. Mais que de contrées, de villes, de monuments on peut voir en quelques mois, quand ces contrées, ces villes, ces monuments, plus empressés que les montagnes de Mahomet, se donnent la peine de venir à nous !

C'est de quoi il faut remercier les cinq parties du monde, nous autres, prisonniers des grandes villes, gens de peu de loisir, touristes effrayés des longues traversées, amoureux de nos aises et sujets à la nostalgie !

Rassemblées au bord de la Seine, entre l'avenue de la Bourdonnaye et l'avenue Suffren, toutes les nations se sont mises à portée de vue. Les voilà qui campent parmi nous avec leurs armes et bagages, ou plutôt avec leurs machines, leurs produits, leurs costumes, même leurs habitations, leurs mœurs et leur physionomie. C'est, à coup sûr, plus que nous n'aurions vu chez elles en les parcourant en tous sens; car quel est le voyageur qui après plusieurs mois de séjour dans un pays, en Australie, par exemple, pourra se vanter d'en connaître tout à la fois : l'aspect général, comme nous, par les photographies rapportées de Victoria ; l'activité intellectuelle, comme nous, par la collection des journaux qu'on y publie ; les différents types des races indigènes, comme nous, par les moulages pris sur nature ; les productions minérales, comme nous, par leurs spécimens de pierres précieuses, de quartz aurifère, de lignite et autres richesses de leur sol; les productions végétales, comme nous, en parcourant les serres où sont les plantes de ces contrées, en visitant les galeries où sont rangés leurs bois d'ébénisterie, en feuilletant les herbiers enrichis de leur flore, en essayant les échantillons d'essences extraites des fleurs du pays; l'industrie, comme nous, par la vue de leurs laines, de leurs étoffes, de leurs manchons fabriqués avec des peaux d'opossum et du duvet de cygne noir ; la vie matérielle, par l'essai de leur pain, de leurs viandes salées et conservées, de leurs vins et liqueurs fermentées.... Voilà qui s'appelle *citer au hasard*. Mais qui nous lirait si nous voulions dire longuement tout ce qu'il est si facile de savoir en peu de minutes ?

Et ainsi de tous les pays. Un simple tour de promenade les révèle à nous par mille enseignements dont nous n'avons pas même conscience. Tel est le mérite des Expositions universelles dans un siècle d'activité fiévreuse où l'on n'a jamais le temps ni la force de tout apprendre, qu'on s'y instruit vite, sans étude, bon gré mal gré, par tous les spectacles qui s'y déroulent. On a beau traverser ce palais au pas de course en simple curieux, en visiteur profane, décidé à ne jeter qu'un regard çà et là sur son passage : on ne peut échapper à cette leçon de géographie commerciale, industrielle et morale que donne forcément ce grand collége des nations. Il est difficile de n'en point rapporter, après chaque visite, une riche moisson de connaissances nouvelles acquises sans aucun effort de volonté.

Mais l'exploration n'est pas facile dans ce prodigieux labyrinthe formé de fragments de tous les pays, si l'on ne connaît pas d'avance la position géographique qu'ils y ont prise. Car la topographie du monde réel est bouleversée pour la circonstance. L'Orient se trouve côte à côte avec l'Angleterre à la partie nord du Parc; la Russie est à l'ouest et il faut s'attendre à voir de même renversées partout les notions apprises sur les mappemondes.

Et puis on veut tout voir! Dans l'enthousiasme du début on s'arrête, et longtemps, devant les moindres choses. Ensuite, pressé par l'heure, on erre au hasard, en quête des choses les plus curieuses ou les plus célèbres; et, faute d'explication, on passe vingt fois devant sans les deviner ou les reconnaître.

Or le Champ de Mars ainsi parcouru en zigzags devient une immensité d'un nombre indéfini de lieues. Par lui-même déjà il couvre une étendue de près de 50 hectares. S'il avait fallu le sillonner en tous sens pendant qu'il n'était qu'une plaine dénudée, quel intrépide marcheur n'eût reculé devant l'idée d'une pareille fatigue? Nous savons bien que la magie de nos ingénieurs a fait beaucoup de métamorphoses ; elle a transformé le champ en un parc couvert d'ombrages ou plutôt en une cité, cité étrange, mosaïque de toutes les cités du monde. Aujourd'hui que le voilà, par enchantement, peuplé de palais et de statues, de cascades et d'usines, de kiosques et de musées, d'ateliers et d'églises, de phares et de minarets, de sphinx et de brasseries, la curiosité a fait dans la foule qui circule une transformation analogue ; elle a doublé, triplé les forces ; mais enfin elle n'est pas parvenue à les rendre inépuisables. La lassitude vient avant qu'on ait tout exploré. S'il n'est pas guidé, s'il ne se dirige pas avec méthode, s'il dissémine tout d'abord son attention au hasard, s'il ne sait pas choisir au milieu de toutes ces merveilles qui semblent sortir par milliers d'une caverne des *Mille et une Nuits*, le visiteur, après avoir tourné longtemps sur lui-même, comme ébloui, s'en ira avec le regret de n'avoir pas vu davantage encore, et surtout de n'avoir pas vu le plus essentiel, le plus beau, le plus surprenant, le plus curieux, ce dont tout le monde parle.

On lui demandera : Avez-vous vu *l'aquarium humain?* — Non, où est-ce donc? — Sur la berge. — Vraiment, mais j'ai traversé la berge! — Alors vous avez passé devant sans vous en douter.

Ce sont de ces mécomptes que nous voulons épargner à l'ami lecteur.

Et maintenant, *go ahead!* Donnons l'exemple. *Andiamo, signori!* ce qui veut dire : ne perdons point de temps.

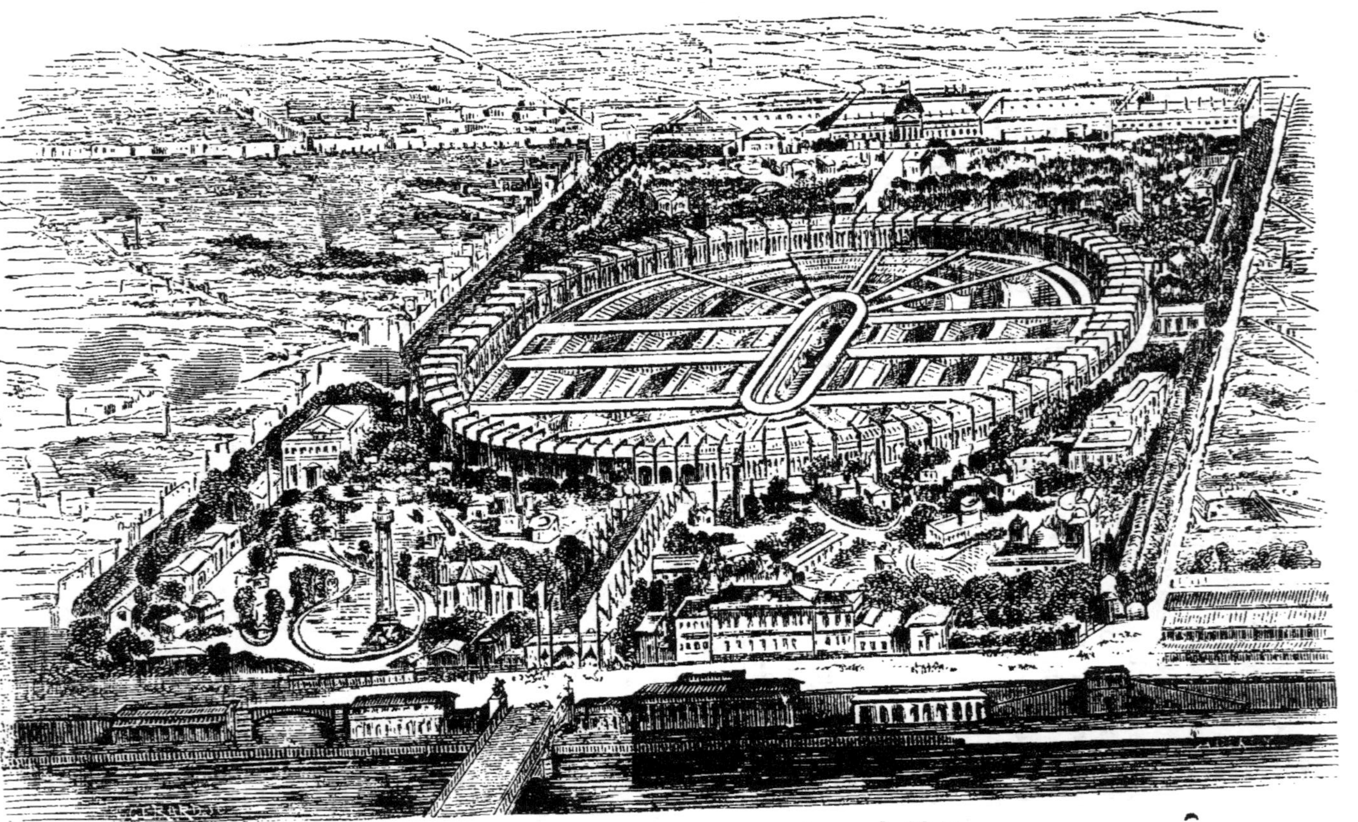

Plan panoramique de l'Exposition du Champ de Mars.

L'EXPOSITION UNIVERSELLE DE 1867.

Le Champ de Mars, grand par l'espace, plus grand encore par les souvenirs, était bien l'enceinte qui convenait à ce nouveau tournoi de la civilisation moderne. A nous, son nom rappelle nos assemblées nationales, nos fêtes patriotiques, la fédération de nos provinces, précurseur de la fédération de l'Europe. Aux autres nations il rappellera que nous avons de là proclamé solennellement les premières idées de fraternité politique entre tous les hommes et tous les peuples. C'est là enfin que fut dressée en 1798 la première salle d'Exposition industrielle, un petit temple exigu, il est vrai, contenant à peine 110 exposants; mais il est bon qu'aujourd'hui l'enfant grandi reconnaisse son berceau.

Ce choix du Champ de Mars n'a-t-il pas une autre signification? N'est-il pas d'un heureux présage pour qui cherche à lire dans les rapprochements en apparence fortuits des noms et des choses. Hier encore les canons roulaient, la cavalerie manœuvrait sur cette arène, domaine exclusif des évolutions militaires. Aujourd'hui, le commerce, cette antithèse de la guerre, l'industrie, ce grand pacificateur des peuples, les arts, le travail se sont emparés de ce champ belliqueux. Là où les soldats armaient leurs fusils, sont venus l'ouvrier, l'inventeur, l'artiste, le savant; ils y ont fait passer un souffle de création. Ce contraste de la guerre et de la paix n'a échappé à l'esprit de personne; si éphémère que soit ce détrônement de la gloire martiale, par la gloire laborieuse, on se plaît à y voir l'image de l'avenir rêvé.

Ceux qui se rappellent le Palais de Cristal, l'exposition des Champs-Élysées en 1855, celle de Kensington en 1862, ont du mal à concevoir qu'il soit possible de dépasser en merveilles, en surprises, en magnificences ce qu'ils ont déjà vu.

Il y avait en effet quelque hardiesse à promettre davantage et à vouloir détrôner dans l'esprit des peuples le souvenir de ces grandioses spectacles.

En voyant à l'œuvre la Commission impériale qui avait assumé cette téméraire entreprise, on lui prédisait le découragement et l'insuccès. Elle avait devant elle d'immenses travaux à accomplir, elle était aux prises avec des difficultés sans nombre, et au moment où l'amour-propre national lui demandait des efforts gigantesques pour soutenir avec honneur la comparaison du passé, les timides, les prudents, les inquiets, la race de ces bavards qui déjà avaient fait manquer à un autre âge la tour de Babel, annonçaient pour cette audace nouvelle la même confusion.

Enfin l'œuvre s'est faite. Monseigneur le public en a pris possession. En est-il content! s'arrange-t-il de cette demeure cosmopolite, riche aujourd'hui des richesses de toutes les nations? Il ne paraît pas qu'il se souvienne des critiques de la veille.

Le premier sentiment qu'on éprouve en abordant ce magnifique campement, qui est le monde en miniature, c'est une sorte de respect religieux pour cette communion fraternelle de volontés et d'idées qui a rassemblé de tous les points du globe tant de peuples autour du mot: Progrès. C'est un élan d'admiration pour le génie du dix-neuvième siècle, ouvert à tant de grandes conceptions, généreux dans son idéal d'avenir, passionné pour les pacifiques émulations du travail, fertile en inventions, sublime d'efforts. Et puis qui pourra songer, sans vertige, aux énormes travaux qu'il a fallu entreprendre, aux obstacles toujours renaissants qu'il a fallu surmonter courageusement, à la volonté persistante et éclairée qu'il a fallu déployer, pour dresser cette magnifique encyclopédie vivante, où se résume la science de notre temps?

Il est incontestable maintenant que cette Exposition laisse loin derrière elle ses devancières. Ceux qui avaient prédit que les souvenirs de 1855 et de 1862 ne seraient pas effacés, se taisent. Le passé ne peut donner aucune idée du présent: 1867 l'emporte de beaucoup, et par le nombre des exposants, et par l'étendue du terrain, et par le chiffre des dépenses, et par les dimensions du Palais, et par la variété des annexes qui l'entourent, et par la foule des visiteurs; sur tous les points enfin. Il est bon de connaître ce qui a été fait par la Commission impériale pour donner tant d'éclat à la grandiose réception de l'Univers dans Paris.

Ce ne sera pas, pour ceux qui le sauront, le moindre des étonnements que leur réserve le Champ de Mars.

Nombre des exposants.

La première exposition industrielle, celle qui, par les soins de François de Neufchâteau, s'ouvrit au Champ de Mars en l'an vi de la République française (1798), ne parvint à réunir que 110 exposants.

La première exposition que l'Angleterre ait eu l'idée de rendre *universelle*, et pour qui fut construite le Palais de Cristal, en 1851, compta 13 935 exposants.

Celle de 1862 avait doublé ce chiffre.

Celle que nous allons visiter aujourd'hui l'a presque quadruplé Nous verrons mieux par le tableau suivant cette rapide progression :

Dates.	Exposants.	Récompenses.
An VI (1798)	110	23
An XI (1801)	220	80
An X (1802)	540	254
Empire (1806)	1422	610
Restauration (1819)	1662	869
(1823)	1642	1091
(1827)	1695	1254
Louis-Philippe (1834)	2447	1785
(1839)	3281	2305
(1844)	3960	3253
République (1849)	5494	4000

EXPOSITIONS UNIVERSELLES.

Londres (1851)	13937	5248
Paris (1855)	28954	10811
Londres (1862)	28653	8141
Paris (1867)	42237	Environ 11 000

Étendue.

La première exposition industrielle (1798) ne couvrait qu'une surface de 23 mètres carrés.

L'exposition de Londres en 1851, — première exposition universelle, — 88 027 mètres carrés.

Notre exposition de 1855 : 152 052 mètres carrés.

En 1862, la dernière exposition de Londres : 119 994 mètres carrés.

L'exposition actuelle occupe 417 520 mètres carrés au Champ de Mars, sans parler de l'île de Billancourt où elle s'étend sur une surface de 225 000. Ce qui donne un total de 642 520 mètres carrés.

Dimensions et aspect du Palais.

Le palais de l'Exposition occupe, dans le milieu du Champ de Mars, une étendue de plus de 14 hectares et demi.

Il a une forme allongée, arrondie aux extrémités, et qu'on pourrait dire ovale si l'on ne tenait pas à un langage très-géométrique.

En réalité, son contour extérieur est composé de deux demi-cercles égaux séparés par l'intercalation d'un rectangle. Il y a donc deux côtés qui sont en ligne droite ; l'un, parallèle à l'avenue Labourdonnaye, regarde le quartier du Gros-Caillou ; l'autre, parallèle à l'avenue Suffren, fait face au quartier de Grenelle.

Dans sa plus grande longueur, suivant l'axe du pont d'Iéna, le palais mesure 490 mètres.

Sa largeur est de 380 mètres.

Le développement du pourtour est presque d'un kilomètre et demi.

Il n'y a pas à se faire illusion sur la beauté architecturale du Palais. C'est simplement un colosse, une création titanesque de notre métallurgie. Il n'a pas la prétention d'être une œuvre d'art. Il pouvait et a su se passer d'élégance ; c'est à son entourage qu'il a laissé le soin de plaire et de charmer. Son domaine à lui c'est l'utile ; son prestige est dans son immensité, son mérite dans l'hospitalité qu'il offre à ses convives de toutes nations, son luxe dans les trésors qu'il abrite.

Nous ne voyons rien de mieux pour caractériser sa forme extérieure que de le définir un gigantesque colisée à parois métalliques, soutenu de distance en distance par des piliers de tôle, éclairé par de larges baies cintrées et couvert d'une toiture arrondie en forme de dôme circulaire.

Sur tout le pourtour se déploie une marquise à forte projection, dont une partie sert à couvrir les galeries extérieures, dites alimentaires, et l'autre, un large promenoir qui enveloppe tout le Palais. A la grande satisfaction de tous, exposants et visiteurs, cet édifice est uniquement composé d'un rez-de-chaussée ; on n'a pas voulu recommencer la faute des étages superposés qui, aux expositions précédentes, avaient soulevé tant de réclamations. Les exposants du premier étage se plaignaient d'avoir à faire monter leur colis et d'être délaissés du public ; ceux de l'étage inférieur d'être privés de lumière. Le public se plaignait d'avoir à tout propos des escaliers à gravir ou à descendre ; inégalités et inconvénients effacés cette fois par un moyen bien simple : tout est de plain-pied.

Le jardin central.

Au milieu de la construction a été réservé un ciel ouvert qu'on appelle le *Jardin central*, oasis de fraîcheur et de repos, où les yeux viennent se délasser des fiévreuses admirations de l'intérieur, par la vue de parterres fleuris, de massifs et de gazons, de statues et de pièces d'eau. Les promeneurs s'y plaisent au point d'y rester des journées entières ; il est tel d'entre eux qui semble être venu de fort loin tout exprès pour y prendre un siége et jouir en sybarite du spectacle animé que présentent les allées et le portique. Car nous oublions de le dire, ce jardin est entouré d'un portique ; les arcades en sont garnis de rideaux épais derrière lesquels on peut s'abriter du soleil.

Enfin, le milieu du jardin est occupé par un **pavillon central**, qui est resté longtemps une énigme pour les curieux, où l'on a cru d'abord que les diamants de la couronne seraient abrités, mais qui, pour être privé de ces précieux hôtes, n'en sera pas moins visité avec intérêt. C'est une des conceptions les plus originales des organisateurs de l'Exposition. (Voir pages 11 et 176.)

Distribution du Palais.

On entre dans le Palais par seize portes. Quatre d'entre elles correspondent aux extrémités de deux grandes voies transversales, disposées en croix, l'une suivant la longueur, l'autre suivant la largeur de l'édifice. L'entrée principale ou *porte d'honneur* fait face au pont d'Iéna. Les autres portes donnent accès dans des voies intermédiaires qui traversent également le Palais de la circonférence au jardin central, irradiées comme les rais d'une roue, comme les rayons d'un soleil, comme les palettes d'un éventail. Elles ont une longueur de 110 mètres. On donne à ces voies le nom de *Rues* et chacune porte le nom d'un pays (Rue de Flandres, rue d'Afrique, rue de Belgique, etc). La plus spacieuse, dite le *Grand vestibule*, où l'on pénètre par la porte d'honneur, mesure 25 mètres de large sur une partie de son parcours, 15 mètres ensuite.

Entre le promenoir extérieur et le jardin central, s'échelonnent sept nefs circulaires formant des anneaux concentriques, enveloppées l'une par l'autre et longeant le circuit du Palais. On appelle ces nefs des *Galeries*. L'une d'elles abrite à la fois par un véritable cumul une double voie, ce qui donne pour ces voies longitudinales un total de huit; elles croisent forcément les rues transversales; ainsi se complète le système de circulation intérieure qui offre de la sorte aux visiteurs la faculté de parcourir successivement le Palais dans toutes les directions, soit circulaires soit rayonnantes.

Le grand avantage de cette distribution du Palais a été de pouvoir inaugurer un classement des produits exposés plus rationnel, plus méthodique, plus commode qu'à aucune des expositions précédentes. Se souvient-on combien il était difficile de se reconnaître dans l'inextricable labyrinthe du palais de 1862? A tout moment interrompu dans ses recherches, on ne parvenait ni à saisir l'ensemble de la production d'un pays, ni à suivre la série des diverses nations relativement à un même produit. Cette année, rien de plus simple. Les rues transversales laissent entre elles un intervalle ou *secteur* auquel elles servent de frontières. Chacune des nations exposantes prend pour son territoire un ou plusieurs de ces secteurs, ou bien simplement une subdivision, mais toujours dans le même sens, c'est-à-dire transversalement. Ceux donc qui, entrant par une des seize portes, iront directement au jardin central, puis reviendront au dehors, pour retourner encore par un perpétuel lacet au jardin central, auront parcouru territoire par territoire chaque nation à tour de rôle.

Tandis que la ligne transversale nous promène dans les installations d'un même pays, chacune des lignes longitudinales au contraire, affectée à un genre unique de produits, nous fait passer en revue successivement les expositions similaires de tous les pays.

Telle est cette double division, dont on a tant parlé, par nationalités dans un sens, par spécialités dans l'autre ; permettant au choix, l'une les études ethnographiques, l'autre les recherches technologiques ; présentant ainsi les avantages de deux sortes d'expositions en une seule, les expositions collectives et les expositions successives : un classement en un mot tel que l'eût rêvé Pythagore, l'inventeur très-illustre de la très-ingénieuse table de multiplication. On remarquera du reste qu'il y a analogie ; c'est la disposition même de cette table à double parcours qu'on a reproduite en l'adaptant à la forme arrondie de l'édifice.

Grâce à cette combinaison dont tout l'honneur revient à M. Le Play et qui est bien de l'aveu de tous l'innovation fondamentale de cette année, le visiteur peut facilement embrasser d'un coup d'œil l'importance industrielle et la richesse de tout un pays. Il peut aussi en continuant sa route le long des zones concentriques comparer entre elles les forces productives des différentes nations dans tel genre donné. Chacune de ces zones contenant un groupe particulier de produits, il pourra consacrer telle promenade à l'étude des machines, telle autre à l'étude des Beaux-Arts. Est-il dans la galerie du vêtement ou dans celle du mobilier, et veut-il savoir comment s'habillent les Russes, les Esquimaux, les Mexicains, les Chinois ? de quels meubles, de quelles tentures on fait usage en Norwége, en Turquie, au Japon, en Égypte ? qu'il suive toujours la même galerie. En quittant la France, il entrera dans les Pays-Bas, puis en Belgique, puis en Prusse et dans les divers États allemands [1] : les distances géographiques ne sont pas observées. En quelques instants il sera parmi ces peuples orientaux, chez qui tout vise à l'éclat extérieur, et qui ont, comme le disait à ce propos M. Wolowski, « l'art de cacher leur misère intellectuelle et matérielle sous le clinquant des ornements, » ou parmi ces peuples de l'Inde, amoureux des riches tissus, des broderies, des ciselures et des vives couleurs, mais naïfs et grossiers artistes mettant à la place du beau qu'ils ignorent les fantaisies d'une admirable imagination. Il y a loin de leur informe céramique aux beaux modelés de notre porcelaine de Sèvres. Mais c'est triompher à trop bon compte. Les Italiens, les Anglais ne sont pas loin... En continuant ainsi nous revenons à la France notre point de départ, d'où nous pouvons entreprendre une nouvelle excursion pour un autre genre de produits.

Une pensée philosophique a présidé à l'ordonnance générale du Palais. A mesure qu'on s'approche du centre, les produits passent graduellement de l'ordre matériel à l'ordre intellectuel. Ce qu'on

---

1. Voir à la Table, l'ordre suivant lequel sont rangés les pays.

rencontre d'abord ce sont les industries qui répondent aux nécessités physiques de l'existence :

1º Les œuvres gastronomiques placées dans une galerie extérieure qui enveloppe tout le Palais, sous le nom de *galerie alimentaire*.

2º Les arts usuels, dans la *galerie VI*, dite *du travail et des machines*, qui est la plus haute et la plus spacieuse de l'Exposition, et dont toute la longueur est parcourue par une plate-forme, sorte de balcon aérien, d'où le visiteur peut dominer et suivre des yeux les divers travaux.

3º Les industries extractives, c'est-à-dire celles qui consistent à recueillir les dons que nous fait la nature, à exploiter les mines, les houillères, les forêts, les cours d'eau, etc. ; tous ces produits figurent dans la *galerie V*, dite *des matières premières*.

4º Le *vêtement*. Galerie IV.

5º Le *mobilier*. Galerie III. Déjà l'art commence à prendre sa place à côté de l'industrie.

6º Le matériel et les applications des *arts libéraux*. Galerie II.

7º Les *OEuvres d'art*. Galerie I.

Une galerie supplémentaire, sous le nom de musée, est consacrée à l'*histoire du travail*.

Les questions d'intérêt social et populaire ne pouvaient être laissées à l'écart dans une exposition qui porte le nom d'*universelle*. Déjà en 1855 la France avait imaginé une galerie d'économie domestique. Cette idée aujourd'hui grandie et plus noblement accueillie encore, a déterminé la formation d'un groupe spécial, le fameux groupe X, qui comprend les objets destinés *à améliorer la condition physique et morale de la population*. Une bande de 2215 mètres carrés a été accordée pour l'installation de ce groupe dans le Palais entre la section française et l'emplacement de nos colonies.

Enfin le **Pavillon central** autour duquel toutes ces galeries ont tracé leur orbite et qui est surmonté d'une sphère terrestre, abrite un rêve devenu depuis longtemps l'idéal du commerce entre les peuples, le symbole des relations internationales, le gage de la paix universelle : *l'unité des monnaies, des poids et des mesures*. Si les études comparatives entre les monnaies, les poids et les mesures en usage exposés dans le pavillon pouvaient amener l'unité si désirée, ce serait peut-être le résultat le plus grand de cette Exposition, l'innovation la plus digne de notre époque.

Ce n'était pas tout de construire, il fallait alimenter l'être créé, lui donner l'air, l'eau, la lumière. Des travaux devant lesquels eussent reculé les Romains ont sillonné tout le sol du Champ de Mars et même au delà, le pont d'Iéna et le Trocadero, pour assurer le fonctionnement et la vie à cette éphémère création.

La ventilation.

Un géant seul pouvait être chargé d'insuffler l'air dans le gigantesque édifice. Il fallait pour le ventilateur un lit de quatorze hectares. On l'a installé dans les sous-sols qui suivent non-seulement le pourtour du Palais, mais encore les rues transversales et les anneaux concentriques des galeries. L'air lui arrive par des puits extérieurs. Les bouches de respiration par où ce travailleur modeste caché sous terre, renvoie incessamment la masse d'air qu'il aspire du dehors, sont distribués dans le plancher des galeries. Vous les voyez couvertes d'un grillage pour que le monstre n'ingurgite aucune victime humaine.

Mais ce vaste réseau d'aérage, qui a coûté les plus grands efforts à établir à travers les fouilles entrecroisées que nécessitaient les fondations du Palais et l'établissement des machines, a rencontré encore des gênes inattendues dans le voisinage des restaurants. Les travaux d'excavation le long du pourtour, avaient été employés à plusieurs fins : une partie à la circulation de l'air ; l'autre partie à la création de caves que la Commission accorda aux restaurateurs. Ceux-ci voulurent transformer ces caves en sous-sols culinaires ; mais l'air n'y arrivant par aucun soupirail, ils trouvèrent tout simple pour empêcher l'asphyxie des cuisiniers, de pratiquer des ouvertures dans le mur séparatif des souterrains d'aération. On voit ce qui dut arriver. L'air n'arrivait plus dans le Palais qu'imprégné d'odeurs réputées appétissantes. Nous ne raconterons pas ce qu'il fallut d'ingénieuses combinaisons pour remédier à cet inconvénient et pour satisfaire à la fois le public qui veut de l'air pur, les cuisiniers qui sont des hommes méritants, après tout, et qu'il serait cruel de condamner au supplice de la suffocation. Que d'incidents comme celui-là, que de complications analogues, et peut-être plus difficiles à résoudre ont traversé l'œuvre des ingénieurs !

De la distribution de l'eau.

L'eau n'était pas moins indispensable que l'air ; il en fallait au Champ de Mars, comme il en faut au corps humain. C'est par elle que la vie et le mouvement se répandent dans tout cet organisme de machines ; c'est elle qui, transformée en vapeur, soulève ces énormes muscles d'acier ; sans elle, point d'arrosage, non plus ; point de jardin. Çà et là, elle forme des cascades, des jets d'eau, elle emplit des bassins, elle s'épanche des vasques des fontaines ; enfin se tient prête à porter secours en cas d'incendie aux immenses trésors accumulés dans les allées et les galeries.

Cinq pompes, cinq vigoureux poumons de fer, placées à droite et à gauche du passage qui conduit de la berge au parc, enlèvent l'eau de la Seine et la refoulent impétueusement soit dans un château-d'eau, dissimulé d'une manière pittoresque sous l'apparence d'une tour en ruines, soit dans le lac où se mire le grand phare. A elles se joint l'énorme machine du *Friedland*, que nous visiterons dans notre promenade sur la berge (p. 28).

Ces pompes et cette machine ne desservent que la partie basse du Champ de Mars. C'est la ville de Paris qui fournit ce qu'on appelle *le service haut*. Le réservoir des eaux de la ville étant situé au Trocadero, à 35 mètres au-dessus du sol qu'elles doivent approvisionner, ces eaux descendent et arrivent avec une force qui leur permettrait de monter jusqu'à la toiture du Palais. On peut juger de leur impulsion par le mouvement qu'elles communiquent à un ascenseur, plateau mobile, qui amène les visiteurs jusqu'au sommet de la plus haute galerie (voir p. 71).

La communication avec le réservoir du Trocadéro se fait par une conduite de 0,35, placée sous le trottoir du pont d'Iéna, et traversant toute la longueur du Palais. Là des embranchements entourent la conduite et figurent sous le jardin central une étoile à seize rayons; chacun d'eux correspond à l'une des rues transversales et aboutit sous la grande galerie à un tuyau circulaire placé le long d'un souterrain que nous connaissons déjà : celui de l'aérage. Ainsi on a utilisé pour le pourtour du Palais les voies creusées pour le ventilateur.

Quant au Parc il est labouré en tous sens par un réseau de canalisation, adapté soit au *service bas*, soit au *service haut*. Le public ne voit rien de ces travaux inouïs, qui ont eu le premier mérite de ne point effrayer les ingénieurs par la difficulté, ni les organisateurs par la dépense (une dépense d'environ 200 000 fr.). Il ne se doute pas que partout sur son passage il foule un sol rempli à grand'peine d'excavations qui seraient à elles seules, si elles étaient visibles, une des curiosités du Champ de Mars.

L'écoulement des eaux.

Une autre difficulté vaincue que le public ne soupçonne même pas. Le Champ de Mars était un marais autrefois. Hier encore on pouvait remarquer qu'en temps de pluie l'eau y séjournait presque sans écoulement et formait volontiers des flaques abusives. C'est que le sol superficiel repose sur une couche de glaise. Dans le bas surtout l'eau, retenue par cette nappe imperméable, restait accumulée au point qu'il aurait fallu de véritables travaux de drainage pour dessécher cette partie du sol. Qu'a-t-on fait? Dans l'impossibilité de chasser l'eau, on lui a donné un rôle pour l'embellissement du parc. Ce creux, tapissé de terre glaise, on l'a transformé en bassin, en lac même. C'est ce lac qui est chargé de représenter la mer au pied du grand phare.

L'éclairage.

Après la circulation de l'eau, celle du gaz. Elles se font parallèment dans le Champ de Mars. La vie se distribue à cet immense corps par des artères de fonte ramifiées côte à côte, les unes transportant l'eau, les autres le gaz. Nous savons par quels poumons vigoureux l'eau est lancée dans ce labyrinthe de canaux entrecroisés. Quant au gaz, il arrive au Parc par une énorme conduite d'un demi-mètre de large, que les usines de Grenelle se chargent d'alimenter. Deux compteurs pouvant entretenir dix mille becs à la fois mesurent la quantité reçue ; et le gaz se répand ensuite par des tuyaux souterrains partout où l'appelle la lumière. Mais il n'entre pas dans les galeries du Palais qui restent toute la nuit silencieuses et obscures. Il n'est pas moins entraîné à un voyage de longue haleine. Sa canalisation ayant 6000 mètres de long, ses embranchements en plomb mesurant 5000 mètres, il est telle molécule du fluide, qui a pu parcourir près de trois lieues avant d'arriver au bec qui l'attend.

Les moteurs à vapeur.

Les machines exposées sont mises en mouvement par divers appareils moteurs, distribués de distance en distance, dans ce vaste pourtour. Ces appareils constituent eux-mêmes une exposition au profit de leurs constructeurs respectifs. Les arbres de couche destinés à transmettre l'action de ces appareils, longent la plate-forme centrale. Ces arbres de couche jouent le rôle de poulies; ils communiquent leur mouvement de rotation par l'intermédiaire de courroies, aux rouages de chaque machine.

Les générateurs à vapeur sont installés dans le Parc dans des constructions qui se signalent à l'attention par leurs hautes cheminées.

Service intérieur de l'Exposition.

Le service intérieur de l'Exposition est fait par 553 sergents de ville, 52 agents du service secret, 29 brigadiers et 110 gardes de Paris. Durant la nuit, outre les gardes placées aux quatre grandes portes qui restent seules ouvertes, il y en a auprès de tous les objets de valeur importante, et une ronde de 100 gardes munis de lanternes sourdes parcourt les diverses allées du Palais pendant toute la durée de la nuit.

DISTRACTIONS ET RAFRAICHISSEMENTS.

Si la visite d'un musée ordinaire passe avec raison pour être fatigante; que doit-on dire de celle de l'Exposition, qui occupe la totalité du Champ de Mars? Quels seraient les jarrets assez solides pour parcourir, sans se lasser, ces longues et immenses galeries, dont une seule, celle des machines, ne mesure pas moins de douze cents mètres? Quel serait le cerveau assez fort pour résister à la simple inspection de tant d'objets divers accumulés sur un même point. Aussi une excursion à l'Exposition, c'est-à-dire un véritable voyage à l'une des extrémités de Paris, n'était possible qu'autant que le visiteur pourrait y demeurer toute la journée, y trouver toutes les facilités, toutes les distractions même qu'il rencontre dans l'intérieur de la ville. C'est ce que la Commission a compris, et c'est pour cela qu'elle s'est prêtée aux offres que les industriels de tout genre sont venus lui faire. On l'a blâmée d'abord d'avoir accordé une si large place aux cafés, aux restaurants, qui occupent presque toute la partie extérieure du palais, sur une longueur d'un kilomètre et demi, mais l'expérience lui a donné raison quand on a vu nombre de visiteurs altérés chercher en vain une place parmi ces milliers de tables dressées le long du promenoir.

L'Exposition est un monde où la nécessité de vivre, et le désir de vivre agréablement se font sentir comme ailleurs et sont traités en convives obligés, avec tous les égards dus à leur importance.

Avez-vous faim, soif? voilà des cafés, des restaurants par centaines. Voulez-vous un habit, un chapeau, des souliers, vous n'avez qu'à parler et l'objet demandé, fabriqué devant vous, est mis à votre disposition. Vous plaît-il de jouer à la Bourse tout en parcourant les galeries, un bureau est là pour recevoir vos ordres? D'aller le soir même dans un des théâtres de Paris, la *succursale de l'Agence dramatique* vous en facilite les moyens, et vous délivre des coupons avec lesquels vous n'avez qu'à vous présenter au contrôle.

Un barbier est à la disposition des hommes, un lit de repos à celle des dames.

Êtes-vous délicat, fatigué, malade, impotent? aux deux extrémités de l'Exposition des *fauteuils roulants* vous attendent qui vous conduiront dans toutes les galeries du Palais, et celui qui vous voiturera vous servira en même temps de guide.

La poste, le télégraphe sont là pour servir de messagers à vos plus secrets désirs, et sauf l'intervalle qui sépare minuit de huit heures du matin, vous pouvez vivre confortablement sans sortir de l'enceinte du Champ de Mars.

LES DISTRACTIONS DU PROMENOIR.

Comme, selon l'expression du poëte,

L'ennui naquit un jour de l'uniformité,

cette longue succession de cafés, de restaurants, eût pu être monotone ; la Commission a essayé d'y parer en invitant les concessionnaires à donner à leurs établissements la couleur, les usages des divers pays représentés à l'Exposition. Chaque nationalité se retrouve sous le promenoir aussi bien que dans l'intérieur du palais, et cette variété de décorations, de consommateurs, fait que cette galerie n'est pas une des moins intéressantes à parcourir.

C'est donc une exposition vivante des denrées alimentaires, des habitudes gastronomiques de chaque contrée. Ainsi dans ce Palais où tout concourt à instruire le visiteur, il n'est pas jusqu'aux heures de *restauration* et de reconfort qui ne portent en elles leur enseignement.

On a disposé plusieurs **salons de dégustation** où l'amateur peut juger par lui-même des principaux vins français et étrangers. La collection surtout des crûs bordelais est à étudier et surprend par sa riche variété.

En commençant par la gauche, comme dans toutes les promenades circulaires que nous ferons, voici d'abord la **France** qui compte trois immenses **restaurants** : si la grandeur du local, si le nombre des tables et des chaises vous étonnent au premier abord, que sera-ce quand vous verrez toutes ces places presque constamment occupées, et qu'à certaines heures vous compterez les postulants qui attendent leur tour. Il n'est pas jusqu'à nos **colonies** qui n'aient réclamé leur coin; dès que vous en approchez, une odeur de vanille fortement prononcée vous en avertit : voici une habitante de la Guadeloupe au teint bistré, à la coiffure jaune, qui débite de la pâte de goyaves et du rhum à l'acajou ; tout à côté est le **café algérien** servant le café à la manière africaine : la salle est petite, mais elle est toujours fréquentée même par des consommateurs arabes qui contribuent à lui donner une *couleur locale*.

Voici maintenant les restaurants étrangers avec le cachet plus ou moins bien réussi d'originalité qu'ils ont essayé de se donner. C'est d'abord le **café hollandais**, qui se vante de posséder les produits les plus authentiques d'Amsterdam, y compris le curaçao au parfum pharmaceutique : de cela, nul ne pourrait répondre, mais peu importe au public qui est peut être moins attiré par cette promesse que par le costume des demoiselles de comptoir : elles portent sur la tête un casque doré recouvert de dentelles blanches, ancienne coiffure nationale de la Hollande, et qui apparaît comme un souvenir lointain des kermesses ; l'effet pittoresque est atteint,

Le **restaurant prussien**, un peu froid et monotone d'aspect, n'a que son vin du Rhin qu'il offre à tout venant ; un décorateur habile eût mis sur la tête de jeunes et jolies servantes la marmite qui sert de casque sur les bords de l'Oder et qui n'est pas sans ressemblance avec l'antique bonnet des flamines.

Si les **brasseries viennoises** du promenoir n'ont aucune originalité bien accentuée, en revanche, l'**exposition vinicole de l'Autriche** qui s'ouvre sur la galerie, mérite une visite particulière. Des bouteilles de toutes formes, de toutes couleurs, artistement groupées, où le Tokaï coudoie le Johannisberg, font rêver longuement plus d'un gastronome mélancolique : au milieu s'élève un joyeux tonneau couronné de pampre et de verdure, et auquel il ne manque que la statue, sinon de Bacchus, du moins de Grain-d'Orge, le dieu de la bière, dont le poëte anglais Burns a raconté l'histoire d'une façon si poétique.

Sur l'établissement qui suit on voit bien écrit **restaurant et buvette suisse**, autour des tables on aperçoit bien circuler une ou deux filles dans un costume qui affecte quelques velléités helvétiques, mais on est loin de trouver tout ce qu'on était en droit d'attendre de la part d'un pays qui est si riche en pittoresque et qui n'a pas même transporté un spécimen de ses chalets.

Le **café espagnol** qui vient ensuite, ressemble assez au chocolat de la plupart des marchands : d'Espagnol il n'a que le nom. Là-bas derrière le comptoir on aperçoit bien quelquefois une mantille de dentelle noire sur une robe d'un rose éclatant, et sur les stores quelques danseurs et danseuses sévillanes, mais de signe distinctif aucun : on n'y fait même pas la cuisine avec de l'huile rance, et, chose désespérante ! on y trouve une propreté et un confortable que les amateurs de couleur locale appellent une faute capitale.

Parlez-moi du **café danois**, il n'est pas grand, mais il a ses tartines et son kumel. Tout auprès une Suédoise aux cheveux blonds, en cornette et en taille blanche, costumée comme sa compatriote de l'Exposition qu'on voit plus loin effeuiller des marguerites sous une vitrine[1], offre du **punch suédois** à tous ceux qui ont le désir d'en goûter.

De tous les restaurants établis sous le promenoir, le **restaurant russe** est celui qui attire le plus de curieux et qui porte les mar-

—————

1. Galerie de Suède et Norvége, voir p. 115.

ques d'une originalité de meilleur aloi. Tout est russe dans ce pavillon élégant, construit en bois découpé, et venu du fond de la Russie comme tous les bois qui ont servi aux constructions de ce pays; Russe aussi le patron, qui a quitté Saint-Pétersbourg pour nous donner une idée de l'élégance et du luxe moscovites; Russes également ces moujiks qui font si activement le service en longues tuniques de soie bleues, jaunes ou vertes, serrées autour de leur taille par des ceintures d'or; Russe enfin cette fille de la race slave qui trône au comptoir dans son costume or et rouge, sous son diadème orné de perles, et dont le cou, le bras et les épaules librement étalés à l'air témoignent bien qu'elle est dans une atmosphère plus clémente que celle de Sibérie. Il n'est pas jusqu'aux mets qui ne portent l'empreinte moscovite, et les curieux vont se régaler de véritable *caviar* (œufs d'esturgeon conservés dans l'huile), de tranches de saumon cru et d'une foule d'autres délicieuses choses inconnues à notre cuisine, et qui ne paraissent pas devoir y faire invasion de si tôt.

Le **restaurant napolitain** vient à son tour. L'Italie, célèbre pour ses pâtes et ses glaces, ne pouvait manquer d'avoir son représentant à ce concours gastronomique. Mais en vérité pourquoi l'a-t-elle choisi passage Delorme? Est-ce parce qu'ils seraient retenus chez eux par leur habitude de *far-niente* que les Napolitains de Naples ne se sont point dérangés pour ce steeple-chasse culinaire. S'ils eussent transporté au Champ de Mars leurs tentes et leurs fourneaux de la Marinella; s'ils eussent ouvert des boutiques comme on en trouve partout dans la rue de Tolède, le Parisien fût venu s'y empoisonner avec plaisir.

En revanche, la **Roumanie**, la **Turquie**, le **Maroc** ont voulu revêtir les couleurs nationales : ce n'est que rouge et or, éclatantes réclames qui attirent pourtant bien moins les regards que la jeune Roumaine au teint pâle, aux grands yeux noirs, aux cheveux couronnés de fleurs et à la robe semée de paillettes : à moitié cachée derrière le rideau elle semble vouloir se dérober aux regards de la foule curieuse, mais semblable à Galatée, elle fuit pour qu'on cherche à la voir encore davantage.

Au café suivant il n'est pas besoin de voir l'air puritain des patrons, la couleur noire des garçons de service, la tournure un peu roide des demoiselles de comptoir placées dans une niche à chaque angle du buffet, pour deviner sans peine un **café des États-Unis**. On se reconnaîtrait parmi les Yankees à la seule vue de l'appareil renommé qu'ils ont inventé pour faire des sodas à la crème glacée, boisson nouvelle en France que chacun s'empresse de humer avec de longues pailles. Plus complaisants que les autres exposants de leur pays, on remarque qu'ils ont la gracieusité d'ouvrir les dimanches.

Enfin viennent les **cafés anglais**, montés par de vrais insulaires, et qui ont bien le caractère que nos voisins donnent à tout ce qu'ils touchent. Ce qu'ils ont de particulier, ce n'est pas seulement le luxe, cette propreté, ce bon ton, qui permettent à tout Anglais bien né de s'y asseoir sans déroger, c'est surtout leur *bar* ou buffet, dont l'usage n'est pas venu jusqu'à nous. L'Anglais, pour qui le temps est de l'argent, ne s'accommoderait pas des longueurs de service qu'on retrouve dans la plupart de nos cafés : a-t-il faim ou soif, il s'approche d'un de ces buffets si richement servis, une pinte de *pale-ale*, une tranche de *rostbeaf*, deux ou trois verres de *Sherry* sont rapidement absorbés, puis il hâte son départ comme s'il entendait sans cesse retentir à ses oreilles la cloche d'un chemin de fer prêt à partir. Sa précipitation ne l'empêche pas de remarquer les magnifiques glaces qui décorent le bar, les splendides cristaux qui le chargent, et surtout les blondes jeunes filles préposées à son service, et avec lesquelles il sait trouver le temps d'échanger quelques paroles. C'est un buffet de ce genre qui a été installé au Champ de Mars avec tous ses accessoires, le dernier surtout qui n'est pas celui qui pique le moins la curiosité.

Ce **promenoir**, long d'un kilomètre et demi, avec sa ceinture de cafés toujours remplis, offre un spectacle plus varié et plus curieux que celui du boulevard parce qu'il a quelque chose de plus intime. Toutes les nationalités s'y coudoient, toutes les langues s'y font entendre, tous les costumes y contrastent : ici c'est l'Arabe se promenant gravement enveloppé dans son burnous blanc, insensible aux regards dirigés sur lui de toute part, là c'est l'Espagnole avec son voile de dentelle pour toute coiffure, plus loin le Franc-tireur des Vosges que des visiteurs s'obstinent à appeler le Garibaldien français, puis des Anglaises, des Russes, des Italiennes dont un détail du vêtement trahit souvent la nationalité, sans parler de certaines Françaises qui par l'excentricité du costume ou la longueur démesurée de la robe obtiennent parfois le succès le moins désirable. Mille bruits, mille incidents viennent sans cesse jeter la vie et la diversion dans cette foule si bigarrée : tantôt c'est le carillon qui envoie vers le ciel ses milliers de notes joyeuses, tantôt le gong chinois, dont on entend le gémissement rauque et sauvage; d'autres fois un léger locomobile, véritable calèche à vapeur à deux personnes, fait le tour du promenoir, annonçant sa venue par la respiration régulière de la machine, remplacé de temps à autre par deux Arabes qui passent triomphalement montés sur leurs chameaux; il est curieux de les voir indolemment assis, les jambes croisées sur le cou de l'animal qui tour à tour se met à genoux pour laisser descendre son maître, ou part rapide comme l'éclair à son premier commandement.

LES DISTRACTIONS DU PARC.

Le Parc, lui aussi, offre un genre de distraction; il a son côté fantaisiste, sa couleur locale souvent bien plus accentuée que celle qui se montre dans la dernière galerie du Palais, où quelquefois la place lui a manqué pour s'étendre à son aise. Êtes-vous curieux de prendre le café à l'orientale : le Bey de Tunis a disposé pour vous le rez-de-chaussée de son **palais au Bardo**[1].

Si vous préférez les usages du Nord, tout près se trouve la *brasserie des Bavaroises* ou la **brasserie bavaroise**, l'un et l'autre peuvent se dire avec autant de raison. Entrez dans ce long parallélogramme : vous voyez d'abord vingt jeunes filles au jupon court, au corsage de velours, à la coiffure fantaisiste, qui s'empressent de vous servir avec une grâce plus que germanique. Le premier consommateur qui entra dans cette brasserie, fut assez réjoui par cette apparition inattendue, il se crut transporté bien loin de Paris, de son bitume et de son langage; il s'empressa de demander une choppe, en prenant l'accent le plus allemand possible : O déception! les Bavaroises parlaient le plus pur français de Batignolles. Le public en prit gaiement son parti, et ne se plaignit pas d'avoir perdu au change: tant il est vrai que si l'habit ne fait pas l'homme, c'est lui qui fait la femme. La brasserie bavaroise est un café chantant, genre de distraction tout à fait moderne, et qui ne pouvait pas ne pas avoir de représentant au Champ de Mars.

Si la brasserie bavaroise est d'apparence trop parisienne et n'offre pas même ces intrépides buveurs de Munich qui défieraient à la choppe les Anglais les plus vaillants, il n'en est pas de même de la **brasserie viennoise** établie à l'autre bout du Parc, tout près de l'École militaire. Dans cet élégant bâtiment en bois découpé, tout est vraiment autrichien : et la bière que vous buvez, et les garçons qui la servent, et les Allemandes qui trônent au comptoir le sourire à la bouche et les fleurs dans les cheveux, n'ayant d'autre fonction que de réjouir les yeux par leur présence, tandis que derrière elles les garçons ne suffisent pas à tirer la bière des tonneaux qui occupent triomphalement le milieu de la pièce. Quelque costumes nationaux peints sur les murs font regretter de ne pas en voir revêtus les gens qui vous entourent, et qui pour la plupart, serviteurs et consommateurs, ont un cachet bien prononcé de germanisme. Tout autour de la brasserie, dont la façade regarde le Palais, sont rangées : une maison de la basse Autriche, une maison de la haute Autriche, une **boulangerie viennoise** dont les produits s'enlèvent « comme du pain, » c'est le cas de le dire ; une maison hongroise et un *chalet tyrolien*, qu'à son architecture pleine d'une

---

1. Voir la description du *Bardo* dans la partie orientale du Parc, p. 51.

grâce naïve et archaïque, on prendrait pour un contemporain de
Rodolphe de Hapsbourg.

Tout près de la brasserie viennoise est une pâtisserie espagnole
qui n'a pas moins d'originalité. Cette **horchateria valenciana** ne
doit pas être bien vue des estomacs anglais : de l'eau d'orge, du
vin d'Espagne, du chocolat, des oranges et des olives, voilà tout
ce qu'on y trouve : inutile de dire que la cigarette est de rigueur
dans ce kiosque où tout est espagnol, jusqu'à celles qui servent
ces légers rafraîchissements. On se presse pour les voir dans leur
robe à fleurs bordée d'or, sous leur mantille de dentelles blanches,
et sous les énormes peignes d'or qui retiennent leurs cheveux
noirs, et ce ne sont pas des Espagnoles de Montmartre, mais bien
d'au delà des Pyrénées, ne connaissant que leur langue maternelle,
dont bien les fâche, car elle ne peuvent répondre à toutes les questions des consommateurs. Hélas ! tout est compromis dans ce
monde, et ce petit coin de terre qui a une saveur vraiment étrangère, n'a pas su se soustraire à cette fatalité. Il a sacrifié au goût
du jour, et ajouté la bière aux consommations qui figurent sur sa
carte ; il est vrai qu'il y a une circonstance atténuante, il l'a mélangée avec de la limonade : mais aussi qu'en diront ses voisins
les Allemands ?

Voyez-vous là-bas ce pavillon aux angles relevés, ce toit couvert
d'ardoises bariolées, ces balcons en bois peints découpés et chargés d'hiéroglyphes bizarres, c'est le **café-restaurant-théâtre
chinois**, construit sur le plan d'un des kiosques du palais d'été de
l'empereur chinois. Malgré le tourniquet qui exige cinquante centimes des visiteurs, la foule pour y entrer est immense. La première salle, quoique remplie d'objets curieux, n'arrête pas longtemps l'attention : ces éventails aux peintures bizarres, ces stores,
ces coffrets en ivoire, ces meubles de laque, ces porcelaines aux
riches couleurs, ces instruments de musique aux formes étranges,
ces nattes, ces divinités grotesques, tout cela est curieux sans
doute, mais le public n'y trouve pas assez d'inédit, et, à tort ou
à raison, il croit l'avoir déjà aperçu dans les boutiques de la rue
Vivienne et du boulevard. C'est autre chose qui l'attire. Sans
même s'arrêter pour goûter le *tik-hao* ou le *ghim-Tell*, boissons
chinoises à la glace, ii court au pavillon où sont les deux jeunes
chinoises *Ichou-a-Laï* et *Lui-a-Choy*, véritables filles du Céleste
Empire, venues tout exprès pour se montrer au Champ de Mars.
Et de fait elles s'en acquittent à merveille et jamais reine de l'ancien régime ne sut mieux supporter le feu des regards, ni se trouver moins gênée en présence d'une foule attentive à ses moindres
mouvements. Elles boivent, mangent, fument, causent, comme si
personne ne les entourait, et distribuent leur photographie aux
assistants : quelques-uns trouveront de la part de jeunes filles la
chose un peu risquée, mais trêve aux jugements téméraires, elles
les vendent, elles ne les donnent pas, ce qui est fort différent.

Ceux que la vue de ces beautés de dix-huit ans n'a pas rassasiés peuvent monter au restaurant, ils pourront demander du *yem-ou-tan*, du *yen-gout-tsé*, ou du *pé-kos-tang*, plats on ne peut plus chinois, à ce que dit la carte. Mais la plupart aiment mieux aller assister aux représentations du théâtre, élevé derrière le kiosque et dont les siéges se trouvent en plein air. Comme sur cette scène chinoise on représente des exercices qui ont le plus grand rapport avec ceux du cirque et de l'hippodrome, d'aucuns ont tiré de savantes inductions de l'identité qui existe entre le genre des spectacles de la race blanche et celui de la race jaune.

Aimez-vous des distractions moins coûteuses, allez au **bazar algérien**, où le vice-roi d'Égypte vous fera la gracieuseté de vous offrir lui-même le café. Avec votre billet d'invitation vous pénétrez dans le véritable café turc : une muraille blanchie à la chaux, des nattes sur le parquet, des divans tout autour de la salle composent l'ameublement. Un Turc en costume national vous apporte silencieusement un chibouk allumé, et une tasse de café pour laquelle votre main est le seul support possible. A moitié étendu sur un divan, dans cette salle silencieuse, où un nègre, gardien muet de la porte, rappe le seul à la réalité de l'existence, on comprend la vie orientale et sa perpétuelle rêverie : en regardant l'azur profond du ciel par les fenêtres en bois découpé, en aspirant de longues bouffées de tabac, on se laisse aller au voluptueux oubli de soi et de la vie, et l'on sent que si rien ne venait vous déranger, on y resterait bien.... au moins un quart d'heure.

Comme l'Exposition n'a pas seulement pour visiteurs des souverains ou même de simples millionnaires, comme, au contraire, les petites bourses sont les plus nombreuses, il a fallu penser à elles, et leur procurer le moyen de passer facilement la journée au Champ de Mars, sans leur demander de trop grands sacrifices. Outre quelques restaurants du promenoir qui sont d'un prix assez abordable, outre l'établissement de bouillon Porret, situé en bas du théâtre international, il y a le **buffet-omnibus** qui peut compter aussi bien parmi les curiosités que parmi les utilités. Cet établissement composé d'une grande salle de cent mètres de longueur sur quatorze de largeur, et d'une autre faisant rotonde sur la première, peut donner douze cents repas à la fois. Il faut le voir surtout les jours de fête, lorsqu'il est si complétement rempli qu'on est forcé de fermer les portes et de mettre le mot *complet* comme s'il s'agissait d'un simple omnibus. Ce n'est pas une des choses dont il faille savoir le moins de gré à la Commission que cette facilité que trouve le Parisien de dîner dans le Champ de Mars aux mêmes prix qu'il pourrait le faire dans les *bouillons* de Paris.

Parmi les autres endroits du Champ de Mars consacrés plutôt à la fantaisie qu'à l'exposition, citons encore le **cercle international**, situé à droite en entrant par le pont d'Iéna, en face des sociétés protestantes et évangéliques. Il se compose d'une salle immense au rez-de-chaussée, et de salons magnifiquement décorés au premier.

Le **théâtre international**, situé derrière le carillon, à gauche de la grande entrée du pont d'Iéna, a ouvert ses portes seulement depuis quelques jours, aussi ne peut-on prévoir encore quel sort lui est réservé. Mais on peut constater que la salle est élégamment décorée et très-bien aérée.

La **salle Suffren**, située près de la porte de ce nom, en face du restaurant russe, café chantant de jour et de nuit, avec un théâtre où les danses alternent avec les chants. La grande salle qui est vis-à-vis servira aux réunions du jury, et surtout aux concerts historiques qui doivent prochainement commencer.

LE PARC LE SOIR.

Si le Palais ferme ses portes à six heures, il n'en est pas de même du Parc qui reste ouvert aux promeneurs jusqu'à minuit. Quand les volets mobiles se sont abaissés sur les portes des seize rues qui donnent accès dans le Palais , quand on voit par les avenues cette immense foule s'écouler à longs flots, un autre spectacle commence. Ce n'est plus le Champ de Mars témoin de la fiévreuse activité des machines, de la course précipitée et inquiète des visiteurs : c'est une promenade fraîche et ravissante au bord de gazons verts, au bruit de la cascade tombant de la tour en ruine, au feu du soleil allongeant ses rayons sur les dômes et les minarets. Sous le promenoir, nombre de visiteurs sont en train de dîner, ayant devant les yeux ce panorama si paisible, tandis que d'autres qui n'avaient pu venir dans le jour, arrivent passer la soirée au Champ de Mars comme ils le faisaient aux Champs-Élysées. Magique est le spectacle qui s'offre alors au regard : à la tremblante clarté des étoiles et des becs de gaz, le lac a un aspect tout à fait romanesque ; les trois phares tournent lentement, répandant sur les objets qui les entourent des lueurs fantastiques ; l'écho affaibli des théâtres et des concerts dont on voit dans la nuit scintiller les illuminations ; tout cet ensemble a quelque chose de mystérieux qui plaît à l'imagination et quand minuit sonne ce n'est qu'avec peine qu'on s'arrache à ce conte de fée réalisé.

Maintenant que nous avons dit la grandeur, la forme, la distribution du palais de l'Exposition ; que, dans un rapide aperçu de la partie fantaisiste, nous avons fait pressentir au visiteur le repos, le confortable, la distraction comme compensations à ses fatigues, nous pouvons entrer de plain-pied dans l'enceinte du Champ de Mars.

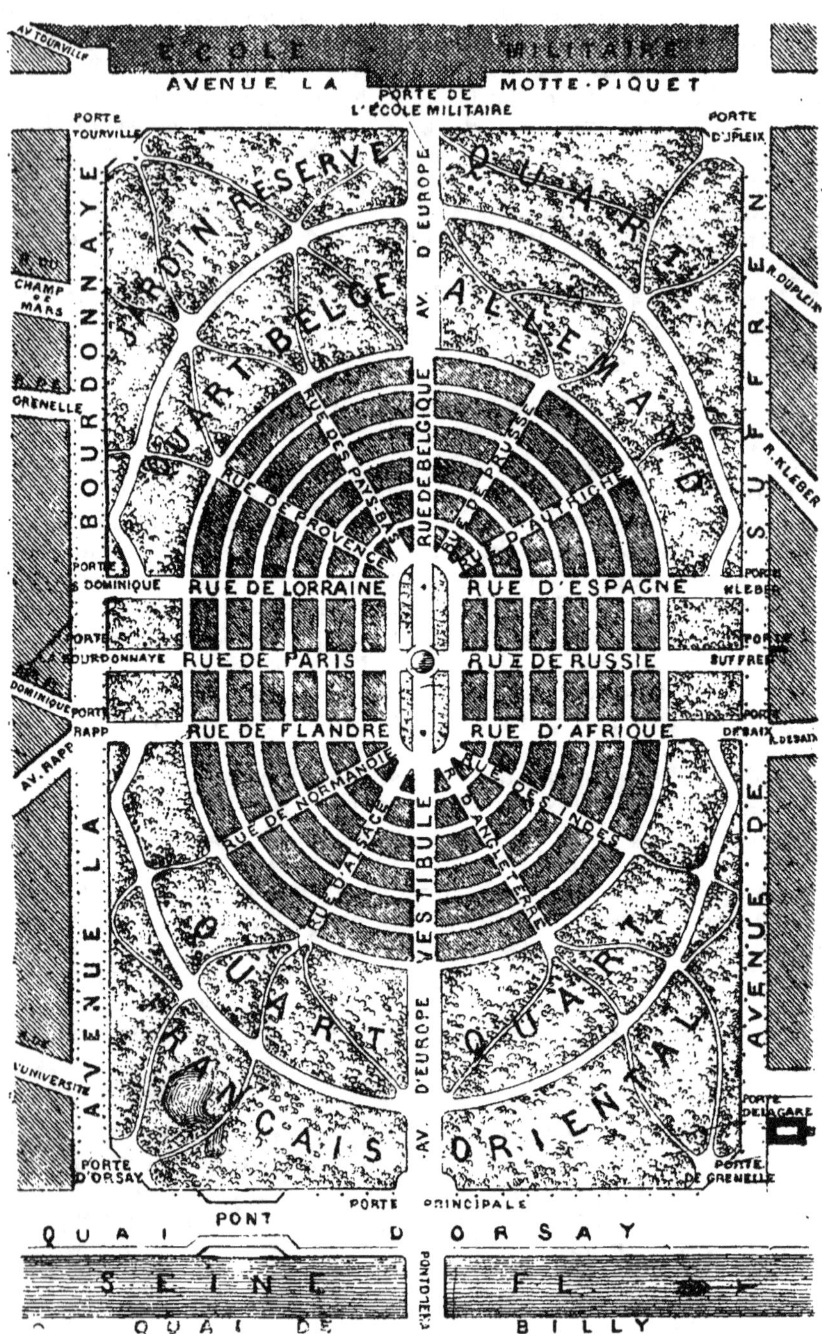
AV. TOURVILLE
ÉCOLE MILITAIRE
AVENUE LA MOTTE-PIQUET
PORTE DE L'ÉCOLE MILITAIRE
PORTE TOURVILLE
PORTE D'UPLEIX
R. DU CHAMP DE MARS
R. P. P.
GRENELLE
JARDIN RÉSERVE
QUART BELGE
QUART ALLEMAND
BOURDONNAYE
AV. D'EUROPE
RUE DE BELGIQUE
RUE DES PAYS-BAS
RUE DE PROVENCE
R. D'AUTRICHE
R. DUPLEIX
R. KLEBER
SUFFREN
PORTE S. DOMINIQUE
RUE DE LORRAINE
RUE D'ESPAGNE
PORTE KLEBER
PORTE LA BOURDONNAYE
RUE DE PARIS
RUE DE RUSSIE
PORTE SUFFREN
DOMINIQUE PORT
RUE DE FLANDRE
RUE D'AFRIQUE
PORTE D'AIX
R. DEBAIX
RAPP
RUE DE NORMANDIE
RUE D'ANGLETERRE
RUE DE L'INDE
AV. RAPP
PLACE
VESTIBULE
AVENUE LA
AV. D'EUROPE
QUART FRANÇAIS
QUART ORIENTAL
AVENUE DE
R. DE
L'UNIVERSITE
PORTE DE LA GARE
PORTE D'ORSAY
PORTE DE GRENELLE
PORTE PRINCIPALE
PONT
QUAI D'ORSAY
PONT D'IÉNA
SEINE FL.
QUAI DE BILLY

LE PARC [1].

Vous souvient-il d'avoir vu quelquefois au frontispice de certains journaux illustrés un assemblage bizarre de tous les monuments des quatre points cardinaux, pêle-mêle étagés en amphithéâtre; en haut des dômes, des colonnes, des minarets, des phares et des clochers; en bas des temples antiques, des édifices européens, des kiosques chinois, des pagodes indiennes, des fontaines, des statues, tout un monde fantastique, désordonné, où se côtoyent les architectures de tous les peuples, groupées au hasard par le caprice de l'artiste.

Tel est l'aspect étrange du Parc lorsqu'on le parcourt d'un premier regard. C'est une ville universelle; les exposants l'ont rempli de leurs constructions. Ceux qui n'avaient pu trouver place dans le Palais, ceux qui gênés par le manque d'espace n'avaient pu s'y développer à leur aise, ont trouvé dans le Parc un emplacement qu'ils ont pu arranger à leur guise, et où leurs produits étalés en liberté peuvent attirer isolément les regards du visiteur.

Pour la clarté de notre plan, pour la commodité du visiteur nous imiterons la Commission impériale qui a divisé le Parc en quatre parties bien nettement délimitées par les deux grandes voies qui le traversent en entier en se coupant à angles droits. Le premier quart qui est à votre gauche, si vous arrivez par le pont d'Iéna, et qui s'étend de la Grande porte à la porte la Bourdonnaye, peut s'appeler la *partie française*, parce qu'elle est la continuation de l'espace accordé à la France dans le Palais. Le second quart, qui va de la porte la Bourdonnaye à la porte de l'École militaire, forme la *partie belge* et contient le jardin réservé; le troisième quart compris entre la porte de l'École militaire et la porte Suffren s'appelle ordi-

---

1. Le Parc est l'enceinte même de l'Exposition, dans lequel se trouve le Palais, et dans lequel tous les tourniquets donnent accès. Ne pas le confondre avec *le Jardin réservé*, qui est le seul endroit de l'Exposition où il faille payer un supplément de 50 centimes. Le droit d'entrée de 1 franc permet de pénétrer dans toute l'étendue du Parc et du Palais, sauf dans deux ou trois kiosques qui forment une exposition particulière.

nairement la *partie allemande,* bien qu'il contienne outre l'Allemagne, la Suède, la Norwége et la Russie. Enfin dans le quatrième quart situé entre la porte Suffren et la Grande porte se trouve l'*Orient* et l'*Angleterre.*

Suivant cette division indiquée par la disposition même des lieux nous mentionnerons dans chacune de ces parties les curiosités dignes d'attirer les regards ; le visiteur pourra les trouver d'autant plus facilement, que le Parc est traversé dans toute son étendue par **le grand boulevard,** voie parallèle aux sept galeries de l'intérieur du Palais, et faisant comme elle le tour entier de l'Exposition. De plus, la plupart des kiosques sont situés dans des avenues particulières, qui toutes ont un nom qu'on peut lire sur des poteaux indicateurs, et que nous mentionnerons avec soin.

Dans cette visite, comme dans toutes celles que nous ferons, nous commencerons par la partie française, c'est-à-dire à gauche en entrant par le pont d'Iéna [1].

La majeure partie des visiteurs qui entrent par la Grande porte arrivent par les *bateaux omnibus,* ces légers navires qui sillonnent en tous sens les eaux de la Seine, rapides et droits comme une flèche.

Un tourniquet spécial les attend à leur débarquement pour leur donner accès sur la **berge** où plusieurs choses intéressantes sont à voir ; c'est par là que nous entrerons. Ceux qui débouchent par la Grande porte n'auront qu'à tourner à gauche et à descendre vers la Seine pour venir nous retrouver.

LA BERGE.

L'aquarium humain.

Qui peut donc demeurer dans cette tour étrange, la première qui se présente à nous? Vous, curieux, qui cherchez à voir à travers les vitres, qui apercevez-vous à la fenêtre? — De l'eau. — Oui, c'est bien une énorme masse d'eau qui est l'hôte de cette tour. Figurez-vous un puits vu par dessous. Là séjourne un être aquatique, qui a forme humaine, si l'on veut. Cet homme-poisson se sent chez lui, il se promène, il s'amuse familièrement. Du reste son mobilier est là, une table, un jeu de dominos, divers ustensiles. Le voilà qui vient visiter les visiteurs, il les salue de la main; il montre à travers le vitrage sa tête bizarre, bardée de cuivre, éclairée

---

1. Ceux qui arrivent par le chemin de fer débarquent dans la partie orientale, et n'ont qu'à suivre droit devant eux pour aboutir à la partie française. Quant à ceux qui entrent par les portes Rapp, La Bourdonnaye ou Saint-Dominique, qu'ils tournent à droite.

par des yeux de verre, son corps cuirassé de caoutchouc. Ce costume est un appareil appelé *scaphandre;* il permet à ceux qui en
sont revêtus de séjourner plusieurs heures de suite dans l'eau sans
en éprouver aucun inconvénient; il se compose d'un vêtement d'un
seul morceau en coton ou en toile, et doublé d'une épaisse couche
de caoutchouc. A ce vêtement imperméable, qui ne laisse que les
mains libres, s'adaptent une pèlerine métallique et un casque en
cuivre étamé. Sur le devant du casque sont quatre glaces qui permettent au plongeur de voir de tous côtés, et qui sont protégées
contre les chocs par un grillage en fil de cuivre. A l'endroit qui
correspond à la bouche est une espèce de soupape-robinet à laquelle
le plongeur peut avoir recours pour chasser l'air à l'extérieur quand
il en a trop. L'air nécessaire à la respiration est fourni par une
pompe à air et arrive par un tube qui se rattache au côté gauche
du casque; sur le côté droit est la soupape qui laisse échapper l'air
respiré, et celui que la pompe fournirait en trop grande abondance.
Si l'on regarde du haut de la cuve où le plongeur de l'Exposition
passe la plus grande partie de la journée, tantôt on le voit revenir
à l'air, tantôt on n'est averti de sa présence dans l'eau que par les
bulles d'air qui se forment à la surface, et qui sont produites par le
jeu régulier de la soupape. Cet appareil est employé par ceux qui
vont pêcher le corail au fond de la mer; mais il est d'une utilité
pratique bien plus grande pour la marine. Il permet aux marins de
boucher très-promptement une voie d'eau qui se déclare dans un
navire en pleine mer, de sonder le passage le plus favorable dans un
échouage, de retrouver des ancres égarées dans les rades mal
abritées, de dégager l'hélice du navire embarrassée au milieu des
herbes marines. La curiosité publique qui s'égare quelquefois sur
des objets de peu d'importance, est bien inspirée en se portant sur
une invention d'une utilité aussi pratique.

Appareils respiratoires.

Cet appareil se rapproche beaucoup de celui du plongeur; il
consiste en une espèce de havre-sac rempli d'air qui se met sur le
dos, et qui est en communication avec la bouche par deux tubes
en caoutchouc. Ces deux tubes aboutissent à une espèce de poire
d'angoisse qui ferme la bouche hermétiquement et empêche l'air
extérieur d'y pénétrer; un pince-nez et des lunettes avec monture
de caoutchouc protégent le nez et les yeux.

L'homme muni de cet appareil n'est pas précisément beau. L'ex-
périmentation que fait l'exposant devant tous, même devant les
dames, montre chez lui une abnégation complète de coquetterie.
Le pince-nez, les lunettes et la hotte qu'il a sur le dos donnent à
sa figure un aspect grotesque d'un monstre, tel qu'en adorent les
Chinois. Mais ainsi accoutré, il peut séjourner impunément pendant
20 à 30 minutes dans les milieux irrespirables, opérer un sauve-

tage au milieu de la fumée, descendre dans les fosses d'aisance ou dans les puits, dans les cuves et dans tous les endroits dont l'atmosphère délétère est à redouter.

Canots de sauvetage.

Ces canots, qui ont résolu le difficile problème de rester insubmersibles au milieu des plus violentes tempêtes et sont destinés à aller au secours des navires en détresse sur les côtes de l'Océan appartiennent à la Société centrale de sauvetage sous la protection de l'Impératrice. Leur quille qui est en plomb leur fait toujours retrouver leur centre de gravité, quelle que soit la violence du vent; des soupapes servent à l'échappement de l'eau dont les vagues ont pu remplir le bateau, et les deux extrémités, qui sont des chambres à air, lui donnent plus de légèreté et de facilité dans les mouvements. Trente-trois de ces canots garnissent déjà les côtes de l'Océan et leur nombre tend à se multiplier. L'ingénieuse construction des canots de sauvetage mérite toutefois moins d'admiration que le dévouement des marins qui s'y embarquent courageusement pour voler au secours de leurs semblables.

Nous passerons devant plusieurs hangars qui contiennent des **canots de plaisance**, des pirogues, des *youyou* légers, une *gondole vénitienne* avec sa proue armée de dents et sa cabine sévèrement tendue de noir, un *caïque* de Constantinople, bateau long effilé, garni de brocart et de tapis de Smyrne, peint et doré avec beaucoup de luxe.

En nous rapprochant du pont d'Iéna nous arriverons à un vaste bâtiment où l'on entend les mugissements d'une énorme machine :

Le Friedland.

Sorti des ateliers de la marine à Indret, ce formidable appareil à vapeur a été créé pour mettre en mouvement l'hélice d'un vaisseau cuirassé. Sa force est de 1200 chevaux. Il se compose de 8 chaudières, mais 4 seulement ont été installées.

Cette force a été utilisée à l'Exposition pour aider les machines hydrauliques qui fournissent d'eau la partie basse du Parc et du Palais.

Le volume d'eau que l'appareil du *Friedland* envoie dans le Parc est de 80 tonnes par minute, soit 5 millions environ de litres par heure.

Ce qu'il y a de remarquable dans cette destination inattendue d'un appareil préparé pour un navire, c'est qu'elle suppose dans le mécanisme une admirable précision. Des moteurs ordinaires construits pour faire fonctionner une hélice dans l'eau, élément résistant, ne sauraient impunément être employés dans l'air, qui n'offrant plus de résistance suffisante, abandonnerait l'hélice sans appui à ses propres mouvements. De là des soubresauts, des incertitudes, qui useraient promptement la machine. Il a fallu dans celle du *Friedland* des qualités exceptionnelles de précision pour résister à une pareille épreuve.

Mais le colosse n'accepte pas sans colère cet emploi qui n'est pas le sien. C'est Samson condamné à tourner la meule. Il exhale sa rage en vomissant bruyamment des flots de vapeur et de fumée.

Marine anglaise.

Une exposition bien faite pour attirer l'attention est celle de la très-célèbre marine anglaise. Son installation au bord de l'eau comprend plusieurs modèles de la *Shames Iron Company*, parmi lesquels on remarque le *Guillaume I*er construit pour la Prusse. Défions-nous de la Prusse. Elle organise en ce moment une marine puissante, si l'on en juge par cet échantillon.

Un autre modèle qui mérite mention est celui du *Dreadnought*, vaisseau futur qui s'annonce comme une véritable forteresse auprès de laquelle les *Monitor* actuels ne sont que de simples redans ; le *Dreadnought* sera armé de douze canons distribués dans six tours.

Enfin un *life-boat*, aux formes élégantes, nous montre le type tout gréé des canots de sauvetage anglais.

Maintenant revenons sur nos pas, et, passant sous la passerelle qui forme voûte au-dessus de la berge, entrons dans le Parc ; nous avons de suite en face de nous le lac, le grand phare, à droite et à gauche des rangées de pompes hydrauliques.

QUART FRANÇAIS.

Les pompes.

A gauche du pont, une locomobile Farcot, de 12 chevaux, fait marcher la pompe centrifuge du système Perrigault qui alimente la fontaine Barbezat. A côté, une autre locomobile de 20 chevaux, sortant des ateliers de M. Calla, met en mouvement une pompe Letestu, et élève 400 000 litres d'eau à l'heure, pour alimenter le réservoir que cache une ruine dont on peut apprécier l'effet pittoresque dans le Parc. La pompe sans frottement de M. Nillus, du Havre, occupe le hangar voisin. A droite du pont, l'attention est attirée par une nappe d'eau qui tombe avec fracas d'une certaine hauteur, en montrant la puissance de la pompe Coignard, qui, le 10 octobre 1866, a opéré le sauvetage du vaisseau *la Floride*.

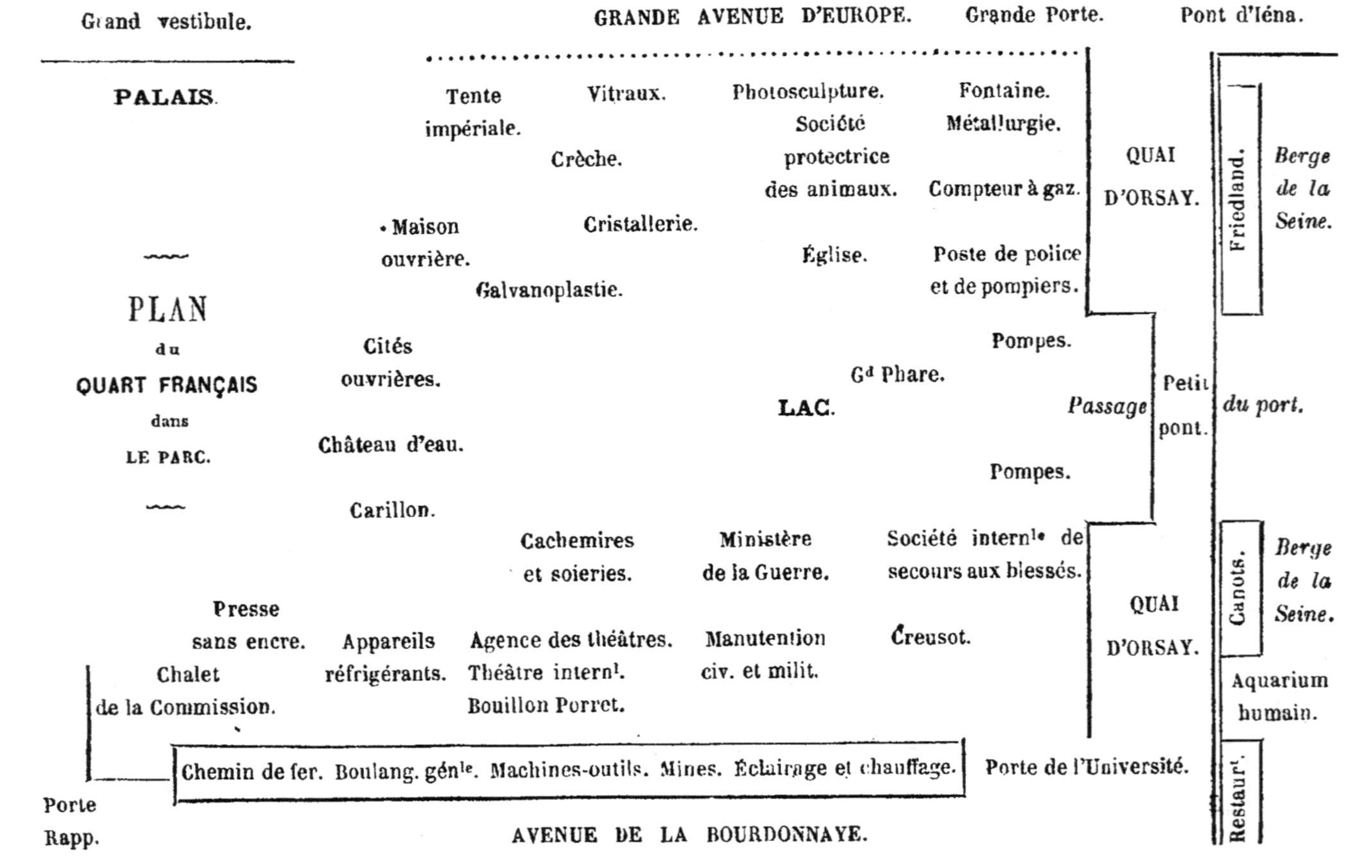

Grand vestibule.
GRANDE AVENUE D'EUROPE.
Grande Porte.
Pont d'Iéna.
PALAIS.
Tente impériale.
Vitraux.
Photosculpture.
Société protectrice des animaux.
Fontaine.
Métallurgie.
Crèche.
Compteur à gaz.
QUAI D'ORSAY.
Friedland.
Berge de la Seine.
Maison ouvrière.
Cristallerie.
Église.
Poste de police et de pompiers.
Galvanoplastie.
PLAN du QUART FRANÇAIS dans LE PARC.
Cités ouvrières.
Pompes.
G^d Phare.
LAC.
Passage
Petit pont.
du port.
Château d'eau.
Pompes.
Carillon.
Cachemires et soieries.
Ministère de la Guerre.
Société intern^le de secours aux blessés.
Presse sans encre.
Appareils réfrigérants.
Agence des théâtres.
Théâtre intern^l.
Bouillon Porret.
Manutention civ. et milit.
Creusot.
QUAI D'ORSAY.
Canots.
Berge de la Seine.
Chalet de la Commission.
Aquarium humain.
Chemin de fer. Boulang. gén^le. Machines-outils. Mines. Éclairage et chauffage.
Porte de l'Université.
Restaur^t.
Porte Rapp.
AVENUE DE LA BOURDONNAYE.

Le grand phare.

Autrefois on construisait des phares comme de simples belvédères, en pierre ou en briques. Une fois construits on ne les déplaçait plus. Ils devaient rester immobiles comme le rocher qui leur servait de piédestal. Voici maintenant un phare tout en tôle qu'on a apporté à l'Exposition et qu'on en remportera, avec la même facilité qu'un chariot de ferrailles. Il se monte et se démonte. Et cependant c'est bien le plus gigantesque phare, il a 50 mètres de hauteur. — Il faut une permission spéciale pour y monter.

Ce phare est destiné à couronner le point culminant d'un îlot voisin de Guernesey, les Roches-Douvres.

L'église.

Est-ce l'esprit de dévotion, ou bien l'attrait du fruit défendu qui pousse les visiteurs vers ces tourniquets où il faut laisser cinquante centimes? L'intérieur du Palais renferme de bien plus belles choses comme ornementation religieuse, mais là on a l'avantage de les voir réunies et à leur place, ce qui les fait mieux ressortir. Parmi les principaux objets dignes de remarque il faut citer : la chaire en bois sculpté, le maître autel, un lustre byzantin, un autel en marbre blanc, quelques sculptures en ivoire et un joli buffet de sacristie. Mais deux curiosités ont plus que le reste le privilége d'attirer l'attention publique. L'une est un calvaire breton , monument destiné à ces populations à la foi naïve dont il faut frapper les regards pour pouvoir toucher le cœur. L'autre, une sainte martyre modelée en cire, qui voit à chaque instant, on peut le dire, une foule d'adorateurs se presser autour d'elle. L'expression que l'artiste lui a donnée n'est peut-être ni très-céleste ni très-idéale, mais c'est justement ce qui attire les regards, et plus d'un visiteur sort en se demandant si ce n'est pas la Maleleine avant son repentir.

Les vitraux.

C'est un art qui a fait d'admirables progrès que celui de la peinture sur verre. Il nous suffirait d'en prendre à témoin l'exposition de MM. Maréchal. Leur pavillon contient des vitraux d'un éclat, d'une finesse, d'une variété de nuances à rendre jalouse la nature. Ils sont presque trop vivants. Il y a des portraits d'un relief surprenant. M. Maréchal père s'est aidé aussi de la photographie qu'il a coloriée et fait vitrifier. Enfin il a osé aborder les plus grandes difficultés de cet art, le contraste des couleurs vives et des couleurs pâles. Deux sujets destinés à M. Viollet-le-Duc diront s'il a triomphé.

La cristallerie.

Il ne s'agit ici ni d'un procédé nouveau, ni d'une invention récente, mais de la simple fabrication du verre, inconnue généralement de la masse du public et considérée par lui avec le plus vif plaisir. Il y a toujours une grande foule pour voir les ouvriers tirer du creuset un morceau de verre incandescent, lui donner la forme par le souffle, le polir, l'arrondir, le couper, lui ajouter toutes sortes d'accessoires telles que pieds, anse, bouchon, et le déposer devenu bouteille, vase ou carafe, devant les spectateurs émerveillés d'un secret si ingénieux que le hasard découvrit il y a nombre de siècles à des marchands phéniciens.

Non loin de là et sur le bord de la grande avenue d'Europe, se trouve le :

Pavillon de l'Empereur

Construction bizarre composée d'une coupole et de deux petites ailes, dont une marquise aux larges bords fait le tour. Comme il n'est pas permis d'y entrer, les curieux se contentent de regarder par les fenêtres les riches ameublements qui le décorent et qui en font tout le mérite.

Maisons et cités ouvrières.

Plusieurs maisons d'ouvriers sont exposées dans le Parc.

La compagnie des houillères de Blanzy nous présente un spécimen des 679 maisons qu'elle a fait construire pour les ouvriers ou que ceux-ci ont édifiées eux-mêmes. Elle annonce que le prix de revient du logement (terrasse et construction) ne dépasse pas 2200 fr., le prix de location, 54 fr. par an. Et cependant chaque logement (il y en a deux dans chaque bâtiment), accompagné d'un jardin de 600 mètres carrés, comprend chambres, cave et grenier. La pièce assez spacieuse par laquelle on entre contient : le plan en relief des travaux des mines de Blanzy ; les échantillons de coke, d'aggloméré, de poudingue, de grès noir, etc.; des photographies des habitations des ouvriers.

Un plus grand intérêt encore s'attache aux cités ouvrières de Mulhouse, dont nous parlent si souvent les économistes.

La construction qui figure à l'Exposition est double : un des deux logements qu'elle contient est habité par une famille et peut se visiter sauf une chambre fermée sous ce charmant prétexte : *parce que l'enfant dort.* On a utilisé tous les recoins. La pièce d'entrée sert à la fois d'antichambre et de cuisine, de salle à manger et de couloir. A droite, la porte d'une grande chambre et au fond deux portes, l'une de la cave, l'autre de l'escalier, en spirale, qui mène

: à l'étage supérieur. Partout propreté, ordre, lumière : le petit mi-
: roir traditionnel, etc. Rien de plus gai que la simplicité naïve qui
: sert d'ornement à cet intérieur de calme et de travail.

Crèche.

Toutes les mères s'arrêteront devant ce kiosque : c'est le temple
de l'enfance, c'est le sanctuaire de la bienfaisance éclairée et intelligente. L'ouvrière qui est obligée de gagner sa vie hors de chez
elle, n'est plus inquiète sur le sort de son enfant qu'elle était obligée de laisser seul et sans soins. La crèche le garde durant toute la
journée, elle lui donne tous les soins hygiéniques et moraux que
réclament son âge et son état; la mère peut venir le voir et l'allai-
ter aussi souvent que son travail le permet; elle ne s'en sépare pas,
elle ne fait que le confier à des mains plus intelligentes que des
mains mercenaires. Comme on n'a pu trouver parmi les ouvrières
employées à l'Exposition un nombre suffisant d'enfants pour former
la crèche, on s'est contenté d'exposer le matériel ; mais chaque dimanche des enfants, venus des différentes crèches de Paris, présentent le spectacle d'un de ces établissements en pleine activité;
plus de cent mille enfants en France sont préservés par cette utile
institution, soit de la mort, soit des maladies et des infirmités pré-
coces que le défaut de soins amène infailliblement chez les enfants,
bien des mères sont éloignées soit du vice, soit du crime. Aussi de
tant d'idées qui ont présidé à toutes les inventions dispersées
dans le Champ de Mars, celle-là est une des plus fécondes, des plus
bienfaisantes : dans le berceau de ces enfants, comme dans celui de
Moïse, il y a la régénération de tout un peuple.

Société protectrice des animaux.

*De la brutalité envers l'animal à la cruauté envers l'homme il n'y a
de différence que la victime*, dit une des inscriptions gravées sur les
murs de ce pavillon, où sont exposés les appareils servant à rendre
moins pénible le travail des animaux, les inventions propres à améliorer leur sort, ainsi que les ouvrages utiles à la propagation de
l'œuvre. Des bâtons de déchargement pour soulager les animaux
au repos, des freins pour l'arrêt instantané des omnibus, des monte-
côte qui empêchent le recul de la voiture dans les fortes montées,
telles sont les principales améliorations exposées aux regards des
visiteurs, dont plus d'un se dit à part qu'il serait à désirer qu'on
accordât à l'homme (à l'enfant et à la femme surtout) une partie
de la sollicitude prodiguée à des animaux.

Kiosque galvanoplastique.

Pendant longtemps l'homme n'eut d'autre agent que le feu pour travailler sur les métaux, qu'il lui fallait péniblement extraire du sein de la terre où ils se trouvaient enfouis. Quand l'électricité lui fut connue, il s'en servit non-seulement pour agir sur eux, mais pour les retirer de sels dans lesquels ils étaient répandus en proportion très-minime : de là est née la galvanoplastie ; depuis ce jour la dorure et l'argenture a presque partout remplacé l'usage des ustensiles en or et en argent ; le perfectionnement apporté à ces procédés par M. Roseleur, et exposé dans ce kiosque, mérite une attention toute spéciale. Comme on le sait, les objets que l'on veut recouvrir d'une couche de métal précieux sont plongés dans une dissolution saline où le métal est combiné et d'où l'électricité se retire pour faire le dépôt, et sont laissés plus ou moins de temps selon l'épaisseur qu'on veut donner à la couche. Ordinairement on avait l'habitude, pendant le cours de l'opération, de sortir les objets du bain, de les peser pour voir s'ils avaient reçu la quantité voulue, puis de les y remettre, ce qui nuisait souvent à la netteté de placage. L'appareil inventé par M. Roseleur vient remédier à cet inconvénient. Il a imaginé une balance dans laquelle il met d'un côté les objets, de l'autre le poids de ces objets, plus celui qu'on veu leur donner en supplément. Une fois cette limite atteinte, la balance fait bascule, l'aiguille qui mettait les deux courants électriques en communication revient à l'air libre, et l'opération est terminée avec une précision mathématique. Tous les visiteurs vont voir fonctionner cette machine qui est un réel progrès dans un art appelé à bien d'autres perfectionnements.

Le Carillon.

A chaque heure du jour les habitants de la Flandre sont agréablement surpris par le carillon, qui leur apporte comme un souvenir du pays natal. Dans ce clocher, qui n'a que quelques mètres d'élévation, se trouvent quarante-trois cloches, formant quatre octaves. Sur un énorme cylindre, mis en mouvement par un simple mécanisme d'horloge, sont des pointes qui soulèvent tour à tour le marteau des diverses cloches et produisent les airs que l'on entend toutes les fois que sonne l'heure. La marche de la reine Hortense et le chœur de la *Dame Blanche, sonnez cors et musettes!* sont les seuls airs qui soient encore pointés. Ce carillon fabriqué en France, est destiné à la cathédrale de Buffalo en Amérique, ce pays qui a tout à la fois le raffinement des nations civilisées, et le goût des peuples enfants.

La Tour en ruines.

La tour en ruines qui se trouve tout à côté est le **Château-d'Eau**
e l'Exposition : c'est elle qui alimente les nombreuses machines à
vapeur qui fonctionnent dans la partie basse du Champ de Mars.
L'intérieur de la tour renferme un réservoir en tôle de quatre mètres de diamètre sur cinq de hauteur, lequel est alimenté par les
pompes puissantes situées sous les hangards du quai d'Orsay, et
par les curieuses machines du *Friedland*.

Manutention civile et militaire.

L'admiration est une fort belle chose sans doute, mais elle ne
saurait suffire même aux visiteurs les plus romanesques; aussi
n'est-on pas fâché de trouver sur sa route la boulangerie à la vapeur, qui fabrique des pains si appétissants. Là aussi la machine a
remplacé l'homme dans le travail matériel et pénible ; c'est elle qui
pétrit le pain; l'ouvrier n'a plus qu'à le mettre au four et à l'en tirer
pour satisfaire à ceux qui tendent la main, désirant goûter ce pain
qu'ils viennent de voir faire sous leurs yeux. Dans cet ingénieux
appareil, la chaleur perdue ordinairement est utilisée, elle sert à
produire la vapeur qui met en mouvement les machines destinées à
pétrir le pain.

Tout près de là, sur la porte d'un vaste pavillon, mais modeste
d'apparence, on lit ce simple nom :

Creusot.

Voilà un nom qui est devenu l'orgueil de notre industrie métallurgique. Il faut entendre l'intonation d'un français qui prononce
Creusot, surtout en face de l'Angleterre. Depuis que la puissante et
active compagnie a triomphé si vaillamment des épreuves du libre
échange et qu'elle est parvenue à exporter ses travaux non-seulement en Suisse et en Allemagne, mais même au delà de la Manche,
son prestige nous fait un peu oublier les efforts de ses rivales. Aussi
trouve-t-on naturel que le Creusot occupe à lui seul un bâtiment,
et l'on s'empresse d'y chercher les témoignages de sa prospérité.
On est frappé dès l'entrée par la vue d'une immense machine,
d'une force nominale de 950 chevaux. Du haut d'une plate-forme,
le visiteur peut voir l'étonnante dimension des pièces d'acier qui
doivent faire mouvoir les roues du navire cuirassé *l'Océan*. Il faut
avoir foi dans notre siècle, pour ne point s'émerveiller qu'une pareille machine soit destinée à se balancer comme une plume à la
surface de l'eau.

Une autre belle machine, exposée dans ce pavillon, peut passer pour une des merveilles de l'industrie nationale. C'est une locomotive express, commandée pour le chemin de fer de *Great-Eastern* anglais. Elle pèse 29 000 kilogrammes ; elle peut parcourir 90 kilomètres à l'heure, en traînant 27 wagons. Le diamètre de la roue motrice est de 2 mètres 20 centimètres. Vingt locomotives semblables sont, dit-on, sorties des mêmes ateliers pour la même destination.

Des plans en relief font connaître sur quels gisements houillers est établi le Creusot ; comment sont disposées les mines, et de quelles constructions se composent les forges et les hauts fourneaux.

Le long des murs sont appendus des tableaux qui attestent la gloire du Creusot : ils représentent les principales constructions dont il a fourni les éléments : le pont tournant de Brest, en 1860 ; le nouveau pont de Fribourg, en 1859 ; le pont de fonte jeté en 1866 sur la rivière El-Cinca.

Nous aurons le secret de cette puissance productive si nous ne laissons pas inaperçue la collection des travaux scolaires qui prouvent que l'instruction des ouvriers est à l'ordre du jour dans cette usine. Ces programmes d'études, ces cahiers d'arithmétique, de géométrie et de dessin, ces spécimens d'écriture et d'analyse grammaticale sont plus que des signes d'intelligence dans cette population, ce sont les prophètes de l'avenir qui lui est réservé.

Les hangars et annexes des machines.

En suivant les allées si habilement dessinées par M. Alphand, nous rencontrerons la *stéarinerie* de M. Galabrun, l'atelier pour le *lavage des laines* de MM. Chaudet et Thuillier, l'*Exposition du Ministère de la guerre*, que nous connaissons déjà ; une *locomobile* Calla, de 25 chevaux, commandant à grande distance la pompe centrifuge de MM. Neut et Dumont, au moyen du *câble télodynamique*, de M. Hirn ; le hangar des machines et outils pour tanneurs. D'élégants chalets en bois découpés abritent les appareils d'économie domestique de la maison S. Charles, la boulangerie mécanique de MM. Plouin et Vaury.

Dans le *hangar des machines-outils* qui borde le boulevard du Nord, nous remarquerons le *moteur à gaz* de Hugon, qui a partagé avec le moteur Lenoir et la machine Lanbereau le privilége d'exciter l'attention des ingénieurs depuis quelques années, et les pompes à incendie à vapeur, locomobiles, construites dans le système américain par la Cie des chantiers et ateliers de l'Océan.

Appareils réfrigérants.

Comme Sganarelle qui changeait la place du cœur, la science renverse les anciens principes de la physique : l'eau et le feu, ennemis jurés jusqu'à ce jour, semblent avoir fait alliance. Voyez plutôt, c'est une machine à vapeur qui produit instantanément ces rouleaux de glace qui s'étalent aux yeux du visiteur, agréable et appétissant spectacle, par une chaleur de 25 degrés. Pour parler sans métaphore, la congélation est produite par la volatilisation de l'ammoniaque, qui pour passer de l'état liquide à l'état gazeux demande une somme énorme de chaleur et l'emprunte aux corps qui l'environnent : dans l'appareil de MM. *Mignon et Rouard* le tube renfermant l'ammoniaque est plongé dans un vase d'eau, et la déperdition de chaleur est telle que ce liquide arrive de suite à la congélation. Le feu est employé à obtenir la prompte évaporation de l'ammoniaque. Ainsi se trouve expliquée cette apparente contradiction ; au moyen âge, l'inventeur de cet appareil eût passé pour sorcier, et eût certainement été brûlé comme tel.

Le télégraphe atmosphérique.

Tout le monde sait que sur plusieurs points de Paris les dépêches télégraphiques sont transmises du bureau central aux bureaux de quartier par un petit chariot que la pression atmosphérique pousse avec une rapidité très-grande dans des tubes souterrains. Cet appareil a été nécessité par le nombre sans cesse croissant des dépêches, qui, sans lui, éprouveraient parfois des retards considérables avant que d'arriver à leur destination. MM. Mignon et Rouart, qui en sont les constructeurs, l'ont exposé dans le même pavillon que leurs appareils réfrigérants.

Dans un tube de 30 millim. de circonférence, qui s'élève vers le toit et fait plusieurs fois le tour du bâtiment, est placé un petit chariot de forme cylindrique. Une colonne d'eau exerce une pression sur le tube, refoule l'air et chasse le chariot qui, avec la rapidité de l'éclair, revient par un autre tube à son point de départ. L'air comprimé qui a servi à lui communiquer cette vitesse, sert également à amortir le choc que produirait son brusque arrêt. A son arrivée, il entre dans le tube rempli d'air libre, qu'il refoule, et dont l'élasticité le fait rebondir pour le laisser ensuite tomber doucement dans la main de l'opérateur. Cet appareil, tout nouvellement installé n'est pas un des moins curieux de ceux qu'on peut voir au Champ de Mars.

La presse typographique sans encre.

Le visiteur pressé d'avoir sa carte de visite n'a qu'à entrer dans ce pavillon : à peine a-t-il prononcé son nom, que la composition est faite en caractères d'imprimerie et que la machine rejette cent cartes que pourrait utiliser même un académicien. Une minute et demie suffisent pour la composition et l'impression. C'est la substitution d'une composition chimique à l'encre ordinaire qui permet cette grande rapidité. La machine à carte de visite n'est aujourd'hui qu'une curiosité, le jour où elle pourra s'appliquer à l'imprimerie elle sera une grande invention.

Ici finit la partie française du parc, ayant pour dernier monument l'élégant chalet de la commission impériale. Viennent alors les *trois portes Rapp, la Bourdonnaye* et *Saint-Dominique.* C'est en cet endroit que débarquent la majeure partie des voyageurs arrivant de l'intérieur de Paris par voitures ou omnibus, aussi le mouvement d'allants et de venants est-il considérable.

LE QUART BELGE.

Après la porte Saint-Dominique commence la partie belge du parc qui contient la tente du roi de Belgique, l'annexe des beaux-arts du même pays (voir p. 156) et la grande halle où il a exposé son matériel de chemin de fer.

La majeure partie de cette section est occupée par le *Jardin réservé* que sépare une enceinte continue de grilles très-variées, les unes simples, les autres luxueuses, dressées là par les exposants. Mais avant de les franchir, il nous reste à voir :

La porte d'Anvers.

Construite en pierre de taille et couronnée de deux gigantesques figures de bronze. Ces deux géants accroupis de chaque côté du fronton sont deux Gaulois qui, l'épieu à la main, la hache de fer au côté, symbolisent les courageux compagnons d'Ambioric, qui résistèrent à César, l'an 57 avant l'ère moderne. Cette porte fait partie de la nouvelle ligne de fortifications qui complètent les travaux de défense de la ville d'Anvers.

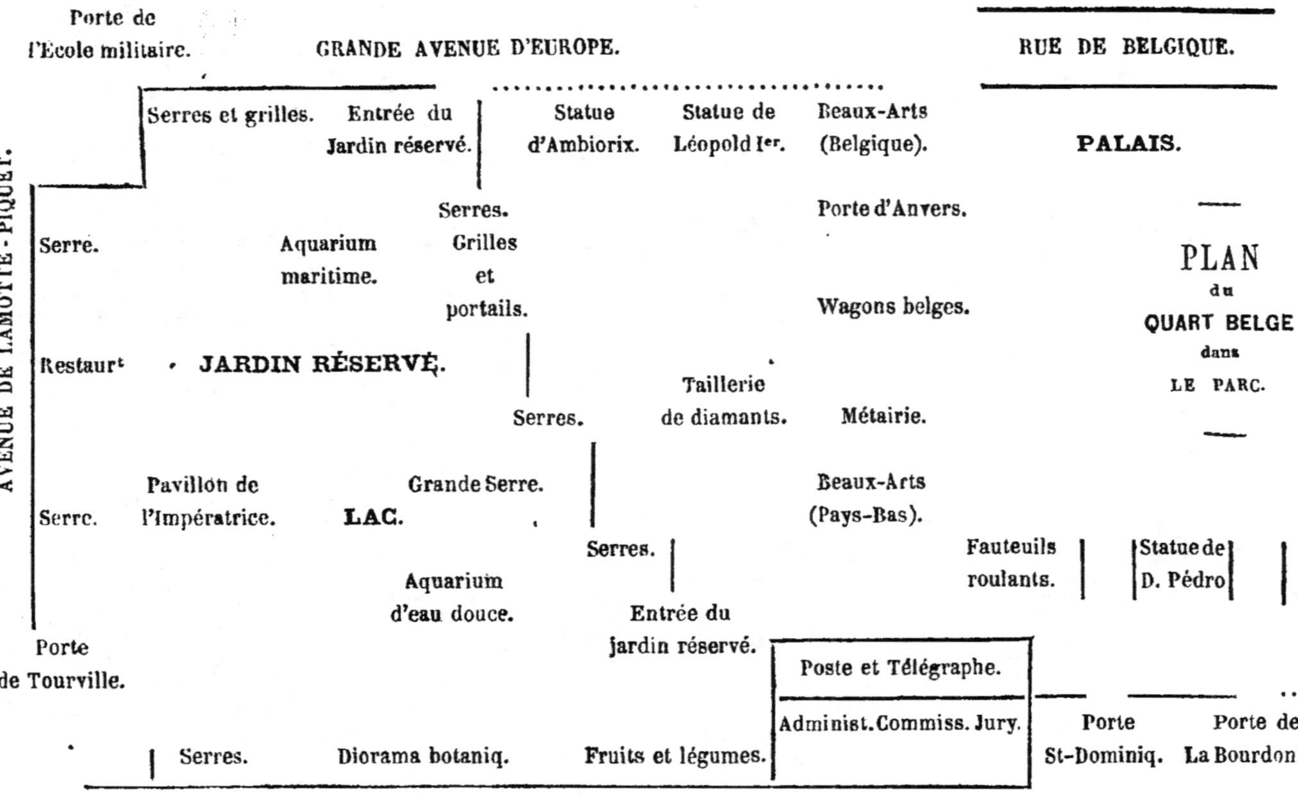

Porte de l'École militaire.
GRANDE AVENUE D'EUROPE.
RUE DE BELGIQUE.
Serres et grilles.
Entrée du Jardin réservé.
Statue d'Ambiorix.
Statue de Léopold Ier.
Beaux-Arts (Belgique).
PALAIS.
AVENUE DE LAMOTTE-PIQUET.
Serre.
Aquarium maritime.
Serres. Grilles et portails.
Porte d'Anvers.
PLAN du QUART BELGE dans LE PARC.
Wagons belges.
Restaurt
JARDIN RÉSERVÉ.
Taillerie de diamants.
Serres.
Métairie.
Serre.
Pavillon de l'Impératrice.
Grande Serre.
LAC.
Beaux-Arts (Pays-Bas).
Serres.
Fauteuils roulants.
Statue de D. Pédro.
Aquarium d'eau douce.
Entrée du jardin réservé.
Porte de Tourville.
Poste et Télégraphe.
Administ. Commiss. Jury.
Porte St-Dominiq.
Porte de La Bourdonn.
Serres.
Diorama botaniq.
Fruits et légumes.
AVENUE DE LA BOURDONNAYE.

La taillerie des diamants.

(Usine de M. Coster d'Amsterdam).

Les sept premiers casiers qu'on trouve en entrant renferment les formations minéralogiques des gangues et des cristaux contenant le diamant. Dans la huitième se trouve huit diamants bruts de très-belle qualité. La neuvième renferme des pierres qui ont subi le *clivage*, c'est-à-dire qui ont été fendues, opération qu'on peut voir pratiquer par l'ouvrier placé tout à côté. Après le *clivage* vient l'*égrisage*, opération qui donne au diamant sa forme définitive et qui est exécutée par l'ouvrier suivant, dont le travail se trouve dans la dixième case. Après l'égrisage reste la taille qui ne s'exécute pas à la main comme les deux opérations précédentes ; elle se fait au moyen de petites meules, tournant horizontalement avec une vitesse de 2500 tours par minute. De la poudre de diamant, résultat de l'égrisage, est dans les rainures de la meule, et sert à la taille, car le diamant ne se laisserait entamer par aucun autre corps. Les diamants, résultant de ces diverses opérations, sont dans la douzième case, qui est la plus intéressante, et où l'on remarque, entre autres un diamant bleu, un diamant rose et trois magnifiques pendeloques d'un blanc parfait. Dans la treizième case on peut voir le fac-simile du ko-i-nor et de l'étoile du sud, qui sont avec le Régent les plus gros diamants connus. Le premier qui, brut, pesait 186 carats n'en pèse plus que 102 1/2 et le second de 254 avant la taille n'en accuse plus que 125. On sait que l'art de tailler le diamant ne fut découvert qu'en 1470 par Louis de Berquen.

LE JARDIN RÉSERVÉ.

Si, l'esprit lassé par la vue des nombreux objets qui viennent de s'imposer à votre attention, la tête fatiguée des mille bruits divers qui se font entendre de tous côtés, il vous arrive de souhaiter un instant de repos, le murmure d'un ruisseau, le parfum des fleurs, « un frais bocage, » comme disent les poëtes, passez par le tourniquet quoique non compris dans ces poétiques rêves, et entrez dans le Jardin réservé ; à l'activité fiévreuse de l'industrie succède le calme paisible de la nature, aux puissantes machines, aux vêtements chamarrés d'or, aux diamants, aux cristaux étincelants de mille feux, succèdent la verdure, les fleurs, non moins riches dans leur variété, non moins éclatantes par leurs couleurs, et jamais contraste ne fut plus rapide, plus complet. Si pour le Parisien, qui se souvient qu'il y a un an à peine ce jardin si frais et si gracieux était un bas-fond marécageux, cette transformation est une étonnante merveille ; pour le simple visiteur qui ne juge que d'après ses impressions du moment, rien de charmant

comme ces pelouses si vertes qui reposent agréablement les yeux
sur une étendue de 50 000 mètres carrés environ ; rien de pittoresque comme ces accidents de terrain qui coupent l'horizon, comme
ces bosquets, ces grottes, ces cascades, ces serres, les unes gigantesques, les autres toutes mignonnes, mais concourant également
à l'harmonie de l'ensemble ; tout cela se marie, se fond, se groupe
d'une façon si parfaite qu'il semble difficile d'en séparer les divers
éléments pour les analyser, et qu'il faut mieux laisser le visiteur
au libre cours de ses impressions.

Cependant il faut signaler à son attention la **serre** monumentale
qui s'élève sur le haut d'une éminence, du sommet de laquelle
on voit jaillir une cascade qui tombant sur des rochers, s'en va se
jeter dans le lac. Cette serre est remarquable et pour sa grandeur
et pour la hardiesse qui a présidé à sa construction. Au milieu des
plantes tropicales qui s'élèvent sous cet immense vaisseau et en
tapissent les parois, sont groupés des milliers de pots de fleurs qui
se renouvellent chaque quinzaine pour le concours horticole [1] ; rien
de joli comme le contraste de ces arbres à l'aspect étranger, à la
verdure sombre, aux feuilles bizarrement découpées, avec ces fleurs
qui abritées à leurs pieds font monter jusqu'à eux comme des
esclaves agenouillés devant leurs maîtres, leurs pyramides aux
mille couleurs, leurs cassolettes aux mille parfums. Le salon d'hon·
neur qui précède la tente avec sa fontaine, ses statues, sa riche
décoration, a quelque chose de vraiment grandiose.

De chaque côté de la serre monumentale sont des grottes qui renferment l'une l'**aquarium d'eau douce**, l'autre l'**aquarium d'eau
salée**. On se promène avec un singulier étonnement sous ces
voûtes de rochers artificiels éclairées par les reflets des aquariums où l'on peut suivre de l'œil les détails les plus intimes de la
vie des poissons enfermés sous ces globes de verre. Là le curieux
aussi bien que le naturaliste ont une ample moisson de faits à
recueillir.

La grande serre et les deux aquariums accaparent beaucoup de
l'attention du visiteur et la rendent difficile pour le reste du jardin.
Cependant il n'est presque aucune partie qui n'ait son genre
d'intérêt.

Même en sortant de la serre monumentale on peut visiter ses
rivales affectées pour la plupart à des genres particuliers de culture,
comme par exemple la **serre hollandaise** avec sa collection de
Cactus. Les amateurs de jardin verront avec plaisir certains groupes
de fleurs ou d'arbustes qui ont trouvé place dans les plantations du
jardin; il y a notamment un groupe de rhododendrons qui fera bien
des envieux.

---

1. Le moment le plus favorable pour voir ces concours est de 2 au 5 de
chaque mois et du 16 au 20, car alors les plantes sont dans toute leur
fraîcheur.

Aujourd'hui que le luxe des parcs, des simples jardins même, est poussé si loin, ces kiosques élégants, ces volières, ces belles portes en fer ouvragé ont plus que jamais leur raison d'être et sont bien certains de trouver des acheteurs. La perle de tous ces kiosques est le **pavillon de l'impératrice**, merveille de goût, de grâce et d'élégance, avec ses peintures sur satin et ses encadrements en bois blanc sculpté.

Une dernière curiosité du jardin réservé, c'est le **diorama**, où l'on voit la représentation de presque tous les pays du globe, d'après des photographies envoyées des lieux mêmes à la commission impériale. C'est en quelque sorte le complément de l'exposition, et ces vues achèvent de transporter chez nous les pays dont nous connaîtrons bientôt les produits et la civilisation.

Passant du Jardin réservé dans la grande avenue de l'École militaire, nous continuons notre excursion dans le parc. La grande voie de communication qui partant de la porte de l'École militaire va rejoindre la Grande porte, en traversant tout l'intérieur du palais, sépare la section belge du parc de la section allemande.

LE QUART ALLEMAND.

Dans cette partie du parc se trouvent, outre le **buffet-omnibus**, dont nous avons parlé au chapitre précédent (page 22): Des **docks de campements** établis en plein air;

Une magnifique collection de bois sortis des forêts autrichiennes; honneur des montagnes de la Carinthie et du Tyrol;

Des **cloches** remarquables par leur grosseur, peut-être aussi par la qualité de leur son, mais à coup sûr insupportables par le tic de certains carillonneurs mélomanes qui ne peuvent se passer d'essayer la sonnerie.

Une section consacrée à l'agriculture française.

Une autre aux constructions allemandes, prussiennes et autrichiennes.

Une autre aux constructions espagnoles et portugaises.

Une dernière enfin aux constructions de l'Europe septentrionale (la Suède, la Norvége, la Russie).

FRANCE.

Le fromage de Roquefort.

Parmi les curiosités de second ordre qui avoisinent le buffet-omnibus, on peut citer une espèce de tour en ruine, destinée à

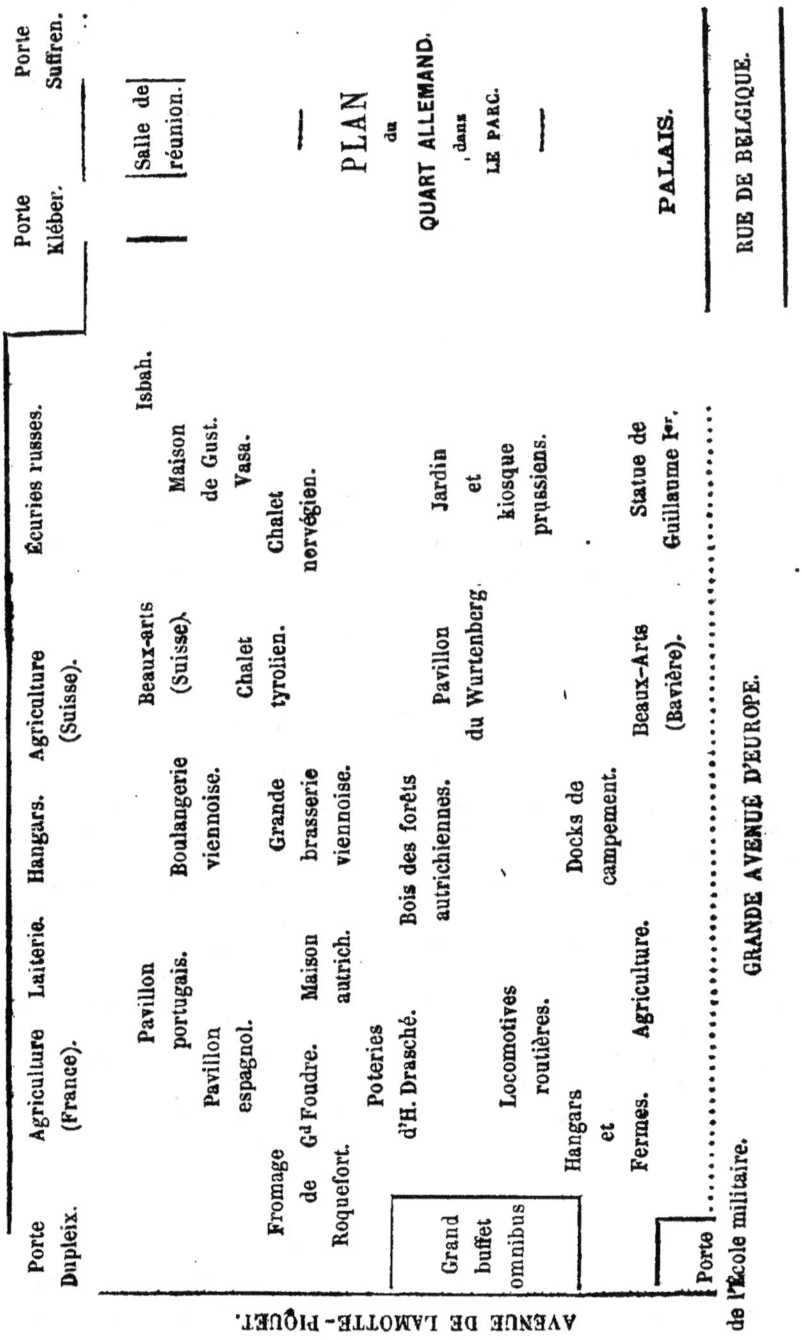

AVENUE DE SUFFREN.

PLAN du QUART ALLEMAND, dans LE PARC.

AVENUE DE LAMOTTE-PIQUET.

GRANDE AVENUE D'EUROPE.

RUE DE BELGIQUE.

Porte Dupleix.

Agriculture (France).

Laiterie.

Hangars.

Agriculture (Suisse).

Écuries russes.

Porte Kléber.

Porte Suffren.

Salle de réunion.

Pavillon portugais.

Pavillon espagnol.

Fromage de Roquefort.

Gᵈ Foudre.

Maison autrich.

Poteries d'H. Drasché.

Grand buffet omnibus

Locomotives routières.

Hangars et Fermes.

Agriculture.

Boulangerie viennoise.

Grande brasserie viennoise.

Bois des forêts autrichiennes.

Docks de campement.

Beaux-arts (Suisse).

Chalet tyrolien.

Pavillon du Wurtenberg.

Beaux-Arts (Bavière).

Isbah.

Maison de Gust. Vasa.

Chalet norvégien.

Jardin et kiosque prussiens.

Statue de Guillaume Iᵉʳ.

PALAIS.

Porte de l'École militaire.

donner une idée de la manière dont se fabrique, dans les montagnes de l'Auvergne le fromage de Roquefort. C'est une cave où l'on voit des pains de ce fromage dans les diverses modifications qu'il subit avant d'être propre à la vente. On sait qu'il est composé de laitage et de pain moisi, mêlés ensemble. Peu à peu il diminue par l'évaporation, se durcit, grâce à des couches de sel dont on le recouvre, et arrive, après trois mois environ, à l'état où nous le voyons dans le commerce.

Foudre.

Le mot écrit en grosses lettres sur le fronton d'un petit temple-hangar, semble nous menacer des colères du ciel, ou bien nous promettre une expérience d'électricité. Est-ce Jupiter, le maître de l'Olympe? est-ce un physicien qui habite le sanctuaire? Non, c'est un tonneau.

Mais aussi quel tonneau! Une contenance de 210 000 litres, au dire du propriétaire; 6,50 de diamètre, 5,75 de longueur. Il est emprisonné dans vingt-huit cercles de fer.

Non loin de là, dans les annexes de la Suisse, on voit un autre tonneau de taille, mais qui ne peut rivaliser pour la dimension. Enfoncée la Suisse! — Enfoncée aussi l'Allemagne! Quelle gloire pour le possesseur: Ce foudre contient 500 hectolitres de plus que le fameux tonneau d'Heidelberg!

Locomotives routières.

Il y a presque cent ans qu'on parle de voitures à vapeur et qu'on ne parvient pas à les réaliser assez légères, assez adhérentes, assez dociles pour circuler sur les routes ordinaires. Les machines exposées au Champ de Mars semblent avoir résolu la question de direction; mais visiblement elles sont lourdes à défoncer toutes les routes non ferrées, surtout quand la pluie les aura trempées. Cependant pour traîner un convoi pesamment chargé, on ne pourrait user d'une locomotive trop légère, les roues d'une pareille locomotive tourneraient sur place. On est donc entre deux exigences contraires, l'une qui veut, l'autre qui ne veut pas de la légèreté dans la machine. Laissons les gens spéciaux décider comment MM. Aveling et Porter de Rochester, Garrett, Lotz, Klayton, Fowler, etc., se sont tirés de cette désolante alternative.

PRUSSE.

Kiosque du Bosphore.

On est tout étonné de trouver dans cet espace réservé aux expositions septentrionales, un élégant **kiosque oriental** aux murs

revêtus d'éclatantes arabesques, surmontés d'un dôme en cuivre
doré ; c'est en effet un kiosque destiné, aux rives du Bosphore,
mais fabriqué à Berlin, et qui a passé par Paris avant de se rendre
sur le sol où il doit définitivement s'élever.

WURTEMBERG.

Hangar ou pavillon.

Ce pavillon n'a rien de l'élégance de ceux qui l'avoisinent, il
n'est occupé que par une seule machine, que chacun va considérer
avec curiosité : C'est une machine à faire de la pâte de bois pour
la fabrication du papier. De minces planches de sapin sont en-
roulées autour du cylindre et dans leur mouvement de rotation,
présentées à des lames de fer qui les raclent, et en détachent de
minces pellicules qui se mêlent au chiffon pour faire le papier. La
pâte de bois, qui entre dans la composition, soit pour moitié, soit
pour un tiers, donne au papier plus de force et de solidité, et fait
obtenir une économie assez grande. Ces papiers peuvent être d'une
très-grande utilité pour le commerce qui en consomme aujourd'hui
des quantités si énormes ; mais le papier de luxe sera toujours
celui fait uniquement avec de la pâte de chiffon.

AUTRICHE.

L'estrade des terres cuites

(d'Henri Drasche, de Vienne).

Vraiment, la main d'un artiste a passé par là. Pas mal, pour un
fabricant de tuiles et de briques. Il faut complimenter M. Drasche
du goût, de l'heureux arrangement qui ont présidé à son exposition
de poteries et de statues en terre cuite. Sur un rond point, d'où
l'on jouit d'une vue étendue sur toute la partie nord de l'exposition, sont habilement disposés en gradins, des vases, statues, caria-
tides, balustrades, lions, sphinx , candélabres et autres ornements
de jardin. Quelques-uns de ces objets sont des copies de l'antique,
d'autres de sujets modernes , comme la gracieuse composition :
l'Art et la Science et son pendant : *le Jardinage et l'Agriculture*. On
ne peut rien rêver de plus gracieux que ces groupes où les froides
allégories de la tradition sont remplacées par des enfants : l'un,
ses lunettes sur le nez, c'est la science ; l'autre, le bonnet sur
l'oreille, la pipe à la bouche, l'air crâne , c'est le représentant de
l'art. Au milieu, sur une colonne, la statue de l'Autriche, le casque
en tête, la lance à la main, semble planer sur tout le quartier autrichien, rassemblé autour d'elle.

Pavillon de l'Espagne.

Ce édifice avec ses deux tours carrées, ses larges portes, ses élégantes fenêtres et les statuettes qui le couronnent, est plus qu'un pavillon, c'est presque un monument. Il est bâti sur le modèle de l'hôtel Castillanos, un des plus beaux de la ville de Salamanque. Il renferme une intéressante exposition des colonies. Dans la salle du bas il n'y a guère à remarquer, comme spécimen de l'industrie espagnole, qu'un taureau empaillé, héros malheureux d'une course; il était de noble race andalouse; on voit l'endroit où il fut frappé, quand il tomba au milieu des applaudissements d'une foule ravie. La société protectrice des animaux n'a donc pas encore pénétré en Espagne. Tout auprès sont des madriers des Philippines d'une dimension extraordinaire. La salle du haut renferme une collection de cigares qui fera envie à bien des fumeurs, et à côté, plus riche et surtout plus précieuse, une collection de coquillages; une collection d'oiseaux exotiques empaillés, debout et immobiles dans leur robe aux couleurs éclatantes. On verra sous un globe une curieuse stalactite, puis d'intéressantes photographies de la Murcie et de ces *Sierra* que les romances ont poétisées, mais auxquelles l'objectif rend leur cachet d'aridité et de désolation. Le profane !

Kiosque portugais.

Cet élégant pavillon, avec sa coupole et ses dentelures mauresques, attire irrésistiblement le visiteur. On l'a affecté uniquement aux produits des colonies portugaises, et il a bien dans l'intérieur l'air le plus colonial du monde. Le plafond est tapissé de magnifiques peaux de tigres, de panthères et de serpents; au centre un faisceau d'armes; çà et là des défenses d'éléphants; des boîtes en bois de sandal artistement découpées, chefs-d'œuvre de patience, comme on n'en peut trouver que dans le pays où les châles se fabriquent à la main. Un curieux coffret en verroteries; puis divers objets à l'usage des Indiens, qui se reconnaissent facilement à leurs fonds rouges couverts de jaunes arabesques.

Chalet norvégien.

Plusieurs objets curieux attirent dans ce chalet d'une construction élégante. Parmi les productions de la terre scandinave, on remarque, outre les instruments de pêche, des flacons d'huile de sapin, des meubles tressés en osier, des stores sur lesquels sont représentées les principales villes de la Norvége, et une collection curieuse de costumes nationaux. Remarquez les voitures et les traîneaux, qui ont une légèreté dont nos véhicules les plus perfectionnés n'approchent même pas. La plupart de ces voitures si élégantes, aussi bien dans la Russie que dans la Norvége ne sont que pour une personne. L'homme du Nord n'est donc pas comme celui du Midi, il n'éprouve donc pas le besoin de la société?

Maison de Gustave Wasa.

C'est surtout pour être la copie de la maison habitée par Gustave Wasa, et conservée religieusement en Suède, que ce chalet attire des visiteurs. Les toits sont couverts de mousse, l'extérieur est recouvert de petites plaques de bois en forme d'écailles, et les parois intérieures formées d'écorce de bouleaux. Une des pièces renferme le modèle d'une école suédoise ; la grande salle est assez belle, elle contient divers produits de la Suède, de belles peaux de rennes et un magnifique bloc d'alun cristallisé.

Devant ce kiosque se trouvent deux canons suédois, remarquables par leur volume ; l'un pèse 14 000, l'autre 13 000 kilogrammes, leur ouverture mesure 27 et 24 centimètres, et leurs boulets pèsent 130 et 100 kilogrammes.

RUSSIE.

Les isbahs (cabanes de paysans russes).

A gauche de la porte d'entrée de l'avenue de Suffren s'élèvent les deux *isbahs* qu'ont fait construire M. Gronoff et l'administration des domaines. Elles ont été fabriquées à Saint-Pétersbourg et ont été envoyées à Paris dans 2500 caisses, sous la garde d'une escouade d'ouvriers moujicks qui les ont montées avec une rapidité surprenante. Le bois et l'étoupe sont les seuls matériaux de construction employés.

Une foule nombreuse se presse toujours pour visiter ces élégants chalets qui servent d'habitation aux paysans russes.

Sur le sol russe, sol à moitié féodal où l'homme est encore immobilisé, les maisons sont ainsi toujours deux par deux. La grande est le bien patrimonial, celle où habitent les chefs de la famille ; la petite est destinée aux enfants qui se marient et qui plus tard passeront à leur tour dans la grande.

L'essuie-main, les malles, le poêle, les gravures qui tapissent la chambre ont un cachet tout particulier ; parmi elles il faut surtout remarquer l'image sainte qui se trouve dans toutes les habitations russes, et qu'on rencontre également dans le restaurant. C'est un palladium dont tous les sujets du Czar aiment à se couvrir. Cet amour pour les vives couleurs qui se trouve dans presque tous les objets exposés, fait souvenir que la nation russe est à moitié orientale. Les tapis disposés dans cette cabane ont déjà tous été achetés par les visiteurs : si les paysans russes en ont de semblables il faut croire qu'ils ne sont pas trop à plaindre.

Écuries russes.

Les amateurs de chevaux, et il faut les croire nombreux, à voir la foule qui se presse sans cesse aux portes de cet élégant bâtiment en bois ouvragé, ont largement de quoi se satisfaire. Douze chevaux à la fière encolure, à la robe richement diaprée, aux jambes nerveuses et fines, sont rangés dans une écurie modèle. S'ils ne mangent pas dans une auge dorée comme le coursier de Caligula, ils n'ont presque rien à lui envier pour le luxe qui les environne. Chaque jour on peut les voir se promener dans la partie du parc réservée à la Russie. Tout auprès se trouve une collection de voitures dont la richesse et le confortable paraissent fort appréciés des visiteurs. On remarque surtout les traîneaux et les voitures à une personne, qui semblent si légères qu'on ne comprend pas comment elles font pour ne pas se briser dès qu'elles sont en mouvement. Entre l'écurie et la remise, deux lévriers de Sibérie sont couchés dans leur cabane : quelle finesse, quelle intelligence dans cette tête allongée, mais aussi comme on y retrouve les traces d'une origine à moitié sauvage.

La tente et la hutte.

Tout auprès se dressent deux tentes non moins dignes d'être remarquées : l'une, faite avec de riches tapis bariolés de toutes sortes de couleurs, est à l'usage des Kirghis nomades; l'autre, plus curieuse encore, est faite d'écorce d'arbre. C'est la demeure primitive de l'homme, et en portant les yeux sur les merveilles accumulées dans le Champ de Mars, on peut se rendre compte des progrès accomplis par la science et l'industrie.

Après les bâtiments russes viennent les portes Kléber, Suffren et Desaix devant lesquelles on passe pour rejoindre la partie orientale du parc, qui est certainement la plus intéressante au point de vue de la curiosité.

Mais chemin faisant, nous avons d'abord pour en finir avec la chrétienté occidentale une visite à faire dans un caveau romain :

Les catacombes de Rome.

Rome n'est pas la ville de l'avenir, mais celle du passé. Ne pouvant faire parade des richesses de son industrie, elle étale la splendeur de ses souvenirs. Ce fragment lilliputien donne une idée assez exacte des noirs souterrains dont l'immense réseau s'étend sous la ville éternelle. Le long de ces parois étroites sont les columbaria où l'on enfermait les os des martyrs, auxquels ces petits carrés blancs servaient de pierres funéraires. De temps en temps ces longues et monotones rues sont interrompues par des cellules semblables à celle que l'on voit ici ; c'est dans ces salles que les premiers chrétiens célébraient le service divin. Les peintures qu'on y voit sont tout à fait semblables à celles trouvées dans le cimetière de Saint-Callixte. Malgré son caractère archéologique cette exposition a le privilége d'attirer la foule, pour laquelle le mot de Catacombes à un irrésistible attrait.

LE QUART ORIENTAL ET ANGLAIS.

Étrange est l'impression quand on arrive devant cet horizon de coupoles, de minarets, de constructions aux formes bizarres. On se sent transporté dans un monde nouveau.

L'Orient tout entier est devant vous ; ne cherchez là ni machines, ni inventions pratiques du génie humain ; vous êtes dans le domaine de la vie contemplative : l'agréable passe avant l'utile, et la poésie se trouve indissolublement mêlée aux moindres détails de l'existence.

L'aspect général du parc est des plus pittoresques : variété des constructions, richesse et fini de l'ornementation, éclat des couleurs, tout est combiné pour le plaisir des yeux. Bien que notre ciel de plomb écrase un peu les coupoles, et qu'en adoucissant la crudité des tons il nuise à l'effet général des peintures, la reproduction matérielle de l'Orient ne saurait être plus exacte ; enfin les indigènes aux types bizarres, aux costumes variés, qui circulent au milieu de ces édifices, ajoutent au tableau un dernier charme, celui qui résulte du mouvement et de la vie.

Cinq puissances par la série des monuments qu'elles ont élevés dans le parc contribuent à nous initier aux principaux actes de la vie orientale.

Le Maroc, les Principautés roumaines sont restés ici au second plan, réservant en partie leurs surprises pour l'exposition intérieure du palais, mais l'empire Ottoman, l'Egypte et la régence de Tunis nous ont donné plus complétement un résumé de leur art et de leur civilisation.

MAROC.

La tente de voyage de l'Émir Al-Mumeynin, qui forme à elle seule l'exposition marocaine du parc, n'a de remarquable que ses proportions.

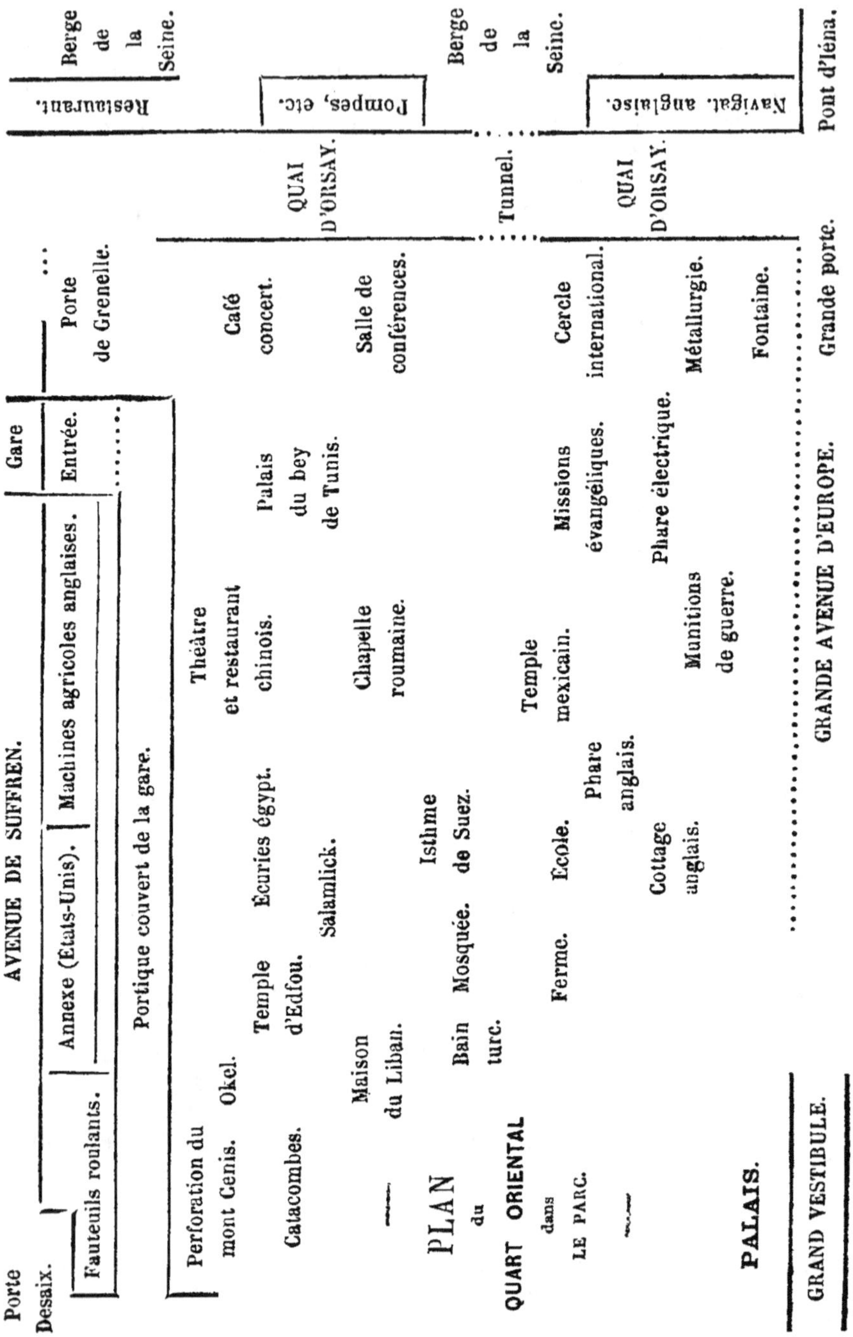

Porte Desaix.

AVENUE DE SUFFREN.   Gare

Fauteuils roulants. | Annexe (États-Unis). | Machines agricoles anglaises. | Entrée. | Porte de Grenelle.

Restaurant. — Berge de la Seine.

Portique couvert de la gare.

Perforation du mont Cenis.   Okel.   Théâtre et restaurant chinois.   Café concert.

Catacombes.   Temple d'Edfou.   Écuries égypt.   Palais du bey de Tunis.

QUAI D'ORSAY.

Salamlick.

Maison du Liban.   Chapelle roumaine.   Salle de conférences.

Pompes, etc.

PLAN du QUART ORIENTAL dans LE PARC.

Bain turc.   Mosquée.   Isthme de Suez.

Tunnel. — Berge de la Seine.

Ferme.   École.   Temple mexicain.   Missions évangéliques.   Cercle international.

Phare anglais.

QUAI D'ORSAY.

Cottage anglais.   Phare électrique.   Métallurgie.

Navigat. anglaise.

Munitions de guerre.   Fontaine.

PALAIS.

GRAND VESTIBULE.   GRANDE AVENUE D'EUROPE.   Grande porte.   Pont d'Iéna.

Elle est divisée en deux compartiments; le principal de forme circulaire est l'habitation de jour ; le second plus petit et carré sert de chambre à coucher et de salon de repos.

La tente est surmontée d'un croissant et au-dessus de l'entrée l'étoffe, relevée en forme de marquise, est ornée du chiffre impérial en lettres rouges.

Le Maroc ne pouvait être mieux représenté que par cette tente, symbole des populations nomades qui l'habitent et des rapports que ces populations entretiennent avec le centre de l'Afrique.

TUNIS.

Le palais du Bey.

Tunis, assise sur la mer, enrichie par la navigation, ouverte depuis longtemps aux idées européennes, jouit, comparativement au Maroc, d'une civilisation raffinée. Les traditions artistiques de cette race maure qui a fait l'Alhambra se sont conservées dans la Régence, et d'habiles ouvriers en tirent un merveilleux parti ; le visiteur peut en juger en parcourant **le palais du Bey.**

Ce monument, le mieux réussi peut-être de l'exposition orientale et à coup sûr l'un des plus intéressants, est une reproduction exacte du *Bardo* (palais du Bey à Tunis.) Son aspect est grandiose, sa richesse éblouissante : le style mauresque s'y déploie dans sa perfection et sa splendeur.

La façade se compose d'un corps principal et de deux pavillons carrés, surmontés de coupoles élancées qui portent l'étendard tunisien. Le corps du milieu, en contre-bas, est précédé d'un péristyle couvert en tuiles vertes, et soutenu par de fines colonnettes en marbre, aux rinceaux découpés à jour. Un grand escalier, orné de six lions couchés, conduit à ce péristyle dont le mur intérieur, revêtu d'*azulejos* ou carreaux de faïence aux teintes douces, fait admirablement ressortir les nuances éclatantes de la balustrade. Le premier étage des pavillons est garni de *Moucharabiehs*, sortes de cages extérieures en bois découpé aux couleurs vives ; les fenêtres du haut sont étroites, ornées de colonnettes, cintrées à la moresque, et pourvues de vitraux à double rosace. La forme de l'édifice est rectangulaire ; les décorations et peintures des à-côtés sont en parfaite harmonie avec celles de la façade et une troisième coupole couronne l'extrémité opposée du bâtiment, dont le toit forme une vaste terrasse.

La foule, séduite par l'originalité de ce palais, se presse sur l'escalier d'honneur pour visiter les appartements du Bey.

On pénètre dans le *Bardo* par un vestibule en forme de couloir qui donne sur le *Patio*, cour centrale analogue à l'*atrium* des maisons romaines.

Le *Patio* est une salle carrée à ciel ouvert, avec deux retraits occupés par des divans. Au milieu se dresse une fontaine en marbre à double vasque, entourée d'une colonnade de marbre aux cintres découpés comme une dentelle, et protégés par un petit toit incliné en tuiles vertes.

Des arbustes aux larges feuilles contribuent avec le jet d'eau à entretenir dans cette salle une perpétuelle fraîcheur; les murs sont comme le péristyle revêtus de ces mosaïques en faïence, si précieuses dans les pays chauds.

A la droite du vestibule, s'ouvre la chambre de justice, éclairée par deux moucharabys et par de larges baies en plâtre ouvragé, dont les gracieux entrelacements sont fouillés au ciseau sans dessin préalable; la coupole décorée d'arabesques d'or sur fond rouge avec une élégance et une sobriété remarquables, est d'un ravissant effet.

En face est la salle des gardes, tapissée de panoplies, de selles et d'étendards; c'est là qu'aboutit l'escalier en spirale qui conduit aux terrasses et au salon d'été situé sous la coupole de gauche. La salle des gardes donne aussi dans la chambre d'audience du premier ministre, décorée avec une simplicité relative.

Trois appartements occupent le fond du *Patio* : c'est d'abord la salle à manger, galerie rectangulaire tendue d'étoffes bizarres à fond rouge et bleu, rayé de jaune. Le plafond et les vitrages sont d'un luxe inouï; les coussins des divans sont en toile d'or, et on remarquera les petits tabourets dorés qui servent de table aux Orientaux.

Le salon d'apparat, contigu à la salle à manger, est éblouissant; les tentures sont d'une richesse merveilleuse et le travail du moucharaby qui sert au Bey de trône et de *retiro*, défie par sa finesse l'aiguille et le pinceau. Au milieu du tapis, sous la coupole bleu et or, une lampe en or de haut modèle, attire l'attention par sa forme bizarre qui ressemble à un porte-voix.

Enfin, dans la chambre du Bey, on remarque des coffres curieux, un fauteuil étrange, une belle glace incrustée de nacre, et un petit meuble de même style placé sur une commode tunisienne. A droite, un rideau cache l'escalier qui mène au Harem, et que le maître seul a droit de gravir.

En résumé, si l'extérieur du palais séduit à première vue, l'intérieur vous laisse sous le charme; on ne saurait trop admirer ces peintures où les mêmes nuances se marient dans une variété infinie de motifs, ces inimitables ciselures, et ces arabesques aux caprices si harmonieux. Nous devons aussi recommander aux amateurs les faïences murales apportées de Tunis pour la décoration du Patio et du péristyle.

Mais le palais du Bey n'est pas seulement un ravissant modèle d'habitation royale. La commission tunisienne, présidée par M. J. de Lesseps, a voulu réunir dans cet édifice tout ce qui peut donner une idée des mœurs et de l'industrie de la Régence actuelle.

Le rez-de-chaussée du palais a été transformé en **bazar** ; de petites échoppes bariolées, aux volets de bois travaillé, offrent aux visiteurs les produits de la Tunisie : à la porte sont des siéges en bois peint où le client s'assoit ; le marchand ne semble pas atteint de cette apathie chronique habituelle aux *Bazardji* de la Turquie ; il se lève volontiers et, chose plus surprenante, il pousse la complaisance jusqu'à daigner vous servir. Vous pouvez à votre choix vous procurer du tabac maure, des chibouques en velours orné de filigranes ou des gâteaux tunisiens.

Sur l'autre face latérale est installé un **café arabe**. Deux estrades, l'une dans la salle, l'autre devant la porte, (en Orient on vit beaucoup dans la rue,) sont destinées à l'orchestre ; cinq musiciens maures jouent indolemment sur des instruments bizarres une symphonie des plus irritantes pour les nerfs européens. Leur *Kamengeh* n'est à nos yeux qu'une guitare manquée, et nos oreilles blasées n'apprécient pas plus les sons aigres du *Rehbab* (violon étroit et allongé,) que le roulement sourd du *Tahar* et du *Darabouka*, tambourins de danseuses qu'on frappe avec les doigts comme avec des baguettes. La mélodie est accompagnée sur un rhythme nasillard d'un chant qui rappelle de fort loin les lamentations de la semaine sainte, et qui égaye fort le public. On sert aux consommateurs le café préparé à la mode mauresque, et l'on distribue des chibouques à ceux qui le désirent. On peut même voir à certaines heures une Mauresque, dont le costume pittoresque et le type accentué sont une des principales curiosités du Bazar.

Le dernier côté du rectangle est occupé par une **boutique de barbier-chirurgien**, dont on voit les *outils* professionnels étalés sur une étagère, et par une écurie aux portes ogivales, préparée pour 4 chevaux. Ce n'est là toutefois qu'une annexe ; on connaît trop à Tunis les égards dus au cheval arabe, pour manquer envers lui de politesse, en ne lui élevant pas une demeure spéciale.

Les grandes **écuries** tunisiennes sont à quelques pas du Bardo ; elles ont la forme d'un pavillon rectangulaire, blanchi à la chaux, orné d'une galerie en fer à cheval, et d'une belle auge en mosaïque.

Enfin, devant l'escalier du palais un magnifique **chêne-liége**, taillé en parasol et découpé de manière à former une galerie circulaire, complète l'exposition tunisienne ; ce chêne originaire d'une forêt africaine a, dit-on, cent cinquante années d'existence.

TURQUIE.

L'Empire Ottoman n'a pas cherché à rivaliser de splendeur avec ses voisins de l'Égypte et de Tunis ; il s'est borné à élever trois édifices de proportions modestes, plus propres à exciter la curiosité que l'admiration. Les détails sont rendus avec soin, le caractère particulier de chaque monument est fidèlement reproduit, le luxe intérieur est satisfaisant, mais l'extérieur, il faut le reconnaître, manque de grandeur et ne vous laisse pas sous le charme.

La vie turque se trouve concentrée tout entière dans ces trois édifices, la *Mosquée* où l'on se rend pour la prière à l'appel du *Muezzin;* le *Kiosque* où, le chibouque à la main, on se livre aux douceurs du *Kief* et à cette vague contemplation familière aux Orientaux; les *Bains* qui répondent à certaines prescriptions religieuses, et où l'on devise, en buvant le café, des nouvelles du jour.

L'exposition turque nous fait donc assister aux scènes les plus caractéristiques de la vie musulmane; c'est là son côté sérieux et son principal élément d'intérêt.

Le kiosque turc.

Le *Kiosque* est un de ces pavillons d'été (*Kanak*) comme on en construisait autrefois sur les rives du Bosphore, et où les pachas viennent respirer la fraîcheur de la mer, en suivant du regard les blanches voiles des *Caïks*.

Ce pavillon d'une longueur de six mètres environ et bâti dans la forme rectangulaire qu'affectionnent les Orientaux est un modèle de style turc ancien; ses toits fortement projetés, ses revêtements extérieurs en briques émaillées, ses doubles fenêtres aux légers treillis, aux frêles colonnettes, aux fines arabesques d'or, lui impriment un cachet particulier d'élégance et de coquetterie.

A part deux cabinets treillagés ouvrant sur un petit vestibule, en arrière du perron, le pavillon forme un salon unique, entouré de riches divans, (*minderluks*). Vis-à-vis la porte d'entrée un bassin et une fontaine carrée en porcelaine blanche, d'où s'élance un jet d'eau légèrement parfumée; sur les murs à fond d'or des peintures représentant des papillons et des fleurs aux tiges entrelacées. Les enlacements d'arabesques, au plafond, sont éblouissants, et dans la partie supérieure de la muraille d'étroites ogives, aux vitraux voilés d'une guipure de plâtre, produisent de ravissants effets de lumière.

Les bains turcs.

Les *Bains*, situés en face du kiosque, forment avec lui un contraste frappant; c'est la pauvreté à côté de l'opulence, l'asile de la plèbe musulmane auprès de la demeure d'un pacha.

Ce petit édifice, surmonté de deux coupoles, irrégulièrement bâti et peint en deux tons différents, est une réduction assez exacte des bains publics ordinaires; la reproduction toutefois est moins fidèle au-dedans, et cela tient sans doute aux dimensions trop exiguës du bâtiment.

On y retrouve bien les trois salles indispensables, le *vestiaire*, l'*étuve* et la pièce intermédiaire où le baigneur s'habitue par degrès à une température excessive qu'il ne pourrait supporter sans transition; mais l'intérieur des bains turcs est loin d'être toujours aussi simple; on y rencontre souvent plus de *confort* et d'élégance. Les entrecolonnements de la salle d'attente forment par exemple des cabinets où les baigneurs se reposent et dans l'étuve même un large espace orné de divans *ad hoc* est réservé aux exercices des masseurs. Ici les murailles sont frustes, sans ornementations, sans niches, sans colonnes; l'étuve trop étroite n'offre au masseur qu'un théâtre insuffisant, et le patient doit s'étendre tout simplement sur le plancher brûlant. La chaleur s'obtient à sec par des courants de cheminée, ménagés dans l'épaisseur des murs; quatre vasques de pierre à robinet de cuivre fournissent l'eau nécessaire, et le jour arrive adouci par de petites cloches de verre disposées dans des trous de la coupole.

La Mosquée.

La *Mosquée*, construite sur le plan du *Yéchil-Djami* (Mosquée verte) de Brousse, a la forme d'un carré, la coupole octogone se raccorde par une série de losanges aux formes droites du toit qui lui sert de base. A gauche s'élève le Minaret, dont le balcon et la flèche de zinc terminée par un croissant dominent majestueusement l'édifice et semblent appeler les croyants à la prière.

La façade est d'un heureux effet; terminée par deux pavillons circulaires en bois treillissé, elle est coupée au milieu, dans toute sa hauteur, par une porte gracieusement évidée en forme de niche, ornée de riches moulures et encadrée de versets du Coran. La première pièce est le vestibule, où les fidèles déposent respectueusement leurs chaussures; les Européens, qu'on admet quelquefois à l'heure des prières dans les contrées les moins fanatiques de la Turquie, ne peuvent jamais dépasser le seuil de cette entrée; c'est de là qu'on peut, dans les *Tékés*, assister aux curieux exercices des derviches.

La Mosquée proprement dite est une salle carrée au fond de laquelle on remarque une niche dorée, bordée comme les fenêtres de briques émaillées; c'est le *Mihrab* tourné dans la direction de la Mecque, et indiquant la place de l'*Imam*. A droite est une espèce de chaire, petit pavillon pointu en bois doré; c'est le *Mimber*, d'où l'Imam fait aux fidèles la lecture du Coran.

La religion de Mahomet ne permettant la reproduction d'aucun être animé ou inanimé, les murailles n'offrent aucune image; le nom seul d'Allah et des inscriptions du Coran se détachent en lettres d'or sur le fond rouge et bleu des murs et de la coupole.

Les deux pavillons de la façade ne sont pas seulement un ornement, mais bien une partie indispensable de la Mosquée; dans l'un se trouve la fontaine aux ablutions (*Zébil*), dans l'autre sont les horloges (*Mohakit*) qui règlent l'*heure vraie* de la prière.

Telle qu'elle est, la Mosquée du parc présente un ensemble des plus agréables; on pourrait cependant regretter que l'échelle de réduction n'ait pas permis, pour conserver les proportions exactes du *Yéchil-Djami*, de donner au Minaret une plus grande élévation; en réalité, le Minaret de Brousse domine le temple d'une hauteur de deux cents pieds, et rien n'est plus gracieux que cette immense flèche, dont la pointe si fine étincelle au soleil.

ROUMANIE.

L'Église roumaine.

Après la Mosquée turque, il faut citer la petite *Église roumaine*, dont le modèle est tiré de la cathédrale d'*Ardjisch*.

L'édifice est carré, surmonté de trois petites tours inégales, dont deux sont en spirale et percées d'ouvertures obliques. Le portique, orné de croix grecques, est supporté par quatre piliers, dont la peinture imite des colonnes torses; à l'intérieur, quatre autres piliers soutiennent la coupole du fond; les fenêtres rectangulaires sont richement sculptées, et des peintures aux tons éclatants couvrent les murs.

Le style est byzantin; mais l'art grec, en se transportant sur les rives du Danube, s'est alourdi; le voisinage de l'art russe se fait déjà sentir, et le monument manque de grandeur. Là encore la réduction semble exagérée; on ne peut pas attendre de grands effets d'une salle en miniature.

ÉGYPTE.

L'Égypte, qui de nos jours, grâce à l'intelligente initiative de ses vice-rois, s'est placée à la tête des nations orientales, a voulu se montrer digne du rang qu'elle a conquis. Son exposition n'est pas seulement une des plus somptueuses du Parc, c'est la plus complète et la plus instructive. On a fait à la science la part du lion, mais on n'a rien négligé pour que la beauté des formes extérieures et de la décoration accrût l'intérêt scientifique de tout le charme du pittoresque.

L'histoire égyptienne se déroule tout entière dans ces quatre édifices qui se disputent l'attention du visiteur: le *Temple* représente la période pharaonesque et l'ère des Lagides; le *Sélamlik*, la période intermédiaire ou l'ère des Kalifes; l'*Okel* et la petite *maison* voisine nous montrent l'Égypte actuelle. On peut ainsi suivre pas à pas les vicissitudes de cette étrange civilisation, la plus ancienne du monde et dont l'origine est encore un mystère.

Le Temple ancien.

Le monument qu'on appelle quelquefois à tort *Temple d'Edfou* est en partie copié sur le *Temple de l'Ouest* à Philœ; du reste, c'est moins une copie qu'une étude éclectique résumant dans un modèle unique les trois grandes phases artistiques de l'Égypte.

Une allée de sphinx, précédée d'un *Pylône*, conduit au temple, à l'entrée duquel se trouvent, suivant l'usage, deux statues assises. Ces statues et les sphinx sont en plâtre mélangé d'éclats de marbre concassés, composition qui imite admirablement les tons du granit.

Le Pylône, arche triomphale de huit mètres de hauteur, porte pour tout ornement le disque du soleil entre deux vipères, emblèmes du sud et du nord. Ce disque surmonte également la porte du temple, dont on remarquera les volets lisses; une légende hiéro-glyphique apprend aux initiés que cette porte date du temps de Séti, souverain de la dix-neuvième dynastie.

Le temple, dont la forme est légèrement pyramidale, a vingt-cinq mètres de profondeur sur neuf environ de hauteur. Il comprend une chambre centrale nommée *Sécos* et une galerie extérieure, soutenue par de belles colonnes massives, emprisonnées dans un second mur jusqu'au niveau du chapiteau, qui s'épanouit en fleur de lotus. L'entablement porte une double tête de la déesse *Hathor*, aux oreilles de vache, surmontée d'un édicule, emblème du rôle que joue la déesse dans la trinité mystérieuse des Égyptiens. Les colonnes appartiennent à l'époque ptolémaïque et la multiplicité de leurs ornements indique déjà une époque de décadence.

Les peintures murales du couloir nous font remonter au temps de Moïse, et constatent une civilisation fort avancée à une époque où le reste du monde figure à peine dans l'histoire. Elles décrivent dans tous ses détails une campagne entreprise mille cinq cents ans avant notre ère, par la reine *Hatasou*, contre les habitants du pays de Pount.

La décoration du *Sécos* nous reporte encore de plusieurs siècles en arrière; elle est empruntée au tombeau d'un prêtre qui vivait à Memphis sous la cinquième dynastie. C'est un des plus anciens monuments que l'on connaisse, et, chose surprenante, c'est à cette époque antéhistorique que l'art égyptien semble avoir atteint sa plus haute perfection. Les colonnes de cette salle sont du plus ancien modèle qu'on connaisse, et leur chapiteau tire sa forme du bouton fermé.

Les peintures des stèles sont tirées des tombeaux de deux fonc-tionnaires de l'*ancien-empire*, *Ti* et *Phtah-Hotep*, dont les noms se trouvent fréquemment répétés. Ces tableaux représentent des scènes empruntées à la vie ordinaire, la fabrication du vin, des scènes de chasse et de pêche, des joutes de mariniers, des chantiers de ba-teaux, des intérieurs de basse-cour, etc.

Le jour qui ne pénètre que par une ouverture assez étroite du toit donne du relief aux peintures, tout en projetant dans la salle une clarté vague et mystérieuse.

Le *Sécos* contient de précieux morceaux de sculpture, prêtés par le musée de Boulaq; quelques-uns d'entre eux sont d'une perfection rare et datent de six à sept mille ans. On remarquera surtout les deux statues de *Chephren*, fondateur de la deuxième pyramide. La première, dans un incroyable état de conservation, représente le roi dans son âge mûr; derrière la tête se tient un épervier, les ailes ouvertes; l'autre peint le roi devenu vieux, l'attitude est moins belle et une jambe est fâcheusement mutilée; les deux figures sont assises dans la position prescrite par les lois religieuses. Deux statues en bois, représentant une femme debout (il ne reste que la tête et le torse) et un homme également debout tenant en main le bâton du commandement, attirent les regards par une perfection de dessin inusitée. Ces divers morceaux remontent aux temps les plus anciens. Plus près de l'entrée un joli groupe en serpentine, composé d'un personnage assis et de la déesse *Hathor* sous la forme d'une vache. Enfin à droite de ce groupe, on ne peut contempler sans admiration la magnifique statue d'albâtre représentant la reine Aménirités, dont la fille épousa Psammétichus. C'est un morceau d'une élégance et d'un fini incomparable.

Deux vitrines, placées au milieu du Sécos, contiennent, l'une des statuettes et divers monuments de petit modèle, l'autre des bijoux curieux qui attirent l'attention générale, et qu'on a recueillis sur la momie de la reine *Aah-Hotep*, contemporaine, à ce qu'on prétend, du fameux Joseph.

L'art égyptien, que nous venons d'admirer dans le temple de Philœ, sommeilla pendant des siècles après la conquête romaine; il renaît enfin avec le Mahométisme, mais transformé; l'architecture revêt alors le caractère arabe, et les monuments changent de style, comme l'Egypte a changé de maîtres.

Le Salamlick.

Le *Salamlick* ou palais du Vice-roi nous offre un modèle de cette nouvelle architecture, aux nombreux pavillons irréguliers, aux portes creusées en niches, aux murs zébrés de bleu et de rouge, aux gracieuses coupoles d'azur et d'or. Deux rotondes en bois sculpté, ornées de vitraux, se détachent sur les faces latérales du palais; l'effet qu'elles produisent n'est pas des plus heureux, mais l'ensemble de l'édifice est plein de grâce et de légèreté. La porte d'entrée est en bois ouvragé, garni d'appliques de métal faites par des ouvriers du Caire.

L'intérieur du Salamlick, qui n'est pas ouvert au public. a été meublé avec le plus grand luxe pour servir de pied-à-terre au

Vice-roi, et reproduit exactement l'aménagement de la chambre où Son Altesse est née.

Derrière les appartements privés, une salle rectangulaire bâtie dans le même style a été réservée pour l'exposition scientifique. On y trouve une collection complète des richesses minéralogiques de l'Egypte, des travaux et dessins des élèves de l'Ecole militaire d'Alexandrie, enfin une magnifique carte en relief de la basse et moyenne Egypte, où l'on peut étudier le curieux travail d'irrigations auquel l'Egypte doit sa fertilité exceptionnelle.

L'Okel.

L'*Okel*, derrière le temple de Philœ, nous montre prise sur le fait l'industrie contemporaine. On le reconnaît de loin à ses combles en terrasse, à ses délicieux moucharabys en bois blanc, à ses hautes murailles crépies à la chaux et ornées à leur partie inférieure de zones en briques rouges.

Un portique précédé de quatre piliers donne accès dans une cour intérieure, ou *patio*, où se trouvent des ateliers et des boutiques; une galerie de bois règne autour de cette salle, au plafond de laquelle est suspendu un lustre en bronze tiré d'une mosquée du Caire. Deux ouvertures (*malkaf*), prises dans le toit et fermées de fenêtres grillées, laissent pénétrer une lumière douce dans cette cour, que rafraîchit une fontaine de marbre, destinée aux ablutions.

L'*Okel* est un spécimen de ces grandes habitations communes au Caire, qui servent à la fois d'auberges, d'ateliers et de boutiques, et où se réunissent d'ordinaire les marchands et fabricants d'une même catégorie. Pour offrir au visiteur un spectacle plus varié, on a groupé ici, contrairement à la règle, des industries diverses; on trouve là côte à côte des bijoutiers nègres du Soudan aux types accentués, des bijoutiers du Caire habiles à confectionner ces merveilles en filigrane dont l'Orient a le secret; des passementiers et des selliers, des fabricants de nattes et de chibouques, un barbier majestueux plongé en attendant la pratique dans la lecture du Coran; enfin un tourneur d'ivoire aussi adroit des pieds que des mains, et qui se sert d'une espèce d'archet pour imprimer à ses pièces la rotation nécessaire.

En face du portique, on a installé un café arabe, car dans toutes les transactions commerciales de l'Orient le café joue un rôle indispensable. Tandis que le client s'assoit en dehors de la boutique et débat son marché, le *cafedji*, en compte courant avec chaque négociant, offre à l'acheteur le chibouque et le moka. On peut en faire l'expérience en sollicitant de la commission égyptienne une carte d'entrée qui donne droit au café, au chibouque et au narguileh.

Une carte est également nécessaire pour visiter à l'étage supérieur la salle d'anthropologie, où cinq cents têtes de momies et une demi-douzaine de momies entières, classées par dynasties et localités, forment une collection unique jusqu'à ce jour.

Les autres faces de l'étage supérieur sont divisées en petites chambres destinées d'ordinaire aux voyageurs, et qu'on emploie ici au logement des artisans indigènes.

Une petite **maison**, servant de commun, complète l'okel égyptien; elle est composée de deux petits corps de logis en crépi blanc, à galeries de bois; celui de droite, à deux étages, est occupé par les gens de service; l'autre, formant une galerie basse, contient les écuries et l'indispensable fontaine.

On ne verra pas sans intérêt, dans les **écuries égyptiennes,** deux de ces petits ânes qui sont la monture la plus usuelle des Égyptiens, et dont la gentillesse et la vivacité sont passées en proverbe.

Deux dromadaires ont aussi leur stalle; ce sont deux femelles appartenant, l'une à la race des *Bicharis*, l'autre à la race dite d'*Haïdi*. Tous les jours de beau temps elles font, vers midi, le tour du Palais; c'est un curieux spectacle que celui de ces animaux bizarres parcourant les allées au grand trot, et se pliant avec une surprenante docilité aux moindres caprices de leurs conducteurs nubiens.

Le temple de l'isthme de Suez.

Un dernier bâtiment se trouve compris dans le quartier égyptien; c'est un rectangle terminé par une rotonde, reproduisant le style d'un temple égyptien de la décadence. On le doit à la Cᵒ de l'isthme de Suez, qui n'a pas voulu se laisser oublier dans le grand concours international de 1867.

Entre les colonnes de la façade on remarque un énorme bloc de sel, taillé dans la couche saline qni recouvre le fond des grands lacs amers. Les vitrines de la salle renferment, avec des médailles et des fragments de poterie antique, une jolie collection ornithologique et ichthyologique. Aux parois sont appendues des vues photographiques des points principaux de l'isthme et des divers travaux de la Compagnie.

Un vaste plan en relief nous fait connaître dans tous ses détails la situation actuelle de l'entreprise; les actionnaires en sauront gré à M. de Lesseps. D'autres plans de moindre dimension représentent les divers modes de travail et les principales machines employées.

En un mot, cette exposition parle aux yeux, et le visiteur, transporté tout à coup sur les lieux, croit assister aux prodigieux efforts tentés pour achever au dix-neuvième siècle l'œuvre abandonnée des Pharaons.

MEXIQUE.

Le temple de Xochicalco.

(Exposition particulière. — Prix 25 centimes.)

La foule est saisie et attirée par ce temple à la forme étrange,
aux peintures bizarres, et où l'on monte par un escalier assez roide
dont la pente a pourtant été adoucie. La partie supérieure est le
temple proprement dit, tel qu'il existe au Mexique. A l'entrée se
trouve le couteau recourbé employé par les sacrificateurs pour
arracher avec une habileté sans égale le cœur des victimes humaines qu'ils offraient à leurs dieux. Au milieu est un monolithe
gigantesque; les hiéroglyphes qui tapissent les parois sont égyptiens. La pièce qui est au-dessous du temple offre une intéressante
collection d'objets divers rapportés par M. Mehédin de ses excursions dans les quatre parties du monde : curieuses statuettes représentant les costumes mexicains; belles photographies sur l'Égypte,
notamment celles du colosse de Memnon, de l'hypogée d'Ipsam-
boul, du temple de Karnac et de l'île de Philœ. Les visiteurs con-
sciencieux ne manquent pas de goûter au chirimoya et au mexical,
liqueurs soi-disant indigènes : comme ce n'est qu'au troisième
verre qu'on peut les apprécier, personne encore ne les a trouvées
bonnes. Au dehors, fac-simile d'un zodiaque plus grand que celui
de Denderah, et mère indienne auprès de son enfant qui repose
dans un berceau aérien, groupe qui rappelle une belle page de
Chateaubriand. Toutes les curiosités de cette exposition particulière
appartiennent à M. Léon Mehédin, et sont le produit d'explorations
lointaines entreprises par lui et à ses frais, sans aucune mission ni
secours du Gouvernement.

ANGLETERRE ET ÉTATS-UNIS.

Pour visiter l'Orient, nous avons laissé derrière nous de vastes
hangars qui s'étendent le long de l'avenue de Suffren. Ils contiennent des machines agricoles de l'Angleterre et des États-Unis. La
variété et le luxe de ces appareils ne manqueront pas d'être remarqués de tous ceux qui connaissent le petit nombre d'instruments
primitifs encore employés dans la plupart de nos campagnes.

Dans la section anglaise, il faut accorder quelques instants aux
générateurs à vapeur, munis de *l'économiseur* de combustible de
Green, et à la machine à air chaud qui fonctionne sous un petit pavillon. Près de là s'organise une fabrique de biscuits américains
pour le service civil et militaire.

4

Les missions évangéliques.

La propagande protestante est largement représentée au Champ de Mars, et cette exhibition n'est pas une des moins curieuses, surtout pour les Français peu habitués à ce genre de prédications. Quatre pavillons différents se trouvent groupés à côté les uns des autres dans le parc anglais. Le *dépôt de bibles du Palais de cristal* se borne à une simple distribution et ne s'occupe pas de la vente : il n'est besoin que de s'approcher, à chacun on remet un petit livre contenant quelques chapitres de l'Écriture sainte ; ces livres sont imprimés en 16 langues différentes. La *Société biblique britannique* et la *société hébraïque* vendent des bibles et des traités religieux : dans le kiosque de cette dernière est exposé le plan en relief de la montagne de Sion, de l'église du Saint-Sépulcre et du tabernacle de l'arche sainte. Mais de toutes ces sociétés, la plus intéressante est celle *des missions évangéliques*, à cause de sa curieuse collection d'objets divers que ses membres ont rapportée de leurs pérégrinations dans l'Inde et l'Océanie. Les idoles surtout méritent d'attirer l'attention ; il faut citer celle de Kaïli, la déesse de la cruauté; celle de Jaggernauth, sous le char de laquelle les dévots indous s'empressent de se faire écraser; celles qui représentent les dix incarnations de Vichnou et celles enfin des îles Sandwich, parmi lesquelles on remarquera le dieu de la guerre, dont l'informe et horrible figure convient bien à cette divinité odieuse. Divers détails de mœurs et de costumes sont également à remarquer, entre autres le bonnet royal fait de plumes rouges et noires et celui porté par les prêtesses. Mais le détail le plus caractéristique est celui qui se trouve à l'entrée : c'est une coiffure de forme curieuse accordée à un guerrier sauvage comme récompense pour avoir tué cent ennemis. Chez les Romains, les généraux n'obtenaient le triomphe que s'ils avaient tué au moins dix mille ennemis : quel est le peuple le plus barbare des deux?

LA PARTIE MILITAIRE DU PARC.

La première chose que l'homme ait inventée, c'est une arme pour tuer son semblable. On le voit dans les galeries de l'histoire du travail. Les plus anciens spécimens de l'industrie humaine sont des armes en silex ou en os; c'est à quoi il a utilisé, dès sa venue sur la terre, les premières *matières premières* dont il ait pu se servir.

Nous différons de ces hommes primitifs, assez pour créer autre chose que des armes, pas assez pour nous en passer. Il en faut. Le règne de la force n'est pas disparu ; il en faut pour protéger la civilisation conquise, ces arts admirables, cette puissante industrie

qui nous entoure. Ainsi place aux armes! place aux machines de
destruction!

La guerre a donc été admise comme exposante dans ce temple
de la paix. L'art de détruire avait sa place dans les rangs industriels. Cet art a fait tant de progrès! Ses lourdes machines à
broyer les os humains, ses bombes, semences de mort, ses canons,
ses fusils, ses lames tranchantes, ses pointes aiguës, ont été si
perfectionnés dans ces derniers temps! Nous aurons donc des nouvelles du fusil Chassepot et du fusil à aiguille. Nous pourrons donc
mesurer de l'œil ces volumineux blindages qui cuirassent nos vaisseaux, ces énormes pièces d'artillerie qui les perforent, ces canons
rayés dont on a tant parlé! Allons! il faut tout voir, même ces trophées menaçants, même ces monstres de bronze ou d'acier fondu,
qui veulent bien étonner les hommes avant de les tuer.

Il n'est qu'un jour pour s'amuser avec les armes à feu. Profi-
tons-en. Notre Champ de Mars abrite en ce moment celles de
toutes les nations. Comparons! à qui revient décidément l'honneur
de fabriquer le tonnerre?

Et d'abord voici la vieille Angleterre.

Exposition anglaise des munitions de guerre.

(Quart oriental et anglais du Parc.)

Les visiteurs les plus pacifiques eux-mêmes sont attirés par ce
qu'il y a de formidable et de mystérieux dans les engins modernes
de destruction. L'exposition anglaise est parmi les premières pour
ce genre de production. Tous les regards se portent vers le canon
de Woolwich, canon gigantesque qui occupe le milieu de la salle;
il se charge par la bouche, dont l'âme mesure environ 28 centi
mètres, il est construit d'après les procédés de sir William Arms-
trong, il pèse 23865 kilogrammes et lance un boulet de 272 kilogrammes avec une charge d'environ 32 kilos de poudre; chacun
des coups, avec projectile en acier fondu, revient à 538 francs. Tout
autour de ce Léviathan de l'artillerie se montrent d'autres pièces
dignes de lui faire compagnie, obusiers, canons, boulets, dont
quelques-uns pèsent jusqu'à 524 kilos. S'il n'est pas donné au
visiteur de les voir à l'œuvre, il peut du moins juger de l'efficacité
de leurs coups; d'épaisses plaques de fonte facilement traversées
par ces redoutables projectiles, attestent suffisamment leur puissance. Dans la même salle, collection de costumes de l'armée et de
la marine anglaise.

L'Exposition française de la guerre.

(Quart français du Parc.)

Voici maintenant, sous une tente, notre administration de la
guerre qui a rangé en bataille, avec beaucoup de symétrie et de
goût, pour soutenir le feu de tous les regards, même des regards
féminins, son matériel et ses modèles d'armement, les sabres qui
sortent des manufactures de Châtellerault, les fusils Chassepot
provenant des mêmes manufactures ou de celles de Tulle, de Mut-
zig, de Saint-Étienne, les armes portatives fabriquées par les manufactures impériales. Toutes les pièces d'armes sont soumises à
l'essayage le plus minutieux et poinçonnées ensuite : « rien n'est
luxueux, dit un critique compétent[1], mais tout présente une ga-
rantie de solidité, de bonne confection et d'économie que les autres
puissances sont loin de nous offrir. »

Sur une pelouse, en face de cette tente, se trouve le parc d'artillerie : les équipages de siége, l'armement des forteresses, les
pièces de campagne, le matériel du génie.

La foule circule autour de ces monstres qui l'étonnent, se laissent
caresser de près, rappellent les tueries passées et promettent encore des souffrances pour l'avenir.

LES AMBULANCES MILITAIRES.

(Quart français du Parc, près du grand phare.

Un intérêt sympathique que l'on porte naturellement à tout ce
qui vient adoucir les souffrances de la guerre, attire vers les expositions d'ambulance militaire, installées dans plusieurs tentes ou
pavillons, telles qu'on pourrait en dresser en campagne ; elles font
un utile contre-poids aux tendances belliqueuses que surexcite la
vue si fréquente des canons, des boulets et autres engins meurtriers
disséminés dans le Parc. Nous qui avons admiré à quelle puissance
de destruction peut arriver le génie de l'homme, nous voilà maintenant sous cet abri modeste et saint réservé aux victimes des batailles, et marqué sur toutes les parois de croix rouges, nous voilà
face à face avec les plus tristes réalités. Le même génie qui s'est
montré si fécond dans les moyens de blesser et de tuer, s'évertue
maintenant à écarter la mort, à éviter toutes les douleurs. Là ce
sont des lits combinés pour que le patient ne reçoive aucune secousse dans les transports, ici ce sont des voitures dont les siéges

1. M. A. Jobaud. Voir son article dans la *Presse scientifique* de M. Barral, n° du 19 mai 1867.

flexibles, se balancent mollement et peuvent au besoin s'allonger en forme de lits.

On en voit ainsi dans **l'exposition de la Société internationale.** On y remarquera les nombreuses tentatives de Fischer et Cᵉ à Heidelberg ; des photographies représentant le traitement des blessés ; des lits ingénieusement articulés, un système qui permet au malade de changer de lit sans avoir à subir aucun contact, un modèle de brancard à articulations, forme brouette, inventé par le docteur Devillers et fabriqué par la maison Charrière. Toutes sortes de bienfaits dont on peut se louer à l'occasion, mais dont on préfère encore pouvoir se passer.

Un pavillon d'ambulance vers lequel la curiosité se dirige, c'est **la tente des États-Unis ;** le souvenir de la terrible guerre qui a déchiré ce pays admirable de ressources et d'énergie fait pressentir qu'on trouvera sous ce pavillon plus que partout ailleurs des moyens de secours, des inventions en rapport avec les catastrophes auxquelles il fallait remédier.

Et en effet, c'est une collection complète et très-variée. Le docteur Thomas W. Evans y a réuni tout l'attirail d'ambulance qui peut suivre un régiment dans les guerres, même les provisions de bouche pour les malades, les marins, etc. Parmi les échantillons des aliments dont la commission sanitaire des États-Unis fait usage on remarquera non sans étonnement des flacons d'œufs desséchés (eggs dessicated) ; il suffit, paraît-il, de les tremper dans l'eau, même froide, pour leur rendre leurs qualités primitives. Par ce moyen, à plusieurs mois de distance on en peut faire des omelettes ; de même avec certaines petites tablettes qu'à l'apparence on prendrait pour des morceaux de bois, on peut faire d'excellent bouillon, ces petites tablettes, à peine épaisses d'un centimètre, longues de six, larges de deux, étant composées de viande de bœuf condensée dont elles ont absorbé environ deux livres et demie. Tout à côté, pour terminer le repas, de petites terrines plus petites qu'un verre de table distribueront jusqu'à seize tasses de café au lait : c'est à croire que nous revenons au miracle de la multiplication des pains.

Comme ambulance de transport, rien de plus confortable, de plus coquet, on pourrait dire presque de plus gai que le wagon-hôpital (hospital-car), dont la commission sanitaire des Etats-Unis a exposé un *fac-simile* en réduction. Ces wagons ont été expérimentés dans la guerre dernière contre le Sud, notamment sur le chemin de fer entre Washington et New-York. Ils peuvent contenir chacun jusqu'à trente blessés. — Couches, dispensaire, cellier, système de ventilation, tout y est à noter.

Mais deux choses nous frappent surtout, parce qu'elles sont bien américaines :

Un casier-bibliothèque dont chaque régiment se fait suivre en campagne. C'est un bagage nouveau dans l'attirail des armées, que ces livres d'histoire, de sciences et de littérature dont les *Yankees* font lecture au bivac. L'instruction chez eux ne perd jamais ses droits ; elle se fait *amazone* à la rigueur, et, montée sur un *bon cheval de trompette*, le bruit des combats ne la met pas en fuite.

Une sacoche, une simple sacoche mais qui a fait verser peut-bien des larmes de joie sur les champs de bataille. Elle contient un livre de psaumes, un porte-monnaie, un mouchoir, un cigare, un attirail de toilette pour réparer le désordre du combat, une enveloppe timbrée pour envoyer des nouvelles à la famille inquiète, du papier à lettre, des plumes et de l'encre, et le plus touchant de tout : une lettre autographe d'encouragement et de consolations signée d'une main féminine. Plus de cent mille sacs semblables ont été envoyés aux soldats de l'Union dans leur guerre contre le Sud par les dames de New-York.

LE PALAIS.

Si nous entrons dans le Palais par la *porte d'honneur* qui s'ouvre
devant le pont d'Iéna, nous trouverons un long et spacieux *Vestibule*, aux fenêtres cintrées et garnies de vitraux comme celles
d'une église. A droite nous aurons l'Angleterre, à gauche la France ;
les deux grandes rivales, en regard l'une de l'autre, appellent à
l'envi la comparaison.

On permettra à notre patriotisme de donner les premiers regards
à la France. Nous pouvons pénétrer sur notre territoire par sept
galeries différentes qui viennent s'ouvrir sur le grand vestibule.

Chacune de ces galeries nous fera faire le tour complet du palais, mais en n'étalant à nos yeux qu'un genre particulier d'exposition. En laissant de côté la première que nous connaissons déjà,
qui sert d'enveloppe à toutes les autres et le long de laquelle s'é-
chelonnent les vitrines des productions alimentaires, les cafés, les
brasseries et les restaurants, nous pourrons nous aventurer dans
la seconde galerie, portant le n° VI, appelée officiellement galerie des *instruments et procédés des arts usuels*, mais plus connue du
public sous le nom de :

GALERIE DU TRAVAIL ET DES MACHINES.

C'est la plus haute et la plus spacieuse de cet immense palais.

Dès qu'on entre l'impression est saisissante ; de gigantesques
amas de métaux se dressent comme des trophées, de larges escaliers donnent accès à la plate-forme qui fait le tour complet du
bâtiment ; une multitude de machines qui s'agitent en tous sens,
et les mille bruits qui s'élèvent de toute part vous avertissent que
vous êtes dans le temple du travail.

Voilà un grand et beau spectacle : Celui de tout ce mouvement donné par l'homme à des êtres de seconde main créés par lui, à cette légion d'ouvriers en fer et en cuivre, sortis tout équipés de son cerveau, disciplinés par lui, majestueux quelquefois et terribles, mais toujours dociles serviteurs, accomplissant méthodiquement leur tâche avec la régularité qu'il leur a assignée. La machine n'existe que d'hier et déjà elle lutte de puissance avec l'activité humaine. Elle fait souvent ce que l'homme qui l'a conçue ne ferait pas lui-même. Mais il s'en faut que le maître soit effacé par le compagnon de travail qu'il s'est donné. A l'honneur de cette exposition on n'a point fait à la machine une place exclusive. L'homme n'est point annulé devant elle. Au contraire, outre qu'on le voit présider de toute la puissance de sa volonté aux moindres évolutions de cette armée mécanique, on pourra voir fonctionner dans cette galerie telles industries où il est certain que jamais il ne sera suppléé par aucun de ces organismes artificiels qui ne savent que répéter un mouvement périodique toujours le même : ce sont celles où il faut un discernement, une initiative, une volonté variables, de l'art, du goût, une intelligence sans cesse en éveil.

Contrairement encore aux expositions précédentes, la galerie qu'occupe le travail est cette fois digne de lui. Ce n'est pas une simple annexe reléguée à l'écart; c'est la ceinture même du palais, une nef colossale qui s'étend sur une longueur de 1200 mètres, qui compte 35 mètres de largeur, et dont les voûtes sont élevées à 25 mètres au-dessus du sol. Il fallait d'aussi grandioses dimensions pour donner aux machines un sanctuaire proportionné à leur puissance et encore quand les 28000 wagons arrivés de tous les points de l'Europe y eurent versé leurs richesses pacifiques, pour les joindre à celles qu'avait déjà entassées l'empressement des exposants français, s'y sont-elles trouvées si à l'étroit qu'il a fallu leur créer des annexes tout autour de l'enceinte du Champ de Mars. A voir ce développement extraordinaire de l'industrie et des intérêts matériels, quelque penseur instruit par le souvenir du passé pourrait craindre la décadence prochaine de l'âme et de l'intelligence, l'exposition de l'enseignement est là pour rassurer : l'éducation et l'industrie marchent d'un pas égal en se prêtant un mutuel secours, et c'est par leur union que doivent avancer le progrès et la civilisation.

FRANCE.

Quand on a salué du regard ces immenses **trophées** métallurgiques, ces pyramides de métaux ouvrés, les colonnes tubulaires que MM. Laveissière, Létrange et Estivant ont placés à l'entrée de la France et en face de l'Angleterre comme pour lui dire qu'elle n'aurait pas toujours le monopole de la fabrication du cuivre; quand on a passé sous cet **arc de triomphe** en fer, dressé par

MM. Dupont et Dreyfus, directeurs des Forges d'Ars-sur-Moselle,
— les premières machines qui se rencontrent dans la section française sont celles qui opèrent le **tissage**, le **peignage**, le **cardage**,
le **dégraissage** de la laine. Quoiqu'elles n'offrent pas un intérêt
bien vif pour le simple curieux, il ne laisse pas que de s'arrêter pour contempler ces milliers de bobines tournant avec
une régularité si grande, et ces fils qui vont s'enroulant docile-
ment sans qu'aucune main ait besoin de les guider. Rien n'égale
la précision de leurs mouvements, la délicatesse des opérations
qu'ils exécutent; ces ouvrières de fer vivent, elles pensent, elles
sont intelligentes : le souffle d'un génie créateur les anime ; elles
portent même le nom des ouvrières qu'elles remplacent ; on les a
baptisées les **ourdisseuses**, les **cardeuses**, les **tondeuses**, les **dévi-
deuses**, etc. Signalons le **tissage des châles**, dont le public peut
voir les produits achevés mis en vente dans la classe 32; les ingénieux métiers à bonneterie de M. Tailbouis. N'oublions pas une industrie plus modeste, mais qui se propage malgré la résistance
aveugle des marins, c'est la **fabrication des filets de pêche** ; ceux
qui sont faits dans la galerie même paraissent présenter toutes
les conditions de solidité et d'économie. Ne quittons pas cette classe
sans regarder les magnifiques **câbles** de MM. Besnard et Genest, à
Angers, et songeons que la vie du mineur et du marin tient le
plus à la bonne qualité de ces cordages. Disons enfin, pour faire
apprécier l'importance des industries qui ont les textiles pour objet
que la valeur du matériel qu'elles occupent, en France seulement,
s'élève à 1 milliard 160 millions de francs.

Au milieu de ces appareils de diverses grandeurs, il est impossible de ne pas remarquer le **moteur** qui leur communique à tous
la vie et le mouvement ; il s'élève comme un géant remuant ses
grands bras, et faisant faire 100 tours par minute à ses arbres de
couche qui ont une longueur de 14 mètres. En continuant on voit
sous une vitrine un homme couché ; c'est un **moulage en caoutchouc durci**, imitant parfaitement la couleur de la peau, et plus
propre que toute autre matière à prendre exactement tous les reliefs du corps humain.

Les procédés de la papeterie, des teintures et des impressions
sont représentés par un grand nombre d'appareils. L'attention sera
attirée par les **machines à timbrer ou numéroter** les billets de
chemins de fer, actions, etc. Entre les mains de M. Lecoq et
de M. Trouillet cette fabrication a acquis une précision remarquable.

Ne passons pas sans nous arrêter devant la **machine à graver
par l'électricité**, de M. Gaiffe, et admirons quel agent docile et
précieux nous a fourni ce fluide qui, il y a moins d'un siècle, ne
semblait encore que le messager des colères célestes. L'appareil
reproduit exactement le modèle sur quatre plaques à la fois. Il est
curieux de suivre la marche de ces cinq poinçons allant d'un mou-

vement régulier, avec l'accompagnement monotone du timbre électrique.

M. Godchaux expose, non loin de là, une **machine à régler le papier** et faire les cahiers d'élèves. Diminuer les frais, si minimes qu'ils soient, de l'enseignement primaire, c'est rendre un service public. Dans un ordre d'idées moins sérieux, nous remarquerons les instruments servant à **arrondir et à dorer les coins des cartes à jouer, à fabriquer les enveloppes de lettres,** etc.

La classe 51 renferme tout le matériel des arts chimiques, et ici vraiment on éprouve l'embarras du choix. La **fabrication du caoutchouc,** sous ses formes les plus variées, est représentée par M. Guibal et MM. Aubert et Gérard. Les **appareils de lessivage** de MM. Bouillon et Müller retiendront un instant ceux qu'intéressent les questions d'économie domestique. Non loin, le ronflement sourd des **essoreuses** de divers systèmes indique les moyens employés pour sécher rapidement le linge ou les matières humides. Des coups secs et répétés nous annoncent la machine de M. Beyer pour peloter et timbrer les **savons** de toilette; une ouvrière prend sur un séchoir des cylindres de pâte de savon et les place successivement sous la matrice d'une presse qui leur donne la forme voulue, en y imprimant des caractères en relief ou en creux. Si simple que soit l'opération, elle est intéressante.

Traversons la rue de Normandie, et nous nous trouverons en face de la machine à faire les **pastilles de Vichy;** la pâte préparée est soumise à l'action d'un laminoir qui découpe et timbre les pastilles avec une rapidité étonnante et les rejette toutes prêtes à être mises en boîte. Elle ne s'acquitte pourtant pas de cette opération de la *dernière main* aussi complétement que ses voisins, les appareils très-ingénieux qu'expose la direction générale des Manufactures de **tabac de l'État** et que les fumeurs nous sauront gré d'indiquer : *Hachoirs* pour tabac à fumer et à priser, râpes, roues pour tabacs filés, machine à étaler le tabac, rien ne manque à cet arsenal, dont la perfection a singulièrement contribué à faire d'un vice une institution sociale. La **machine à paqueter** mérite une mention spéciale : Le tabac pesé passe dans une trémie, un piston le comprime pendant qu'une feuille de papier l'enveloppe, la bande officielle de la régie vient entourer le paquet, qui est cacheté et scellé toujours mécaniquement.

Nous retrouvons un peu plus loin une merveille semblable d'appareil automatique : c'est la **machine à peser, mouler et empaqueter le chocolat** de M. Devinck. On a peine à se détacher de cet intelligent serviteur qui pousse le soin jusqu'à empiler les tablettes de chocolat qu'il a enveloppées d'abord du papier d'argent, puis du papier à étiquette, en laissant tomber, au moment voulu, la goutte de cire fondue qui doit cacheter l'enveloppe. Toutes ces opérations de pliage qui semblent devoir être si compliquées se font avec une rapidité et une régularité admirables. Il ne tient qu'à vous de goûter les produits que vous venez de voir fabriquer et emmagasiner, et une dame de comptoir au sourire très-gracieux, vous tend d'une main une pastille qu'il vous est permis de prendre, de l'autre un sac qu'il vous est recommandé d'acheter.

Les machines de M. Hermann valent bien la peine cependant qu'on les regarde aussi triturer le cacao et le transformer en chocolat. L'importance de l'exposition de ce constructeur dit assez quel développement a pris la préparation d'un aliment aussi agréable que sain. La science est venue prêter son concours à la gourmandise, ainsi que l'en accusent les bassines à faire mécaniquement les **dragées** de M. Jacquin, mais le visiteur le lui pardonnera en faveur de l'excellence des produits. Si l'on craignait que le sucre manquât pour cette fabrication, on serait rassuré, en remarquant à côté les énormes appareils de **sucrerie** de M. Cail.

Mais passons, et traversons rapidement la classe 48, en constatant seulement que nos constructeurs d'instruments agricoles ont beaucoup progressé depuis dix ans, et que la collection qu'ils ont réunie sera vue avec intérêt par les hommes spéciaux.

Une gigantesque charpente métallique où se meut une cage élégante en fer ouvragé, frappe maintenant nos yeux. C'est l'**ascenseur** qu'on appelle aussi le *monte-charge* de M. Edoux. Dix personnes peuvent prendre place sur une plate-forme entourée d'une balustrade; le signal est donné, un robinet est ouvert, à l'instant un piston en fer, obéissant à une pression hydraulique, sort de son corps de pompe comme d'une gaîne, et soulève la plate-forme, entraînant les voyageurs en moins de deux minutes et sans secousse jusqu'au faîte de la galerie, c'est-à-dire à 25 mètres au-dessus du sol. A mesure que vous monterez, étranges seront vos sensations; il vous semblera que tous les objets se dérobent sous vos pieds; mais bien plus étrange encore la vue qui s'offrira à vous du haut du toit. C'est d'abord le bâtiment même de l'Exposition, immense carapace de fer et de verre; puis c'est le vaste panorama de Paris avec ses monuments, ses flèches, ses dômes et les collines environnantes à demi-effacées par une brume lointaine. Si de semblables appareils, construits à l'instar de ceux qui existent depuis longues années dans les grands hôtels de l'Angleterre et des États-Unis, remplaçaient partout nos escaliers si pénibles à gravir, chacun voudrait chercher, aux étages supérieurs, le grand air et les perspectives agréables qui manquent ordinairement aux appartements confortables.

Redescendons au niveau commun, et traversons les **modèles de ponts, de phares** etc., exposés par le ministère des travaux publics, et qui témoignent du degré avancé où est arrivé l'art de l'ingénieur On peut y remarquer un **plan en relief** du canal Saint-Louis qui. va faire de l'étang de Berre un port inviolable et très-commode pour la marine militaire. Ne passons pas non plus sans regarder une carte de France, sur laquelle sont plantées des épingles, re-

liées par des fils : ces épingles sont des stations télégraphiques, et
cette sorte de toile d'araignée, c'est le réseau des communications
télégraphiques exécuté depuis quinze ans, qui grandit chaque jour
et envahit l'Europe, en détruisant les distances, en rapprochant les
peuples, en créant les bases d'une paix générale. Ceux que la question de la télégraphie électrique intéresse, trouveront largement
de quoi rassasier leur curiosité. Les appareils sont nombreux, depuis ceux qui doivent porter les dépêches d'un bout de l'univers à
l'autre jusqu'à ceux plus modestes qui ne sortent pas de la maison
ou du salon. On s'arrêtera avec étonnement devant le **pantélé-
graphe Caselli**, et l'on admirera la précision avec laquelle il reproduit, à distance, une signature, un dessin quelconque : c'est la
téléautographie.

L'exposition du **matériel naval** n'est vraiment complète que dans
l'annexe établie sur la berge, et c'est là qu'il faut aller l'examiner.
Celle des **wagons français** nous révèle trop l'indifférence des Com-
pagnies pour les voyageurs qu'elles transportent un peu trop à la
manière de colis; quelques améliorations ont cependant été intro-
duites dans les compartiments de 2ᵉ et 3ᵉ classes, sans compter
l'innovation présentée par la Compagnie de l'Est qui ajoute un
second étage à ses wagons!

Quant aux locomotives, elles frappent vivement l'imagination par
leurs dimensions et le soin apporté à leur construction, mais il faut
une étude sérieuse pour pouvoir apprécier leurs qualités. Pressons
donc notre visite et arrivons à la classe 47.

Nous y trouverons le matériel de l'**exploitation des mines**, trop
peu connu et si digne d'intérêt. Il faut les grandes machines d'extraction comme celle que M. Quillacq a construite pour la Compagnie de Béthune, pour aller chercher à des profondeurs qui, aujourd'hui, atteignent souvent un kilomètre, cette houille qu'on a si
justement appelée le pain de l'industrie. Les efforts les plus louables ont été faits pour diminuer les dangers inhérents à la profession du mineur, mais il succombe encore trop souvent dans sa lutte
contre tous les éléments réunis. Si le temps ne manquait, nous aurions examiné les modèles assez complets qui existent. Contentons-
nous de voir fonctionner le **perforateur** de M. de la Roche-Tolay,
qui, actionné par un moteur à pression d'eau, creuse rapidement
des trous de mine dans une roche de moyenne dureté. Tout à côté,
le **marteau-pilon** de M. Schmerber offre un élégant spécimen de
l'une des machines qui ont le plus contribué au progrès de la fabrication du fer; telle est la sûreté du fonctionnement et la précision de cet appareil que les mécaniciens aiment à faire voir au
public qu'ils peuvent, avec un marteau pesant souvent plusieurs
milliers de kilogrammes, casser une noisette sans l'écraser ou enfoncer un bouchon dans le goulot d'une bouteille.

Un coup d'œil suffit pour la **carrosserie**, la bourrellerie et la sel-
lerie. Il y a là plus de déploiement de luxe que d'esprit d'innova-

tion. Mais gravissons l'escalier qui mène à la plate-forme des **orgues**, dont les sons puissants dominent, s'ils ne les étouffent pas, les bruits de toutes sortes qui se font à l'entour. La facture des grandes orgues d'église est dignement représentée par M. Stoltz et M. Merklin-Schütze.

Nous atteignons le sixième secteur du Palais, compté à partir du grand vestibule, et nous rencontrons les machines et appareils de la mécanique générale : moteurs, organes de transmission de mouvement, appareils hydrauliques, élévatoires, etc. Laissons aux hommes du métier le soin d'étudier les progrès accomplis dans la construction mécanique, et bornons-nous à signaler les machines à vapeur qui fournissent la force motrice à toutes les machines de l'Exposition, et que nous avons pu déjà remarquer de distance en distance. Les principaux constructeurs français et étrangers ont répondu à l'appel de la Commission impériale, et pour l'œil le moins exercé, il est facile de distinguer presque tous les types parmi ces moteurs désignés comme appartenant à la classe 52, machines à balancier, horizontale et à connexion directe, à cylindres inclinés, à cylindres oscillants, etc.

Ces belles et grandes machines ne reçoivent la vie de la vapeur que pour la transmettre à ces outils innombrables qui exécutent toutes les opérations réclamées par les besoins de l'industrie. Nous signalerons des **machines à raboter**, à planer, à percer, à poinçonner, etc. C'est tout le matériel des grands ateliers de construction. Les machines à travailler les bois, envoyées par l'usine de Greffenstaden, sont d'une exécution irréprochable. Mais la curiosité sera davantage attirée par les machines de M. Vanloo pour faire des moulures, **sculpter**, **guillocher**, **découper** les bois, et enfin les ornements les plus délicats.

Toute une catégorie de machines-outils se trouve à part et forme la classe 57; elles embrassent les procédés mécaniques de coutures et de confection de vêtements. On y remarque les **apprêteurs mécaniques** de M. Touzet, pour la chaussure. A côté, M. Dupuis a monté un atelier complet de **fabrication de chaussures à vis**; le montage, le vissage, le coupage des vis, le moulage de la semelle, le râpage des talons, sont exécutés par autant de machines distinctes. Les **machines à coudre** se montrent avec leurs formes variées; moins répandues chez nous qu'en Angleterre et aux États-Unis, on a pu cependant constater l'influence pernicieuse du mouvement de la pédale sur la santé des ouvrières; aussi recommandons-nous à l'attention publique celles qui empruntent leur mouvement à un petit moteur électro-magnétique. Il ne faut pas oublier dans le secteur que nous parcourons, et presque caché sous la passerelle, la grande machine électro-magnétique de M. Berlioz, employée par la Compagnie l'*Alliance*, pour l'éclairage électrique des phares.

Un mot de la classe 60. Nous y trouverons de curieux échantillons de ce qu'a pu faire le génie inventif pour substituer le travail de la machine au travail plus irrégulier de l'ouvrier, dans l'exécution de divers travaux. Machines à gaufrer et estamper, à boucher les bouteilles, à faire les boutons, à fabriquer les cigarettes, à sculpter et façonner les manches de parapluies et d'ombrelles, à découper les allumettes, à fendre les dents de peigne, etc., toutes rivalisent d'adresse et exécutent les travaux les plus curieux ; tout auprès se trouve une petite machine appelée peut-être à amener une révolution dans la gravure des métaux et celle des pierres dures. Un poinçon mis en mouvement par la machine se promène sur un camée ; inutile de le guider, il sait sa marche tout seul. Après dix ou quinze heures de travail, il vous rend la pierre devenue un beau camée. Comment la chose se fait-elle ? c'est le secret de l'inventeur.

TRAVAUX USUELS.

De toutes les expositions que renferme cette galerie, la plus curieuse, celle qui a le privilége d'attirer le plus de visiteurs, c'est incontestablement celle comprise dans la classe 95 et qui est consacrée aux travaux usuels. Sans doute, les machines sont fort intéressantes, mais elles sont muettes, tandis que les ouvriers, les ouvrières surtout sont parlantes. Et puis, n'y a-t-il pas un grand intérêt à voir la matière première se transformer en objet dont nous nous servons tous les jours? C'est ce qu'a pensé la Commission, et sa tentative a été couronnée du plus heureux résultat.

Fabrication des chaussures.

Avez-vous besoin d'une paire de souliers ? 45 minutes et 10 fr. 50 vous suffiront pour l'obtenir en vous adressant à M. Latour. Voici d'abord celui qui taille la peau, qui coupe la semelle, grâce à un pliant en fer, c'est l'affaire d'un coup de ciseau. La machine à coudre se saisit aussitôt de cette peau ou de cette étoffe ; plus rapide que la parole, on la voit se promener dans tous les sens et assembler par des liens très-solides ce qui était désuni. Vite une autre ouvrière s'empare de ces deux objets destinés à ne faire qu'un ; à l'aide de clous elle rassemble et fixe la peau à une première semelle, puis passe l'ouvrage à sa voisine qui doit le compléter. Celle-ci y ajoute une seconde semelle sur la première ; à l'aide d'une machine elle la visse dans toute sa longueur, et abandonne son œuvre à une autre qui doit y mettre la dernière main. Celle-ci coupe les têtes de vis qui, tout en cuivre qu'elles sont, tombent aussi facilement que des broches de bois ; à l'aide d'une meule, elle égalise leur extrémité, et la chaussure se trouve finie, propre à contenter le client le plus exigeant.

Comme les extrêmes se touchent, tout à côté est une **taillerie de diamants**, moins complète que celle que nous avons décrite dans le Parc.

Viennent ensuite une foule de petites industries toutes très-simples, mais toutes curieuses parce quelles ne sont guère connues que de ceux qui les pratiquent. Ici ce sont les **machines à coudre**, au mouvement précipité, aux formes variées et propres à toutes sortes d'ouvrages ; bientôt elles seront si multipliées que les aiguilles seront des raretés, et qu'on donnera en cadeau à une femme une machine à coudre comme aujourd'hui on lui donne un dé ou un nécessaire. Là, on voit fabriquer les **perles**, armure de la coquetterie à bon marché. Un peu d'écaille de poisson mise à l'intérieur de globules de verre agités très-vivement par une machine sur une surface horizontale, et vous avez ces parures à la portée de toutes les bourses, et qu'on rencontre aussi bien dans le salon que dans l'antichambre. Les bijoutiers verront-ils de bon œil une exhibition qui dévoile ainsi le secret de leur métier ; et qui met à jour le peu de valeur des objets qu'ils vendent si cher? je crois qu'ils sont sans crainte aucune ; ils savent bien qu'ils s'adressent à la coquetterie féminine, passion que les leçons de l'expérience ont toujours été impuissantes à guérir. Plus loin c'est le **cristal**, dont on montre la taille et l'ornementation. Un petit cylindre mis en mouvement, entame le verre qui lui est présenté, et imprime tous les dessins qu'imagine la fantaisie de l'artiste. Tout auprès, une **fleuriste**, un bâton d'émail à la main, le présente à une flamme ardente, le tord, l'allonge et le transforme en fleurs qui vont servir de parure aux chapeaux de femme et à mille autres objets. Les fleurs ordinaires sont voisines ; un peu de gomme, une tige de fil de fer, et les reines de nos jardins ont trouvé des rivales. Les fabriques de **bois sculpté**, de **pipes** et de **porte-monnaie** fournissent aussi l'occasion de voir en pratique des procédés intéressants.

Deux graveurs de **camée** travaillent aussi sous les yeux du public ; en les voyant on se croit transporté à Naples, sur le quai de Sainte-Lucie, où de nombreux ouvriers derrière leurs vitrines taillent la lave du Vésuve, et lui donnent les formes antiques les plus gracieuses.

Les ouvrières en **dentelles** de Bayeux sont également là, entremêlant leur fil sur leur métier que de longues épingles transforment en véritable échiquier. La composition typographique n'excite pas moins vivement la curiosité : la presse est comme la langue, qu'Ésope définissait la meilleure et la pire des choses. Aussi la foule est-elle toujours très-grande autour des ouvrières qui tour à tour composent, corrigent et impriment; tandis que tout près une machine fabrique des caractères d'imprimerie. Il est bon de signaler l'initiative de l'imprimerie Paul Dupont dans l'emploi des femmes : c'est leur ouvrir une nouvelle industrie.

Bijoux faux.

Le public voit aussi fabriquer en quelques instants des **bijoux faux**, tels que clefs de montre, bagues, épingles, boutons de manchettes, qui coûtent seulement un franc ou 50 centimes. Quoique ce ne soient pas, on l'avouera, des bijoux de prix, l'or n'y est pas complétement étranger ; il est représenté par une feuille, très-mince sans doute, appliquée sur cuivre ; sa solidité est assez grande pour résister à un long frottement. Il n'est donc pas tout à fait exact de dire que ce soit de la bijouterie *fausse*; c'est plutôt de la bijouterie *pour tous*.

Est-on curieux d'assister à la toilette de ce cuivre qui va se draper dans l'or, comme un bourgeois-gentilhomme. Le vêtement métallique dépasse en finesse les plus fines batistes. On le taille d'abord dans une feuille épaisse tout juste de cinq millièmes. L'ouvrier qui la tient dans la main la fait trembler comme une frêle mousseline. Il l'ajuste sur une plaque de cuivre d'un centimètre d'épaisseur. Puis, au moyen d'une pression à chaud, habillement et habillé prennent une adhérence qui les rend inséparables. C'est dans cet état qu'on les comprime et qu'on les mincit encore en les faisant passer sous un laminoir. Le ruban métallique qui sort de là se découpe et reçoit les contours, les reliefs, les empreintes qu'on veut lui donner au moyen d'un estampage mécanique. Le bijou est fait.

Fabrication de chapeaux de feutre.

Il y a habituellement foule autour du carré où se confectionnent les chapeaux de feutre. C'est en petit la reproduction de tout le travail d'un immense atelier. Ce qu'on voit faire ici par quelques ouvriers qui en cinquante minutes transforment du poil de lapin en un chapeau que le visiteur peut mettre sur sa tête, occupe dans l'usine à vapeur de M. Haas à Aix un vaste espace et des centaines de travailleurs. Il y a une très-curieuse alliance du travail mécanique et du travail manuel.

Dans toutes les opérations, soit celles qui préparent, soit celles qui perfectionnent, on retrouve face à face deux par deux ces inséparables collaborateurs, l'homme et la machine. Ici c'est l'homme qui livre à une machine, nommée *bastisseuse*, la quantité de poil de lapin qu'elle doit démêler. Ce poil très-divisé par elle, tombe comme en vertu d'un aimant, attiré par une puissante aspiration sur une cloche en cuivre tournant rapidement sur un pivot. Cette cloche a aussi, elle, son compagnon de travail; à mesure que la machine aspire la pluie de bourre, l'homme a le soin d'en étendre et d'en égaliser les couches sur toute la surface circulaire. Puis on la coiffe d'une autre cloche et d'une toile mouillée et l'on plonge le tout dans une cuve d'eau bouillante. Au sortir de ses enveloppes le futur chapeau a pris une certaine consistance ; il a la forme d'un sac. C'est du feutre. Puis nouvelles opérations : le *semoussage*. Ce feutre, il faut le sécher. On l'étend sur une tôle chaude, et la machine reprenant son tour, ce sera elle qui sous le nom d'*essoreuse* fera évaporer l'humidité.

Reste à donner au chapeau une force de cohésion durable. C'est l'affaire du *foulage*. Un rouleau mécanique autour duquel le feutre est enroulé se promène sous une presse. L'ouvrier n'a qu'à laisser faire. La machine lui rendra son feutre resserré et durci.

Nouveau trempage alors, après quoi le moulage.

Le moulage se fait aussi à deux : l'homme qui étend l'étoffe, la machine qui l'arrondit intérieurement.

Le *ponçage*, qui consiste à repasser, à polir en quelque sorte le chapeau trop rugueux qui sort du moule, est une opération pour laquelle il faut encore la même dualité d'efforts : un disque tourne horizontalement, le feutre ajusté dessus passe successivement sous la pierre que l'ouvrier tient appuyée à poste fixe. Enfin le chapeau est obtenu.

Un autre compartiment de l'Exposition revendiquera maintenant le soin de l'embellir et de l'*approprier*. C'est un carré de jeunes ouvrières. Elles s'aident de la machine à coudre pour appli-quer les bordures. Elles garnissent en soie l'intérieur. Ce fond de soie est préparé lui-même à l'Exposition, et imprimé d'un dessin qui donne l'image du Palais.

Les **travailleurs Algériens** jouent un rôle intéressant dans les exemples de fabrications diverses qui nous sont offerts par la classe 95. Les uns couvrent de broderies d'or et d'argent ces bourses de maroquin si connues ou des babouches formées de peaux de diver-ses couleurs ; les autres tissent des étoffes rayées et brillantes. Un bijoutier fait tenir dans moins d'un mètre carré sa forge et sa fon-derie, son atelier proprement dit et son magasin de vente.

L'Algérie forme la transition : nous étions encore en France, mais nous n'en reconnaissions plus les usages. Traversons la rue des Pays-Bas, et nous commencerons la visite des sections étrangères.

PAYS-BAS ET BELGIQUE.

La Hollande, à l'exception de ses wagons, ne nous offre rien de remarquable. Mais la Belgique présente une belle exposition de machines de tissage, particulièrement pour la fabrication des draps. Une **grande machine d'extraction** de 200 chevaux élève au-dessus des autres sa haute structure. Dans des dimensions plus restreintes nous remarquons la machine de M. Delcambre pour composer et distribuer les caractères d'imprimerie.

PRUSSE, ALLEMAGNE, AUTRICHE.

La Prusse, qui entraîne dans son mouvement tous les États de l'Allemagne du Nord, offre outre son canon gigantesque, plusieurs objets dignes de remarque, qui presque tous tiennent à l'industrie de la fonderie, très-développée dans cette partie de l'Allemagne. En entrant dans sa section, on ne peut passer sans faire attention à **ses belles cloches.** La statue de la *Borusia*, une belle façade en terre cuite appuyée à un riche pavillon métallurgique attirent également les regards.

Mais l'on a hâte d'assister à une fabrication d'**épingles à têtes de verre**, et surtout de contempler les **statuettes mecklembourgeoises** dans leur costume national. Comme elle est heureuse cette fiancée avec le gros bouquet qui surcharge sa tête! Quelle fraîche poissonnière! que ces paysans sont gauches et maladroits à faire plaisir! parfois on n'a qu'à tourner les yeux pour comparer le modèle avec l'original, et se convaincre qu'on n'a donné ni des couleurs trop fraîches, ni des chevelures trop blondes à ces filles de la Germanie.

On a beau dire que la France est le pays du progrès, que de points sur lesquels nous sommes encore en retard! Voici par exemple les **chemins de fer**, il n'est point de nation qui ne nous ait dépassés sous ce rapport. Nos machines sont les seules où le mécanicien et le chauffeur soient exposés à la pluie, au froid, à la poussière. Celles de tous les autres pays ont sinon une cabine, du moins une plaque verticale percée de lunettes, et l'on ne voit pas que le service en marche plus mal. Quant à l'aménagement intérieur des wagons la Prusse est bien en avance sur nous, comme on peut s'en convaincre par ceux exposés, qui poussent la précaution jusqu'à avoir des cabinets de toilette pour les dames. Que dire des wagons anglais et des wagons américains, qui dépassent ces derniers de beaucoup. Mais le point le plus remarquable de l'exposition prussienne et même une des merveilles du Champ de Mars, c'est

Le Canon géant.

Par ce temps de fusils à aiguille, et d'inventions meurtrières, il n'y a plus que les pièces de guerre monstrueuses, qui puissent captiver le regard du public. On ne s'arrête plus, comme autrefois, devant la forme souvent gracieuse presque coquette des canons armoriés et richement enjolivés; le fini de l'exécution, la perfection du bronze ou de l'acier, la beauté des proportions, la légèreté, rien de tout cela ne touche plus le visiteur. Les dames elles-mêmes ne veulent plus entendre parler que d'œuvres gigantesques, étourdissantes de l'artillerie moderne; il leur faut par exemple d'immenses canons de rempart se chargeant par la culasse tels que celui qui sort de la grande fabrique d'acier fondu de M. Krupp, à Essen. Celui-là dérobe à son profit, par son imposante masse et par sa nouveauté, l'attention des moins belliqueux; impassible, inébranlable, il se pose en souverain dominateur au milieu des machines industrielles qu'il semble vouloir intimider et réduire au silence. M. J. Turgan a décrit dans son livre de l'*Artillerie moderne à grande puissance* le système de M. Krupp:

« La culasse de ce canon, dit-il, est entaillée d'un canal dans lequel un verrou-châssis se meut transversalement à l'axe du canon. Le verrou se manœuvre facilement, et lorsqu'il est tiré au dehors on peut introduire le boulet dans l'âme du canon par la partie postérieure de la culasse. Une fois le boulet posé on repousse le châssis, et au moyen d'une vis on fait entrer dans l'âme une garniture qui en remplit la cavité derrière la gargousse. Cette fermeture est maintenue fixe par un boulon, introduit au moyen d'un mouvement excentrique : un anneau en cuivre évidé à l'intérieur et que les gaz produits par l'explosion chassent violemment contre la rainure du châssis, empêche tout échappement de ces gaz et la fermeture devient absolument hermétique, ce qui est indispensable pour empêcher la destruction graduelle de la garniture. »

Le poids de ce canon est de 47 454 kilogrammes; son affût pèse séparément 15 000 kilogrammes; son diamètre intérieur est de 0^m, 356; il lance des projectiles de 500 kilog. et chaque coup revient à environ 1000 francs. Ne voilà-t-il pas une machine bien avantageuse? En se plaçant même au point de vue militaire, ce léviathan des canons nous paraît trop difficile à manœuvrer pour pouvoir être d'une utilité réelle dans un combat.

Abandonnons les procédés de destruction, et jetons un coup d'œil sur une pyramide de vis, boulons, écrous, que nous offre la Hesse, et sur les pompes à bière que le duché de Bade fabrique sur une grande échelle, arrivons à l'exposition de l'Autriche.

Hélas! ici encore la guerre a imprimé son cachet, et tout semble rappeler le souvenir de Sadowa. Voici le **télégraphe ambulant** de campagne, les signaux optiques de guerre, les appareils électromagnétiques pour l'inflammation des mines. Reposons nos yeux sur des **coffres-forts** d'un luxe inconnu chez nous, et qui semblent affirmer que les richesses de l'Autriche n'ont pas été englouties par un désastre militaire. Son activité industrielle se révèle au contraire par la **grande locomotive** destinée au chemin de fer de Moscou à Kurak, et par la locomotive Engerth qui pendant plus de trois ans a fait le service d'Oravicza à Steyerdorf, parcourant des courbes de 104 mètres et gravissant des rampes de 20 millimètres par mètre.

Marchons rapidement, les pays que nous allons traverser ne pré-

sentant guère de machines dignes d'attention. Signalons seulement
en Suisse, un métier à coton et des métiers à tisser des soieries; en
Espagne, la fabrication des bouchons, et la machine à sculpter le bois
de M. Ferrando. Le Danemark et la Norwége n'offrent guère que
des engins de pêche. En Suède, nous remarquons une petite machine
verticale pour bateau à hélice, fort peu encombrante.

La Russie et l'Italie sont mal représentées dans la galerie des
machines : c'est ailleurs qu'il faut constater l'importance de leurs
expositions.

ORIENT.

La galerie qui jusqu'à ce moment avait un aspect si sévère est
coupée par les pavillons de la Roumanie, de Siam et de Maroc; les
vives couleurs, la richesse tout orientale, les idées de luxe et de
repos qu'ils éveillent dans l'esprit, contrastent heureusement avec
ces machines aux rudes allures, aux bras nerveux, aux mouvements
actifs ; on dirait une houri égarée dans l'antre des cyclopes. Ce ne
sont pas précisément des peuples de forgerons ni d'ingénieurs que
ce speuples orientaux, ou du moins il est rare qu'ils s'aident dans
leurs travaux de ces puissants auxiliaires mécaniques qui font la
force de nos ateliers. Ils sont comme effrayés de nos machines;
celles qu'ils ont, ils les ont depuis longtemps et à l'état rudimen-
taire.

Voyez leurs moyens de locomotion. Comparez avec la carrosserie européenne, avec les wagons de nos chemins de fer. Ils en sont
encore aux ressources naturelles : des éléphants, des chameaux.
Cet état peu avancé de l'industrie des transports chez des peuples
qui ont pourtant du sang nomade dans les veines est exprimé à
l'Exposition par la présence dans la galerie du travail d'un éléphant en carton pâte, supportant une tente aux riches étoffes dans
laquelle doivent prendre place les grands seigneurs siamois, puis
un chameau sur lequel est monté un Indien, formant au moyen d'un
morceau de bois et d'un tapis une tente portative, qui suffit à
peine pour le garantir des rayons d'un ciel de feu, puisque la
majeure partie de son visage est cachée par une étoffe noire. Nous
avons laissé derrière nous, au milieu des aliments conservés qui
s'abritent sous les coupoles roumaines, deux bustes en sel gemme,
qui rappellent l'aventure arrivée à la femme de Loth.

ÉTATS-UNIS.

En arrivant aux États Unis, exprimons le regret que les consé-
quences de l'horrible guerre civile qui a déchiré leur territoire
aient restreint le nombre des envois. Nous aurions trouvé bien de
curieux sujets d'observation dans les instruments et les machines-

outils qui, chez ce peuple industrieux et avare du temps, remplacent partout l'action directe de l'homme. Mais si nous ne pouvons signaler qu'une machine à faire des clous, des métiers à tisser, et une magnifique **raboteuse**, il est facile de distinguer un caractère tout spécial aux machines américaines. Ce sont les formes pratiques et commodes, l'introduction de la machine à vapeur dans la famille, dans la vie privée, tandis qu'elle reste généralement, sur notre continent, reléguée dans les ateliers et qu'elle est toujours plus ou moins un épouvantail pour d'autres que ceux qui s'en servent journellement.

ANGLETERRE.

Tout en faisant cette observation, nous avons atteint l'exposition anglaise. Tout ici indique une industrie vigoureuse et intelligente. Les **métiers à tisser** y occupent une grande place : le roi-coton ne devait pas être oublié. On peut voir façonner des étoffes unies, rayées, écossaises, brochées, et rien n'égale la rapidité et la précision du mouvement de la navette dans ces machines. Des **phares** et appareils dioptriques semblent placés là pour dire qu'en donnant la sécurité au navigateur, ils protégent le commerce de l'Angleterre. Les diverses industries d'une grande nation sont représentées, comme en France, par de nombreux appareils. Mentionnons des **bassines tournantes** pour la fabrication des dragées et produits de confiserie, une machine Worssam pour raboter et dégauchir le bois, une machine à faire les moulures, la **pompe Gwynne** élevant un volume d'eau important qui retombe ensuite en cascade du haut d'un rocher factice. Examinons la disposition curieuse des **wagonsposte**, munis d'un système propre à échanger les dépêches aux stations sans arrêter la marche des trains, et bientôt nous atteignons les limites du domaine anglais. A l'extrémité de cette galerie, à l'endroit où elle rejoint la grande entrée et le point de départ, se dresse une **pyramide** représentant la quantité d'or que les Anglais ont tiré de la colonie Victoria. On croirait ce monument placé là comme un symbole pour dire à ceux qui viennent de contempler toutes ces productions du génie et des efforts de l'homme, que cet or et les richesses qu'il représente, sont le fruit de labeurs incessants, et ne peuvent être acquis qu'à ce prix.

GALERIES DES PRODUITS INDUSTRIELS.

(MATIÈRES PREMIÈRES ET MANUFACTURÉES. — VÊTEMENTS. — MOBILIER. MATÉRIEL ET APPLICATIONS DES ARTS LIBÉRAUX).

FRANCE.

De même que les Parisiens sont les gens qui connaissent le moins Paris, le Français est le peuple qui généralement connaît le moins les richesses et les merveilleuses ressources de son pays. On est trop porté à oublier qu'il y a un autre commerce que celui de l'élégante bimbeloterie parisienne ; que nos départements renferment de riches manufactures, de colossales usines ; que jusqu'aux limites les plus reculées de notre territoire, circule une vitalité puissante, et qu'elles sont bien rares les parties de notre sol qui ne répondent pas par leur fécondité à la main qui les travaille. Ce ne sera pas un des côtés les moins utiles de l'Exposition que de faire connaître à tous les richesses si variées que renferme la France, et pour la plupart desquelles elle peut honorablement soutenir toute concurrence. Mais pour bien l'apprécier, il faut faire le tour complet des galeries qui lui ont été accordées, passer des machines aux beaux-arts, des matières premières arrachées aux entrailles de la terre qui font sa force matérielle, aux parties intellectuelles qui font sa force morale : c'est après un voyage si plein d'imprévu et de découvertes que l'on comprend le mot du grand Frédéric : « Pour faire un beau rêve, il faut pendant un jour être roi de France ! »

Revenons au *grand vestibule* et tournons à gauche dès que nous pourrons lire au-dessus d'une galerie cet écriteau :

GALERIE V, DES MATIÈRES PREMIÈRES.

Des *plans en relief de l'École forestière* nous montreront par quels procédés on transporte dans les pays de montagnes les bois qui doivent servir à la marine pour la construction des vaisseaux.

Quelques échantillons de ces arbres, plus que séculaires, donnent une idée de la richesse de ces forêts, et l'on peut voir le segment colossal d'un chêne âgé de deux cent quatre-vingt-sept ans. On peut traverser sans trop s'arrêter les salles qui suivent, mais celle des *arts chimiques* n'est pas sans offrir quelques curiosités, notamment de belles cristallisations : c'est le cyanure de potassium formant de délicates stalactites, le sulfate de cuivre avec ses reflets bleus, le prussiate de potasse d'un jaune doré, le carbonate de soude aux angles aigus, et le soufre raffiné de l'apparence la plus appétissante. C'est la forme capricieuse bien plus que l'objet en lui-même qui attire l'œil ; à ce titre les coussins de camphre, les bustes en cire, les bas-reliefs en savons arrêtent le visiteur au passage et lui demandent au moins un coup d'œil.

Une salle est consacrée au caoutchouc ; une autre aux *minerais et métaux ouvrés*. Là est l'œuvre de la grande industrie, qui a triomphé des matières les plus dures, a plié, tordu et façonné les métaux à son gré, comme s'il se fût agi de la terre glaise. Voyez ce bloc d'argent, d'une valeur de 135 000 francs, ces toiles de cuivre ou de plomb qui descendent aussi souples que le lin, ces pavillons en fer ouvragé, ces statues fondues d'un seul bloc ; considérez ces tubes gigantesques qui servent de piles pour les ponts : que d'efforts, moins encore pour les fabriquer que pour les remuer et les mettre en place ! A côté ce sont des tubes pour la distribution des eaux, travail moins renommé que celui des aqueducs romains, et cependant les Romains qui savaient, comme nous, faire des tuyaux, eussent été incapables de fabriquer des tubes comme ceux-là : tout d'une pièce, sans soudure. Pour les obtenir il y a d'énormes difficultés à vaincre. Il faut que le métal en fusion soit étiré, en conservant une parfaite égalité d'épaisseur, et à perte de vue, on peut le dire, car on vous montrera, enroulés sur des bobines, de ces tubes qui ont une longueur de 10 kilomètres, sans solution de continuité. Tout auprès ce sont des ouvrages de moindre dimension : de petites horloges en fonte, qui adoptent la forme d'un chalet, et qu'il n'est pas sans intérêt de comparer aux *coucous* de la forêt Noire, dans l'exposition badoise ; les chapiteaux du futur Opéra ; le système du revêtement galvanoplastique appliqué à la fonte et au bronze comme il l'a été à l'or et à l'argent ; et enfin le couronnement de ce même système par un inventeur qui prétend galvaniser non plus seulement la surface, mais l'intérieur même des métaux : c'est l'alchimie retrouvée par l'industrie.

Si toutefois ce n'était assez pour intéresser la majeure partie des visiteurs, la dernière salle captivera forcément leur attention par sa *collection d'éponges* si complète et si curieuse. Tous les madripons ont leurs représentants derrière ces vitrines. Voici l'éponge brute telle qu'elle se trouve au fond de la mer quand la main hardie du plongeur va l'y chercher ; la voici dans toutes ses modifications et ses variétés, depuis la plus commune jusqu'à la plus fine, depuis l'éponge ordinaire jusqu'à celle qui affecte les formes les plus diverses, l'*éponge cactus*, l'*éponge-dentelle*, les *herbes-éponges*, les *éponges arborescentes*, les *éponges fistulaires* de l'océan Indien. Ici on la voit attachée à son rocher, là fixée aux débris d'un vase antique, plus loin enfin, conservée dans un bocal, et vivante si l'on peut se servir de cette expression. Une collection de coquillages de la Méditerranée montre combien cette mer est riche en mollusques ; une collection de peaux de lapins étale les riches variétés de la fourrure de cet animal si humble et si dédaigné ; et, rapprochement bizarre, une simple cloison la sépare de la machine qui transforme en quelques moments ce poil en chapeau de feutre.

En quittant les productions des colonies, en laissant la rue de Provence, rentrons à notre droite sur le sol français par la galerie suivante :

GALERIE FRANÇAISE DU VÊTEMENT.

Les confections et les tissus.

Voici une galerie qui eût fait damner Ève ; les dames qui veulent fuir les tentations ne doivent pas s'aventurer au milieu de ces reflets de la soie et de ces découpures de la dentelle.

Mais nous en avons déjà trop dit : elles entreront.

Faisons comme elles, car voici une excellente occasion de vider cette fameuse question du luxe des femmes. Pour les maris présents et futurs, la galerie IV est une des plus émouvantes.

Fascination. Nous ne trouvons pas d'autre mot dans notre langue française pour décrire l'effet produit dès l'entrée, à supposer que nous entrions par le grand vestibule. Là les magasins du Coin de rue, du Louvre, la compagnie Lyonnaise, Bouillet, Opigez Gagelin, etc., ont étalé à l'envi des toilettes de duchesses, des moires chatoyantes, des manteaux de cour, des châles brodés, des robes de bal qui enserrent des tailles élégantes ; des nuées de dentelles, des rosées de perles. Un frémissement de convoitise accueille chacune de ces apparitions féeriques, que les exposants ont soin de renouveler sans cesse. On dirait qu'ils ont juré, comme les gardiens du jardin d'Armide, de retenir à eux les visiteurs ; vous hésitez à pénétrer plus avant. Vous le pouvez cependant, mesdames, car d'autres enchantements vous attendent. Et puis ne vous plaît-il pas connaître à l'aide de quelles fabrications, de quels tissus on produit toutes ces merveilles ?

Il faut bien songer aux bals masqués, à la livrée des domestiques, aux costumes de voyage ; un peu aussi au linge de table.

Les filatures de Lille ont envoyé pour vous leurs plus beaux tissus de lin et de chanvre. Ce sont de vrais tableaux que M. Casse a exposés en linge de table damassé : La *Pêche miraculeuse ; La Paix*.

Il y aurait injustice à ne point parler des autres salles de tissus, des laines peignées de Roubaix, d'Amiens, de Reims, de Paris, des draps d'Elbeuf et de Sedan, des cotons de la Normandie, et de l'Alsace, des mousselines et rideaux brodés de Tarare, des mousselines brochées de Saint-Quentin, des coutils de Flers, des velours d'Amiens, des tissus imprimés de Mulhouse. Ce sont de ces productions qui font la prospérité et la vraie richesse d'un peuple.

La lingerie et tous les accessoires de la toilette, les éventails, les gants, et nous nommerons sans fausse honte, honni soit qui mal y pense ! les jarretières et les crinolines, ne sont peut-être pas sans mérite ni sans intérêt, pour qui sait les comprendre.

Mais les dentelles ! mais les broderies ! mais les châles ! mais les soieries ! Quelle éblouissante assemblée !

Paris, Lille, Arras, Saint-Étienne, Lyon, Nîmes, se sont fait représenter avec éclat par ces ambassadeurs luxueux qui obtiennent si facilement audience auprès des reines de la mode. Il y a là des travaux merveilleux ; des étoffes impalpables couvertes de fleurs transparentes nuancées et ombrées comme avec un pinceau délicat, une robe entre autres, au point d'Alençon, qui aurait coûté 10 500 journées d'ouvrières ; des brocarts chamarrés d'or, des velours aux nuances profondes, des soies qui attestent à la face du monde que Lyon n'a rien perdu de son empire.

Les *soieries lyonnaises* ne sont pas remarquables seulement pour la beauté du tissu, l'éclat des couleurs, le bon goût du dessin, mais quelques-unes vont plus loin encore et peuvent prendre place parmi les œuvres d'art.

Ne cherchons pas à nous défendre d'une patriotique émotion. La première pensée de celui qui entre dans ces riches galeries du luxe et du goût est de songer aux tentatives rivales qui veulent disputer à la France sa suprématie. Si les dames n'y cherchent que le plaisir des yeux, le visiteur qui appartient à cette patrie industrieuse et artistique à la fois, où se produisent tant de belles choses, se réjouit à mesure qu'il constate que tant d'efforts ne sont point perdus et qu'au milieu du progrès universel, la France tient encore son rang.

Les armes portatives.

Voici maintenant un point de la galerie où va se révéler l'éternelle antithèse des goûts virils et des goûts féminins. Un jour déguisé en femme, Achille croyait échapper aux recherches des Grecs. On sait l'expédient d'Ulysse, qui fit apporter dans le palais de Lycomède de riches présents d'armes et de bijoux. Les dames de la cour se hâtaient autour des pierreries, des bracelets et des colliers. Une seule prit en mains les flèches et les boucliers. C'était notre héros, découvert à ce trait. Il se fût trahi de même au palais de l'Exposition ; car à l'endroit où nous sommes arrivés, il faut choisir aussi : d'un côté les armuriers, de l'autre les joailliers et les bijoutiers.

Nous n'avons point de raison de cacher nos préférences, comme

Achille. Nous irons droit aux fusils et aux pistolets, d'autant mieu
qu'il se fait en France, nous le savons, d'actifs efforts pour donner
cette industrie un élan nouveau ; les inventeurs sont en campagn..
Toutes ces vitrines des Lefaucheux, des Devisme, des Lepage, etc
abondent en mécanismes ingénieux, en combinaisons inattendue:
Les *revolvers* tournent comme des *soleils* en lançant des balles
chaque demi-seconde. Les balles se changent en bombes dans]
tête des lions et des panthères. Les canons des fusils portent ave
une précision foudroyante. Guerre à outrance est déclarée à tou
les habitants malfaisants de la terre.... et aussi gare au gibier
gare à qui porte fourrure !

Bijouterie française.

Entrons maintenant dans l'empire du Diamant et de l'Émeraude
de l'Opale et du Saphir, des Perles et du Corail. Le plus indifféren
ne passera pas sans admirer. Le culte de la nature et celui de l'ar
sont dans tous les cœurs; or c'est la nature qui fournit ces cristau:
chatoyants, aux admirables feux, et la monture qu'ils reçoivent d:
l'art n'est qu'un hommage de plus rendu à cette infinie richesse d:
la création. Ces pierres viennent de loin pour la plupart, arrachées aux profondeurs de la terre; ces perles, aux abîmes de l'Océan
l'or qui les encadre, aux montagnes de l'Australie ou de l'Amérique
tout ce butin atteste les infatigables pérégrinations de l'homme e
les continuels échanges de peuple à peuple. Mais une chose flatteus:
pour l'amour-propre parisien, c'est qu'il n'est point beaucoup d:
villes au monde qui possède comme Paris le don de disposer er
assemblages artistiques, d'un goût vraiment exquis, ces trésor:
apportés de tous les points du globe.

Nous parlons de l'art, et la science donc ! n'a-t-elle pas pris
l'idée de faire invasion parmi ces mille jeux de la fantaisie. Ne
voilà-t-il pas en effet la découverte de Volta mise en parure : *Des
bijoux électriques*. Électriques ! grand Dieu, que vient faire là l'électricité ? Eh ! mais oui, ces têtes en argent qui bougent, ces yeux de
rubis qui tournent, ces bouches d'émail qui s'ouvrent et se ferment,
tout cela est mû par un courant électrique qu'il vous suffira d'établir grâce à une petite pile que vous porterez dans votre poche et
qui se reliera au bijou par un cordon métallique. O génie humain! voilà bien de tes coups !

Il y a bien quelque enfantillage à regarder ces amusements de la
mode. Mais notre excuse, s'il en faut, est près d'ici : nous voyons
dans le voisinage, les

Jouets d'enfants.

« Printemps de la vie ! Souvenirs du jeune âge ! Salut ! »
Voyons un peu comment on amuse les nouvelles générations.

Il y a toujours foule devant ce nègre qui joue de la flûte, cet oiseau qui chante en agitant les ailes, ces souris qui se promènent; mais tous les regards, toutes les attentions sont pour le *salon des poupées*, et vraiment elles méritent cet empressement. Ne les prenez pas pour les premières venues, ce sont des poupées grandes dames ou petites dames, elles ont des airs empruntés au monde des eaux et du sport, elles affectent les toilettes tapageuses, les robes traînantes. Vraiment on les prendrait pour les vignettes de la *Vie parisienne* descendues de leur cadre et habillées par les plus adroites couturières. Les groupes qu'elles forment sont d'une vérité frappante, et si leur langue était aussi docile que leurs articulations, si elles pouvaient parler comme elles peuvent s'asseoir, il y aurait sinon profit, du moins plaisir à les écouter. C'est là qu'on peut reconnaître la supériorité du commerce parisien : Nuremberg, Londres ont à leur disposition le même caoutchouc pour le corps, le même émail pour les dents, le même verre pour les yeux; ce qui leur manque, c'est cette ingéniosité dans l'arrangement, cette perfection dans les détails.

Quel joli jardin aussi que celui des **fleurs artificielles**, on s'y promènerait sans fin, et l'illusion serait complète sans les plumes et les diamants qui viennent rappeler que les femmes sont les vraies reines de ce parterre.

GALERIE FRANÇAISE DU MOBILIER.

Les meubles de luxe.

L'art est tellement le maître chez nous qu'il nous fait souvent oublier le confortable. Que de meubles on aime regarder dont on n'aimerait point se servir! C'était surtout le défaut des dernières expositions. On nous donnait des chaises, des fauteuils à nervures plus ou moins gothiques qui semblaient prêtes à défoncer tous les dos. On nous donnait des dressoirs, des bahuts tellement garnis de bas-reliefs et de statues qu'il fallait renoncer à les ouvrir ; d'immenses bibliothèques où il n'y avait place que pour une dizaine de volumes.

Aujourd'hui l'art domine encore, mais moins brutalement, ce ne sont plus ces grosses guirlandes massives, ces corniches accentuées, ces statues monumentales; mais il s'en faut que nous soyons arrivés à un confortable parfait. Le *style* nous gêne, car on veut absolument un style quelconque et cette année la mode est au style pompéien, au style étrusque, au style égyptien, toutes sortes de styles peu faits pour nous.

Étant dit que nous devons en passer par là, mieux vaut encore l'antiquité que ce moyen âge ou cette renaissance dont nous avons tant abusé les années précédentes. Le genre pompéien permet au moins la légèreté des ornements, sinon des meubles; ces lignes

sobres, ces fleurons accompagnés d'un trait léger et d'un feuillage
sans profusion ont peut-être aussi le tort de nous rendre esclaves
d'une manie d'imitation, et de placer chez nous plutôt de l'archéologie que du bien-être; mais enfin l'aspect en est harmonieux.
C'est beaucoup dans un meuble d'érudition.

En dehors de ces pastiches qui tuent l'art national, en dehors de
ces modèles déterrés dans les fouilles des villes mortes, il en est
d'autres qui accusent une réminiscence plus moderne, un retour à
l'art florentin.

Le beau meuble de la collection Sauvageot au musée de Cluny a
été pour beaucoup dans ce caprice. De tous côtés on a voulu de
ces bahuts à colonnettes d'ébène, à incrustations de marbres, de
mosaïques et d'ivoire, à compartiments secrets, ouvragés à l'infini,
cachettes mystérieuses qui ont pour les dames d'irrésistibles séductions. Lemoine a dans son exposition sur le grand Vestibule un
meuble de ce genre, un beau bahut bibliothèque en poirier peint
en noir. Obtenez de lui qu'il vous montre l'intérieur, ici des cases
à bijoux, là des tiroirs à médailles. A l'extérieur le meuble se pare
de très-beaux émaux de Charlot.

Sous le dais voisin, dans le grand Vestibule aussi, l'exposition
de Roudillon. En évidence par sa position, elle est forcément remarquée et mérite de l'être; elle fait honneur au goût français. Ce
n'est pas seulement de l'ébénisterie, c'est tout ce qui se rattache
à l'art décoratif, les tapisseries, un lit à baldaquins d'une couleur
difficile et très-harmonieusement composé de satin et de velours,
un sofa, un délicieux paravent à panneaux de glaces, à soubasse-
ment brodé. Il y a dans toutes ces compositions une élégance qui
s'arrête juste à temps devant les surcharges et l'outrecuidance du
luxe.

Un très-beau meuble de Fourdinois rappelle un des grands re-
noms de l'exposition de Londres. Tout le monde a parlé en 1851 du
meuble Fourdinois. Réputation oblige; une œuvre vulgaire ne pouvait pas sortir de ses ateliers. Son bahut aux fines sculptures, aux
heureuses combinaisons de couleurs, est aux yeux des connaisseurs
une œuvre d'art, dans la force du terme.

Le mobilier français mérite qu'on en parle; il tient toujours la
tête au milieu de tous les efforts des nations rivales. Mais son exposition est très-vaste, et c'est forcément avec la crainte d'être injus-
tes, que nous citons au hasard quelques noms des plus remarqués.
Notre excuse, si nous en oublions, est dans ceci : Nous ne faisons
en ce moment œuvre de jurés, ni de critiques; nous suivons simplement la foule.

Elle s'arrête devant Allard et Chopin, nous nous y arrêterons
aussi. D'ailleurs il est difficile de ne point noter leur charmante
console en noyer d'Amérique, destinée par malheur à être enduite
de vernis ou de dorures. Deux statuettes de femmes forment les

supports, au-dessous de la tablette une sorte de nid de fleurs où jouent deux amours. Tout le meuble est enlacé de guirlandes d'une légèreté exquise, l'air circule sous chaque pétale, sous chaque pistil. C'est d'un fini qui fait l'étonnement de tous.

A côté, un dressoir moins remarquable par lui-même que par les admirables faïences qu'il encadre, surtout deux paysages peints sur émail par Michel Bouquet.

En face : Guéret frères, très-remarqués pour leurs sculptures en bois. Dans leur installation se dressent deux *pages*, porte-flambeaux, d'une bonne attitude ; en bois de noyer, mais vivants et palpitants sous leur dalmatique fleurdelisée.

Loremy et Grisey, qui se font remarquer par un bel encadrement de glace, distribuent aux visiteurs une brochure intéressante : *Du style dans la décoration intérieure des habitations.*

Leglas-Maurice aussi a, mais dans de moindres dimensions, un beau cadre de glace, genre vénitien.

Tant de noms s'offrent en même temps à nos souvenirs : Racault et Cie, Pecquereau, Mercier, Gallais, Brun, Grohé....

Grohé a exposé : un bahut noir incrusté de lapislazuli et de marbres de couleurs, — un autre bahut d'un style tout différent, enguirlandé et même surchargé de cuivre doré. Les battants sont formés d'imitations des laques japonaises. L'intérêt qu'excite ce meuble est redoublé par cette indication : « commandé par S. M. l'Impératrice. »

Si le style Louis XVI était près de tomber en discrédit, Beurdeley le réhabiliterait.

De Gallais nous citerons une jolie armoire en bois peint en blanc.

Barbizet, le faïencier, est près de nous. Son *dressoir* en bois de chêne, parsemé de faïences en relief est très-discuté. Ces faïences dites Bernard de Palissy, parce qu'elles contiennent des poissons et des écrevisses, ont le tort, selon les uns, de produire par la crudité des tons un effet discordant. Au dire des autres, c'est une heureuse idée d'avoir marié ainsi l'art céramique et l'ébénisterie. Mais le tout n'est pas de marier, ne faut-il pas que les époux fassent bon ménage ? On peut visiter ce dressoir comme un des spécimens qui font ressortir le plus vivement l'avantage ou l'inconvénient des applications de la poterie à l'architecture des meubles.

Nous voici devant la fameuse estrade des **onyx d'Algérie**, exposés par Viot et Ce. D'abord (évitez donc d'être séduits !), une rangée de divinités esclaves, chargées de porter des flambeaux et une horloge ; elles ont des chairs d'argent, la tunique ou *peplum* en marbre blanc rayé de brun, les ornements en or. Du haut de l'horloge à cadran bleu, que deux d'entre elles soutiennent, un amour décoche ses flèches sur les visiteurs, tous, jeunes et vieux, touchés de l'attention et déjà gagnés à MM. Viot et Ce. Reste à voir la suite : deux singuliers meubles formés de têtes d'éléphants ; les trompes

servent de pieds à des vases de marbre, et disparaissent sous des
feuillages en émaux cloisonnés. — Puis des coupes de toutes sortes,
même des vasques de fontaines, en onyx, des coffrets en onyx aux
ciselures dorées et émaillées. Enfin derrière l'estrade une de ces
statues-horloges en vogue qui tiennent suspendu à leur main un
globe bleu semé d'or qui tourne poussé par une aiguille.

Cristallerie française.

Le miroitement qui éblouit quand on passe devant le féerique
étalage des cristaux de Baccarat, et des autres fabriques de la
Meurthe ou de la Moselle, ces transparences infinies, ces éclats de
lumière scintillante, ces feux croisés des prismes, ces vives couleurs d'arc-en-ciel, et au milieu de toute cette magie, le soleil qui
se joue et qui rit à travers les mille reflets des lustres, des candélabres, des gobelets et des flacons, nous empêchent peut-être de
juger sainement du mérite de la cristallerie. Mais l'œil s'y entaille,
pour ainsi dire; il se déchire à tous les angles aigus de ces découpures multipliées. Le verre fondu qui s'entremêle çà et là en festons
verts ou rouges aux caprices du cristal est loin d'y remplir un rôle
harmonieux et artistique. Certes, il y a là des merveilles, des
prodiges de travail et d'invention. L'utile à foison ; mais l'art? mais
le goût? Ce sont des absents que nous ne pouvons oublier. Sans
doute, ils font leur possible pour être de la fête. Mais que peuvent
pour eux ces froides matières aux roides contours? Les plus beaux
modèles confiés au cristal deviennent affreux. Voyez l'effet que
produisent des figures humaines, quand elles deviennent transparentes? Et les fleurs, les feuillages, ces grandes ressources de l'ornementation. Les fleurs s'alourdissent, les feuilles s'épaississent,
les amours, les nymphes, les bergers, au travers desquels on voit
le jour, semblent de glace et prêts à se fondre. Et c'est inévitable.
On ne peut donc pas prévoir que l'art se réconcilie jamais avec le
cristal, ou plutôt il y sera voué éternellement à l'unique recherche
de la forme. Il se réfugiera dans l'harmonie des lignes, dans la
proportion, dans l'élégance des courbes ; c'est par là justement que
nous pouvons louer la cristallerie française.

Il est un point cependant où l'art se retrouve avec toutes ses
franchises, c'est dans la ciselure du cristal. On verra des sujets
gravés ou taillés avec une rare finesse sur les minces parois des
flacons, et qui valent des bijoux. Mais on en voit aussi, et de meilleurs, chez les Anglais.

Enfin il faut encore faire exception pour les verres émaillés, les
verres opaques coloriés, les vitraux. La peinture y produit des
chefs-d'œuvre.

Disons de suite ce que tout le monde regarde dans les deux salons de la cristallerie française, qu'on prendrait pour les palais de
diamants des *Mille et une Nuits.* Des vases égyptiens, à supports

bleus, avec des ornements finement ciselés. Un magnifique bol à
punch à dessins bleus, représentant des danses de faunes et de bacchantes, et entouré de toute une escorte de verres sur un riche
plateau. Comme peinture sur verre, il existe des vases à feuilles
de begonia, des vases ornés d'oiseaux en grisailles bleuâtres et
soutenus par des bordures d'argent; ces vases font l'admiration
générale.

Les imitations des anciens verres de Venise exposées par la cristallerie de Clichy nous paraîtront hors ligne même quand nous
aurons vu l'exposition italienne des verrières de Murano. Là nous
trouverons aussi les traditions du seizième siècle, mais trop servi-
lement observées tandis que nos artistes y mettent du leur. Si le
genre n'est pas original, leur dessin du moins n'est pas une copie.

Le bronze doré, quand il se combine avec le cristal, le réchauffe
pour ainsi dire, le soutient et le vivifie. Dans l'exposition de Baccarat on en voit l'exemple : des bouquetières de cristal agrémentées d'amours en bronze doré ; des flambeaux même style.

N'omettons pas la pièce principale, cette colossale *fontaine en
cristal* qui n'est pas sans précédents dans les expositions universelles, mais qui n'en est pas moins, pour qui connaît les difficultés
de la fabrication, un véritable prodige industriel.

Bronzes d'art.

La section des bronzes, voisine de celle des cristaux, offre de
plus qu'elle un intérêt artistique, qui lui attire beaucoup de visiteurs. Mais il y a bronze et bronze, et tout ce qui porte ce nom n'a
pas la même valeur. Il est en outre beaucoup d'imitations ; des
zincs bronzés, des fontes galvanisées ; un œil peu exercé pourrait
s'y tromper, mais pas à l'Exposition où les plus beaux modèles sur
le métal le plus fin sont en regard de ces reproductions héré-
tiques.

Au bord de la rue de Flandre sont les œuvres, genre antique,
exposées par Lerolle ; des cuivres repoussés, des lustres et des candélabres fort beaux comme restauration du passé. On voit que nos
musées ont été explorés par les artistes de M. Lerolle.

Barbedienne, qu'on s'attend bien à trouver ici, est installé sous
un dais de velours vert. De grands vases cloisonnés de plus d'un
mètre de haut, en forme de tulipe, une armoire d'ébène avec ca-
riatides, colonnes et ornements en bronze argenté, très-riches de
ciselures, un miroir à facette vénitienne encadré de bronze argenté
avec émaux bleu clair sur bleu intense, puis les statues reproduites
des modèles classiques, et comme œuvres modernes, le chanteur
florentin, d'après P. Dubois, le buste de Bianca Capello, voilà ce
qui frappe à première vue dans cet étalage, sympathique à tous
les amateurs.

Les compositions si fines de Mène pâlissent un peu au milieu de
toutes les grandes œuvres que renferme l'exposition des bronzes.

Quant aux œuvres d'ameublement, garnitures de cheminées,
porte-flambeaux, candélabres et pendules, il y a profusion, il est
difficile de les citer, et puis les goûts sont si divers !

Écoutez, par exemple, l'opinion de plusieurs visiteurs devant
ces cheminées de marbres variés, garnis d'appliques en bronze.
Marchand en a exposé une des plus compliquées qu'il nous semble
avoir déjà vue à l'Exposition de Londres. Il y a des incrustations et
des ajoutures de toutes sortes. Sur le milieu du manteau une statue
d'or, au-dessous une tête de monstre vert tirant une langue rouge ;
partout des filets dorés aux méandres grecs. Eh bien ! tout le
monde n'aime pas ces mélanges ; mais il y en a qui les adorent.

Miroy frères. — Leur étalage abonde en porte-flambeaux, la plupart remarquables, sous leurs costumes de hallebardiers, de guerriers et d'anciens suisses.

Graux-Marly en a aussi, dans un autre genre, de fort sédui-
sants.

Boy, de son côté, qui oppose le zinc d'art au bronze d'art, nous
réconcilie avec le zinc par ces charmants porte-flambeaux ; chinoi-
series presque vivantes.

Mais hâtons le pas. La manufacture de Sèvres est près de nous,
et nous rend impatients.

Exposition des manufactures impériales de Sèvres, de Beauvais et des Gobelins.

Une des plus belles salles de l'Exposition, la plus complétement
satisfaisante pour le goût, est celle des productions unies de Sèvres
et des Gobelins. Là toutes les magnificences de l'art ! là tous les
enchantements de l'industrie décorative ; une alliance vraiment
princière de la peinture et de la plastique avec les délicates sou-
plesses du kaolin, avec les éclatants reflets de l'émail, avec les
nuances veloutées de la laine. C'est le « camp du drap d'or, » c'est
la cour plénière de la porcelaine et de la tapisserie. Il n'est venu
à cette royale entrevue que les souverains de l'ornementation.

Les vases de Sèvres ont des formes exquises ; la fantaisie les a
parés de ravissantes conceptions.

Ce qui paraît peu à peu abandonné, ce sont les peintures historiques, les reproductions de tableaux. Ce qui est plus nouveau, ce
sont les reliefs de *pâte sur pâte ;* entrelacements légers de fleurs,
de papillons, de colombes, de figures se détachant en saillies blanches, à demi transparentes comme celles d'un camée, sur un fond
délicatement coloré, le plus souvent en bleu clair. La plupart des-
sinés par GÉLY, quelques-uns par SOLON, ces reliefs ont pour l'œil
de véritables caresses.

Dans les peintures sur porcelaine, il y aussi cette année beau-

coup 'de sobriété' et de légèreté ; Barriat a peint d'après Hamon
de ces suaves compositions de femmes et de fleurs. Il a peint aussi
des Amours dormant dans de larges feuilles de pavots sur un fond
de pâte dure vivement nuancé de vert; c'est d'une admirable exécution. Autour de plusieurs vases il y a d'après Fragonard des
rondes d'amours jouant avec des animaux, de faunes, de bacchantes,
qui sont peintes en couleurs grisailles d'un fort bel effet.

Comme bas-reliefs en pâte dure, une autre ronde d'amours fort
animée. Comme purs effets de forme un immense vase, dessiné par
M. Nicolle.

Toutes ces merveilles de la porcelaine se détachent sur les tentures des Gobelins. Il y a beaucoup de variété dans les sujets de ces
tapisseries. Les uns sont inspirés de motifs très-sérieux de l'ancienne peinture, les autres sont d'un style léger et purement fantaisiste, presque toutes ont des nuances fondues, adoucies, comme
si la couleur était appliquée au pinceau.

Les autres manufactures françaises de porcelaine.

Limoges est un nom qui se présente de suite à l'esprit quand on
parle des porcelaines françaises. Les Anglais pour leur poterie
mettent en avant leur Staffordshire. Pour la porcelaine, nous avons
notre Limoges. C'est le centre le plus ancien, le plus considérable
de cette fabrication. C'est aussi le pays de kaolin par excellence.

Et puis l'art a fait sa trouée dans cette pauvre contrée limou-
sine, jadis si arriérée. C'est toujours le bienfait des écoles ouvrières.
Des fabricants intelligents ont fondé des cours, et non-seulement
des cours de dessin, mais des cours de grammaire, de calcul, de
sciences. Et comme toujours la noble semence a porté fruit. Ces
ouvriers, déjà si célèbres par la finesse de l'exécution, s'élèvent
peu à peu aux conceptions artistiques. On vantait la belle pâte,
blanche, unie, transparente des services de table limousins. On aura
à louer cette année d'heureuses tentatives de peinture, de visibles
progrès dans l'élégance de la forme, le style de l'ornementation.

Comme moyen décoratif, Limoges recourt volontiers à l'emploi
du biscuit. Le biscuit combiné avec la porcelaine émaillée se prête
à des effets décoratifs tels que la couleur ne rivalise pas toujours
avec avantage. Quant aux pièces coloriées, c'est un essai qui ne
date que d'hier. Ordinairement c'est à Paris que se centralise la
décoration des porcelaines. Maintenant à Limoges même, il s'est
ouvert des ateliers de peinture. Les produits qu'ils exposent nous
semblent de nature à les encourager.

Mais à Limoges ne sont pas nos seules manufactures de porcelaine. Nous comptons celles du Berry; les fabriques de M. Charles
Pillivuyt, à Melun-sur-Yèvre, à Noirlac, à Nevers. Ce sont des fabriques remarquables par leurs productions artistiques. Là aussi,

les combinaisons polychrômes de pâte sur pâte, sans coloration au
pinceau, donnent par l'alliance des tons, de très-beaux effets décoratifs. Ce sont le plus souvent des pâtes blanches sur fond céla-
don. Mais on en voit aussi sur fond rose ; on en voit même à couleurs variées.

A mesure que l'art se mêle davantage au métier, le public à son
tour devient plus difficile et plus connaisseur. Chez lui le goût s'é-
pure, comme chez l'ouvrier. Nous avons noté avec plaisir un dé-
dain presque absolu pour ces affreuses imitations des vieilles pâtes
noires décorées de camaïeu, pour les dorures entremêlées d'insi-
gnifiantes guirlandes qui semblent encore la prédilection des Anglais, pour toutes les postiches en général. Ne médisons pourtant
pas trop des imitations de porcelaines chinoises ou japonaises. Il y
en a qui prouvent une habileté surprenante.

Les faïences.

La faïence aujourd'hui est devenue une rivale pour la porcelaine. Une vogue récente, une sorte d'engouement pour les vieilles
terres émaillées du seizième siècle, ont excité nos fabricants à rivaliser avec les anciens faïenciers de Rouen et de Nevers. Ces fabricants, presque tous de la Haute-Vienne, ont formé une exposition col-
lective. On y retrouve un nom célèbre autrefois : Avisseau, mais
les faïences modernes, signées de ce nom , sont des copies serviles
de Bernard de Palissy, toujours des poissons dans des paniers, des
serpents sur des fougères. Cependant la mode a parfois du bon.
Elle a encouragé bien des pastiches, mais aussi a-t-elle produit un
réveil de la faïence, et quand des artistes comme ceux qu'emploient
Th. Deck, Auguste Jean, etc., s'emparent des traditions pour les
rajeunir, c'est un véritable progrès dont il faut se féliciter. Les
peintures et décors exécutés par Aug. Gouvion, sur un fond bleu
vif ou vert pâle, sont aussi très-dignes de cette salle véritablement
riche dans son ensemble.

Greil et Montereau ont formé un très-bel étalage. Nous remarquerons des peintures et décors d'Auguste Gouvion sur fond bleu
vif ou vert pâle; des figures qui ont cette légèreté de nuances à
faire envie au pinceau d'Hamon.

Citons encore : Laurin, qui s'est adonné aux peintures jaune-brun
du style ancien; Utyschreider, qui a de très-riches coloris , et dont
les faïences font honneur à la manufacture de Sarreguemines;
Boutigny, qui peuple ses vases de hérons aux longues pattes, au long
col ; Barbizet, lointain imitateur de Palissy; il est du moins
mieux à sa place ici que dans la section des meubles; Pull, qui présente les meilleures initiatives du genre renaissance.

On peut être étonné au premier abord que les poteries du
Japon soient dans cette salle. Mais on le sera encore bien plus,
quand on saura que ce *Japon* est tout français. La signature du

fabricant ne laisse aucun doute ; et cependant quelle identité !
L'imitation peut-elle être poussée jusqu'à de telles ressemblances !

Orfévrerie française.

Circule qui pourra dans les salles consacrées à l'orfévrerie, c'est
une des plus fréquentées. A voir avec quel entrainement les regards se portent d'eux-mêmes à ces étalages scintillants, il nous
semble que ce serait naïf à nous d'en faire l'éloge.

On entoure beaucoup les *surtouts de table de* Christophle et Cie. Ce
sont morceaux de princes ou de rois. Les immenses surtouts ne
pouvaient couvenir qu'à des demeures souveraines, ou bien aux
fêtes d'une capitale. L'un appartient en effet à l'Empereur ; l'autre
à la ville de Paris. Celui-là représente d'une manière mythologique
cet empire de Thétys où nageaient des dauphins et des tritons aux
conques marins, les chevaux de Neptune semblent vouloir s'élancer
hors de l'Océan figuré par un plateau d'argent poli, généralement
couvert de poussière. Au milieu flotte un navire triomphal, ce navire est l'emblème de Paris.

Et de Froment-Meurice, ne direz-vous rien? va-t-on nous demander. Nous dirons que leurs vitrines ont des richesses qui dépassent l'attente ; il faut en laisser toute la surprise aux connaisseurs.

Faunières frères ciseleurs et sculpteurs, ont donné de très-
jolis modèles et très-variés ; ils excellent dans tous les genres :
coupes, boucliers, statuettes, aiguières, bijoux, services à thé,
tout ce qui sort de leurs mains a un cachet d'élégance qui déses-
père les nations rivales.

Lepec, lui aussi, a des œuvres charmantes et chose plus rare,
des émaux de grand feu sans bosselures, sans coulage, d'une égalité de coloris parfaite.

Marrel fils a exposé une *bataille des amazones* en argent très-
finement fouillé. On admirera dans un autre genre le maître-autel
en bronze doré et émaillé que les ateliers de Poussielgue-Rusand
ont préparé pour la cathédrale de Quimper.

Nous touchons à la fin de cette galerie. A notre droite nous avons
la **coutellerie** qui constitue pour la France une richesse d'environ
20 millions. — Puis la **parfumerie**, qui occupe une fort belle salle,
et en rend le séjour agréable par mille séductions. L'atmosphère
y est imprégnée de mille odeurs toutes plus suaves les unes que
les autres. C'est une des salles où les exposants et les exposantes
font le mieux les honneurs de leur chez eux. Prêts à toutes les ex-
plicatious (que ne sont-ils partout de même !) ils poussent les pré-
venances jusqu'à vous faire présent de petits flacons d'eau de Cologne.

A notre gauche, nous trouvons après les **articles de Paris**, tabletterie, maroquinerie, vannerie, etc., des **appareils de chauffage et d'éclairage** et enfin l'**horlogerie**, qui n'est pas la moins curieuse des industries, tantôt par ses prodiges de précision, tantôt par ses combinaisons variées, et aussi par son alliance perpétuelle avec les arts qui s'efforcent d'embellir ou de dissimuler le mécanisme de ses ressorts. L'exposition des horloges serait donc à visiter, mais elles nous rappellent que l'heure s'avance ; et nous avons encore tant à parcourir !

GALERIE DU MATÉRIEL ET DES APPLICATIONS DES ARTS LIBÉRAUX.

Librairie, imprimerie, papeterie.

Reprenons-nous notre point de départ habituel, le *grand vestibule ?* Nous voyons à l'entrée de la galerie II, sanctuaire des arts libéraux, deux magnifiques reposoirs, symétriquement disposés à droite et à gauche. Ce sont les maisons de librairie de M. Hachette et Cie, et Mame de Tours qui ont installé sous ces tentures leurs éditions les plus luxueuses : le *Don Quichotte*, le *Dante* et la *Bible* de Gustave Doré. Plus loin nous trouverons les publications religieuses de la librairie Curmer.

Nous n'entreprenons pas de citer tous les noms dont la librairie française s'honore [1]. Ce qu'il importe de constater c'est qu'aucune nation ne fait mieux et que rien n'est injuste comme le préjugé qui met nos livres au second rang. S'ils laissent à désirer parfois sous le rapport de l'élégance, s'ils sont imprimés sur papier médiocre, et revêtus de trop modestes reliures, on oublie qu'alors leur supériorité est dans leur prix; ils dépassent en bon marché tout ce que pourrait fournir d'équivalents l'Angleterre ou l'Allemagne. Mais quand il ne s'agit plus d'éditions populaires, quand il faut tout sacrifier à l'art, au goût, au luxe, c'est alors un autre honneur que nous revendiquons : celui d'avoir les meilleures exécutions typographiques, les plus belles illustrations, l'ornementation la plus finie et la plus artistique.

La *lithographie*, on l'a dit depuis longtemps, est un art français par excellence ; on peut se convaincre de la vérité de cette proposition en examinant parmi les produits de l'imprimerie Lemercier, les lithographies de Leroux d'après Decamps, Delacroix et les autres maîtres modernes. M. Goupil a exposé un cours de dessin d'après les maîtres qui mérite une mention particulière.

L'*Imprimerie impériale* doit être citée la première quand il est

---

1. On comprend qu'il nous est difficile de parler de nos éditeurs. Bornons-nous à dire qu'ils occupent dans cette classe 6 plusieurs vitrines (première salle à droite), et plusieurs vitrines aussi dans les classes 89 et 90 (groupe X).

question de typographie. Elle doit cet honneur, non pas à sa situation officielle, mais à la valeur réelle de ses produits; le tableau des principales formes graphiques employées par les peuples anciens et modernes, y compris les hiéroglyphes égyptiens; la carte géologique de la France, qui peut, croyons-nous, supporter la comparaison avec les spécimens de la cartographie allemande.

Une curieuse collection : la suite complète des timbres-poste de l'Empire, de M. Hulot.

A moins d'avoir des semaines entières à dépenser ou des études tout à fait spéciales à faire, qui entreprendra l'excursion à travers la **papeterie**, et cependant ses produits très-remarquables sollicitent l'œil de toutes parts. Il y a là des registres de commerce ornés de cuivre et même d'argent qui font espérer qu'on n'y consignera que des bénéfices; des papiers de toutes couleurs si engageants qu'il semble qu'un chef-d'œuvre doit y être facilement écrit au courant de la plume. Les pays étrangers sont nos tributaires pour les **couleurs** à l'huile, les pastels, les toiles et la brosserie employés dans les arts. Nous allons même aujourd'hui attaquer l'Angleterre sur un terrain où elle a longtemps triomphé seule, celui des couleurs à l'aquarelle. Voir les produits éclatants de MM. Haro, Paillard et Cie. Les maquettes pour peindre les draperies et servir de modèles se perfectionnent: il y a surtout un groupe de Bonel qui donne avec aisance tous les mouvements désirables.

Photographie.

Plusieurs nations jalouses contestent à la France le génie inventif. On lui accorde une rare facilité pour embellir et perfectionner, on lui refuse la puissance de concevoir et de créer. Les Anglais revendiquent l'invention de la vapeur. Mais que diront-ils du daguerréotype? Ils sont bien forcés de concéder à des Français Niepce et Daguerre, l'honneur de cette découverte qui rayonne aujourd'hui sur le monde civilisé. L'idée française a fait son chemin, elle est devenue partout l'auxiliaire des arts, de l'industrie, de la science; l'archéologie l'appelle à son aide pour la reproduction des monuments les plus lointains; comme ceux de l'Inde (voir l'exposition anglaise de l'histoire du travail), l'ethnographie, pour rapprocher les types les plus divers des races humaines, ceux des nègres de la Cafrerie (portraits qu'on a placés dans un chalet du Parc), ceux des Mongols, ceux des Esquimaux, ceux des peuplades océaniennes. La photographie, sur les cimes les plus élevées des glaciers, comme dans les climats les plus brûlants de l'équateur porte partout le nom de la France. Mais ce n'est pas seulement par raison de patriotisme que nous lui devons notre attention. Ses résultats sont merveilleux, ses progrès aussi. Comme nous sommes loin de 1824!

Les premiers essais de Nicéphore Niepce en 1824 se trouvent à

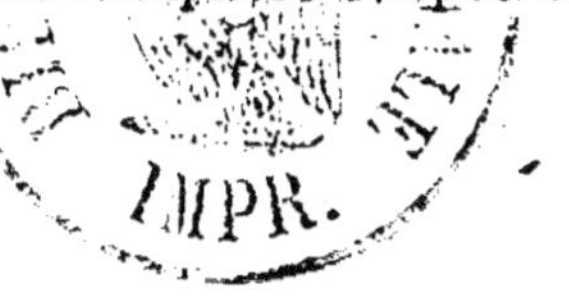

l'Exposition ; c'est une épreuve héliographique obtenue sur planche d'étain. Plus tard, en 1848, au moyen de l'albumine, M. Niepce de Saint-Victor obtint une épreuve négative sur verre ; puis nous voyons des spécimens de gravure sur acier , et même sur marbre.

Les meilleurs photographes de Paris sont là. L'un d'eux, M. Jamin expose une nouveauté : des portraits sur porcelaine. Un autre, M. Poitevin, l'un de ceux qui font marcher la science au secours de l'art, des applications de l'encre grasse à la reproduction phototypique ; M. Deroche, des épreuves soit noires soit coloriées sur émail ; miniatures qui peuvent s'utiliser pour la bijouterie ; portraits qui ont l'avantage d'être inaltérables. Parmi ces émaux il en est un qui reproduit un tableau d'Hamon. On va l'admirer.

Ce qu'on a reproché aux images photographiques, c'est d'être peu durables ; elles s'effacent avec le temps. Plusieurs chimistes ont cherché à les rendre indélébiles même sur papier. MM. Braun, par exemple, Poitevin, Tessié du Motay et Maréchal.

On n'aura jamais fini d'inventer. Voici qu'il se fait des vitraux photographiques. Recommandons à l'attention les vitraux sur albumine de Soulier, photographe de l'Empereur. Ces vues transparentes ont un fini incroyable et toutes leurs qualités se révèlent lorsqu'on les voit au travers du stéréoscope d'Hermagis. L'illusion est complète, le relief des objets s'accuse à chaque seconde que l'œil fixe l'image.

Les applications du dessin et de la plastique aux arts usuels méritent un examen ; c'est là que se marque mieux que partout le trait d'union qui unit chez nous l'art à l'industrie. Voyez les gravures sur métaux obtenues par des procédés nouveaux de Comte, les dessins pour broderies de Reech frères, les dessins pour joaillerie et bijouterie de Victor Huy.

Un art, qui avait pour ainsi dire disparu, et qui revient en honneur depuis quelque temps à la suite des préoccupations archéologiques de l'époque, est celui de la *poterie émaillée*. MM. Collinot et Cie ont du premier coup rattrapé les maitres anciens, rien n'est gracieux comme leur pavillon où s'étalent des vases à dessins orientaux, persans, chinois, étrusques ou renaissance. Félicitons-les très-sincèrement, tout cela est du meilleur goût. Il est juste d'ajouter que M. le comte Adalbert de Beaumont leur a communiqué les motifs persans qu'il a rapportés de ses voyages.

Musique.

Il ne sera jamais difficile de trouver dans le Palais la section affectée aux instruments de musique. Prêtez l'oreille. « Leurs voix vous appellent. » On entend de loin leurs accords vibrants, leurs bruyantes rivalités. Les pinsons et les canaris ne se disputent pas autrement la palme du chant ; c'est à qui couvrira les roulades les autres. Au milieu de toutes ces notes entrecroisées que les *essayeurs* lancent à la fois il y aurait du mérite pour un simple amateur à distinguer qui peut prétendre à la supériorité. On l'accorde cependant généralement à la France. On convient que de tous les pianos exposés dans le Champs de Mars, aucun ne peut lutter pour la beauté et l'égalité du son avec les Pleyel et avec les Erard. Les pianos étrangers ont beau déployer un grand luxe dans leur enveloppe extérieure, ils sont vaincus même sur ce point, et deux pianos appartenant l'un à M. Erard, l'un à M. Henri Herz, du prix de 32 000 francs chacun, font la juste admiration du public. Parmi les autres instruments de musique on peut surtout citer ceux de MM. Saxe et Gauthrot.

Mais des instruments à manivelle, qui peuvent au choix servir de piano aux artistes, ou d'orgue de Barbarie aux patients, et qui permettent aux *dillettanti* d'entendre de la musique même en l'absence de musiciens, voilà forcément ce qui devait avoir les faveurs de la foule.

Parmi les méthodes d'enseignement musical, il faut parler du *tableau mobile* de M. Pauraux, à l'aide duquel les élèves apprennent très-facilement à connaître la constitution de la gamme par intervalles diatoniques, chromatiques, et enharmoniques ; des tableaux de lecture musicale dus à M. Édouard Batiste ; *du clavier déliateur* que M. Joseph Grégoire a inventé pour les jeunes étudiants dans l'art du piano ; et enfin d'un *loto musical* à l'aide duquel les enfants apprennent sans peine et avec plaisir la science si difficile de la musique.

Art médical.

Les hommes spéciaux visiteront avec plaisir la classe 11 qui contient les instruments de l'art médical ; l'exposition française en ce genre est sans aucun doute la plus complète qui existe dans l'enceinte du Palais, et les médecins de tous les pays reconnaissent la supériorité des instruments sortant de chez MM. Charrière, Luer et Mathieu.

En face de la coutellerie chirurgicale, figurent les **appareils de bains** ; et non loin de là l'exposition des **appareils dentaires**.

Le dentiste Preterre expose une belle collection de rateliers. Il sera l'idole des femmes qui veulent avoir un beau sourire, des gourmands, à qui il rendra la force de croquer des dragées, des bavards enfin, car il promet des *mâchoires qui feront parler*.

Ne fuyez pas la vue de ce cheval couché, de tous ces corps mis au vif. Ces *pièces*, ainsi s'exprime la science, ces membrures dénudées, appartiennent à l'**anatomie clastique** du docteur Auzoux, dont le nom est aujourd'hui européen. Les modèles sont composés de morceaux solides qui peuvent aisément se monter et se démonter, et s'enlever une à une comme dans une véritable dissection.

Instruments de précision.

Une merveille, c'est *l'arithmomètre ou machine à calculer* de M. Thomas, de Colmar, au moyen de laquelle les personnes les moins familiarisées avec les chiffres peuvent faire des opérations très-compliquées. Que penseraient les Chinois de cette invention ? eux qui aiment mieux faire agir leurs doigts que leur tête, et qui depuis longtemps confient à des machines le soin de calculer pour eux.

Instruments de physique, etc. — Beaucoup de ces instruments très-savants sont là, oisifs, les bras balants; eux, qui pourraient causer de si vives surprises, s'ils montraient leur savoir-faire, s'ils fonctionnaient « seulement un tantinet, » ils en sont réduits, immobiles sous leur carapace de fer et de cuivre, à n'étonner le public que par leur forme bizarre.

Combien de visiteurs en passant devant la gigantesque bobine de Rhumkorff où s'enroulent 150 mille mètres de fils de laiton, songeront-ils qu'elle peut produire des étincelles électriques longues d'un demi-mètre ; bientôt la foudre, si cela continue.

Et ces télescopes, dans lesquels on ne regarde pas? c'est dommage. Au lieu des planètes, ce sont eux que l'on regarde, et encore avec la pensée unique chez plus d'un visiteur, de s'assurer si « ces grands tubes » ne dépassent pas en grosseur les canons prussiens.

LE GROUPE X.

On a beaucoup parlé du dixième groupe; on a eu raison. C'est une des plus nobles idées que l'Exposition puisse féconder que celle de pourvoir à l'amélioration morale et physique des classes populaires, c'est un sérieux appel à la sollicitude de tous.

Ce groupe a pour objet de mettre en lumière tout ce qui peut servir à relever, à fortifier la condition des travailleurs. Il comprend l'enseignement, l'alimentation, le bien-être accessible à tous, la grande question des logements à bon marché, des cités ouvrières, les institutions créées par les chefs d'industrie.

Ainsi comprise, l'idée de cette exposition, à peine ébauchée en 1855 sous le nom de classe d'économie domestique, est une innovation qui fait honneur à l'année 1867. N'est-ce pas un devoir, une loi pour l'humanité de viser sans cesse à se perfectionner, d'anoblir et d'égaliser pour tous les conditions de l'existence? Quelle serait hors de là le sens des expositions universelles? A moins de mentir à leur idée philosophique, elles doivent être comme un inventaire général des moyens dont dispose chaque nation pour augmenter la prospérité générale et étendre à tous le bienfait des progrès accomplis.

Les expositions jusqu'ici semblaient encourager de préférence les

objets de luxe, que leur prix met hors de la portée de bien des
bourses. Certes ce côté de l'industrie n'est nullement à dédaigner,
c'est lui qui fait progresser les arts industriels, qui leur donne un
cachet artistique et les empêche de retomber dans le matérialisme
grossier, tendance ordinaire des civilisations rétrogrades; aussi les
gouvernements, les riches amateurs ont-ils cent fois raison d'encourager ces essais que la mode prend ordinairement sous son
patronage. Mais le but de l'industrie, et par contre celui des expositions, est avant tout de populariser ces découvertes, et d'en faire
profiter le plus grand nombre. C'est ce qu'a compris la Commission
en formant un groupe à part de tous les objets de consommation
usuelle qui ont résolu le difficile problème du bon à bon marché :
tandis que les autres groupes appartiennent au luxe, celui-ci rentre
essentiellement dans la vie pratique, et on n'a pas moins voulu
récompenser les industriels qui avaient atteint ce résultat, que les
signaler au public, pour lequel cette connaissance ne sera pas sans
utilité. Ce groupe, dans lequel rentre une foule d'objets divers,
se trouve dans la section française immédiatement avant les produits de l'Algérie et des colonies. Dans l'intérieur du Parc il comprend les **maisons ouvrières** à bon marché dont nous avons parlé
à leur place ; sous le promenoir une salle lui est réservée, contenant toutes les **matières alimentaires** de bonne qualité et de prix
inférieur, telles que chocolat, pâtes d'Italie et autres.

Dans la section des machines il comprend l'**organisation du travail** dont nous avons également parlé en son lieu et place. Dans
l'intérieur de l'exposition, il commence d'abord par la salle des
costumes populaires qui, avec raison, est une des plus visitées.
C'est toute la France d'autrefois qu'on retrouve dans ces personnages si vivants et d'une scrupuleuse fidélité. Nous ne voulons pas
faire le procès au costume moderne ni à la tendance unitaire à
laquelle il a obéi, mais parmi ceux usités jadis on en trouve de très-
gracieux. Les bretonnes surtout sont charmantes sous leur riche
bonnet de dentelles, et leur voyante parure de grenats ; toutes
d'ailleurs n'y ont pas renoncé, et il n'est pas rare de voir en contemplation devant ces galeries une riche habitante du Finistère qui
a encore conservé la coiffure traditionnelle. Tout auprès l'exposition des draps d'Alsace et celle de la *Belle Jardinière* témoignent
des résultats avantageux auxquels on est déjà arrivé en ce genre,
et auxquels il est permis à tous de participer. En remontant vers le
centre, on trouve toutes sortes d'objets appartenant au mobilier,
voir même au luxe, établis dans les mêmes conditions, et dans la
dernière salle, celle de l'enseignement, peuvent se voir les progrès
accomplis dans cette partie mère et source de toutes les autres.
N'oubliez pas de voir dans ce même groupe, plusieurs pièces exé-
cutées par divers ouvriers ; c'est un souvenir de l'ancien chef-.
d'œuvre exigé jadis de la part des ouvriers qui voulaient devenir
maîtres : si les jurandes et les maîtrises n'ont plus leur raison d'être,

il n'en est pas de même de ces ouvrages qui aidaient toujours au
perfectionnement de l'art et à celui de l'ouvrier. Cette exposition
du groupe X est à la fois instructive et profitable ; au public elle
peut donner des indications précieuses, au penseur, à l'économiste
des notions sur l'état actuel de l'économie sociale, grand problème
que les sociétés de secours mutuels et les sociétés coopératives
font chaque jour de louables efforts pour résoudre d'une façon satisfaisante.

COLONIES FRANÇAISES ET ALGÉRIE.

Notre exposition algérienne se déploie très-bien. Celle de nos
autres colonies se voit moins ; elles sont difficiles à trouver dans
cette classification méthodique de tous les produits.

L'individualité de nos colonies disparaît un peu, amalgamée
dans ce vaste ensemble. Nos possessions du Sénégal, la Guadeloupe, la Martinique, la Réunion, la Nouvelle-Calédonie, que sont-
elles devenues morcellées sur ces quatre pyramides chargées de
les représenter ? Les indications manquent pour les curieux.

Les éléments d'un orchestre qu'on pourrait croire primitif ; gui-
tares, tam-tam, et autres instruments qui rivalisent pour les sons
bruyants et les sons discordants ; il faut pour les supporter des
oreilles de nègres et un amour tenace de la musique.

Beaucoup de reliques *de l'âge d'or*, dirait Ovide, de *l'âge de pierre*,
disent nos savants, de cette époque en un mot où la civilisation
modeste encore était à la portée de tous les peuples ; tous semblables
à cet égard par une même simplicité, ils avaient des idoles, des
armes, des ustensiles en pierre pour la fabrication desquels les procédés variaient peu d'un pays à l'autre. Une exposition internationale dans ce temps eût été passablement monotone, mais d'ailleurs encore plus inutile.

Leurs divinités ont aussi partout un air de famille, une laideur
commune, une accumulation de tout ce que le cerveau le plus bis-
cornu peut rêver de rebutant, de disgracieux, d'épouvantable.

Des casse-têtes, des tam-tam, des fétiches hideux. Voilà donc
d'où partent les hommes pour en arriver à notre industrie, à nos
arts, à nos croyances.

Dans l'exposition algérienne se trouvent quelques spécimens
d'ameublements indigènes, notamment un lit à colonnes et balda-
quin, dans le style tunisien pur ; on remarquera aussi deux fauteuils en tapisserie, brodés dans l'ouvroir des jeunes mauresques.

Des peaux préparées représentent les principaux animaux de
l'Algérie, lion, panthère, chat-tigre, hyène et chacal ; enfin dans
un petit kiosque carré des armes incrustées d'argent et de corail,
dans une salle voisine un beau trophée, des harnais, des bijoux en
filigrane et en corail, complètent l'exposition industrielle de l'Algérie.

L'exposition agricole occupe trois salles; la première est consacrée à la coutellerie d'Oran et aux tabacs indigènes, la deuxième,
contenant les produits agricoles proprement dits, est ornée de
fresques représentant des paysages algériens, et l'on y goûte des
liqueurs du pays, offertes par deux jeunes filles, auxquelles il ne
manque pour paraître tout à fait charmantes qu'un costume moins
européen.

Dans la troisième salle, dont les colonnes imitent des palmiers,
sont exposés les échantillons des diverses essences qui peuplent les
bois de l'Algérie. On admire surtout un plateau circulaire taillé
dans un beau cèdre de la forêt de Teniet-el-Haad qui avait près de
cinq siècles d'existence. Contre une des murailles, on voit des modèles de parquets et de tables de billard, en chêne-liége.

Tout le pays kabyle est particulièrement riche en oliviers; la vallée de la Souman et celle de l'Ajeb dans la province de Constantine,
en possèdent de vastes plantations. Mais les moulins des indigènes
pour la fabrication de l'huile étaient défectueux. Un habitant
d'Alger M. Modeste Garro a créé une usine à la française dont les
produits figurent à l'Exposition.

Le comité de Teniet-el-Haad a envoyé des madriers de cèdre,
des blocs de thuya, des blocs de chêne vert.

Le service des mines d'Alger : des blocs de porphyre.

Citons aussi des armes du Sénégal et du Gabon, des coffrets et
des éventails en plumes de Pondichéry, un meuble en bois violet de
la Guyane, une magnifique table en bois de *porcher* (fabrique de
Yanaou), enfin des figurines coloriées représentant un cortége de
mariage indien.

L'île de la Réunion n'a pas voulu doter seulement de ses produits notre Champ de Mars ; elle s'y est transportée elle-même,
on peut le dire, sous la forme d'un album plein d'intérêt, publié
par les soins de M. Roussin. Là nous connaîtrons ces établissements
prospères, ces richesses, ces curieuses antiquités, cette nature
exubérante, pleine de séve, qui caractérise l'heureuse colonie.

De la Nouvelle-Calédonie, de la Guyane, du Gabon, il a été rapporté des herbiers, qui feront les délices des botanistes, il y a
pour eux des trouvailles ; les plantes de ces collections, on le pense
bien, ne sont pas de celles qu'on recueille dans le bois de Bou-
logne.

Ce qui s'étale surtout orgueilleusement sur le territoire colonial
ce sont les divers bois, bois de senteur, bois d'ébénisterie, riches
de nuances, larges de dimension, ce sont les bambous, les feuilles
végétales, les aromes, les fruits que la nature dans ces pays semble avoir tenus en réserve pour une civilisation raffinée.

BELGIQUE ET PAYS-BAS.

Pour celui qui ne parcourt l'Exposition qu'au point de vue pittoresque, qui n'est curieux que des inventions nouvelles, ou des détails de mœurs de chaque pays, mais qui ne se soucie pas de comparer entre eux les produits similaires des diverses nations, les Pays-Bas n'offrent qu'un mince intérêt. La Belgique est une seconde France, par ses mœurs, ses institutions, ses coutumes et ses produits: aussi son industrie n'attire l'attention que dans les rares spécialités où elle nous est sinon supérieure, du moins égale.

Les métallurgistes trouveront dans la salle des matières premières des échantillons des mines qui abondent dans la Belgique, et on peut s'arrêter devant une **pyramide d'argent**, indiquant, comme la pyramide d'or d'Angleterre, la quantité de ce métal qui a été arraché du sein de la terre. Si cette salle ne trouve que peu d'amateurs, en revanche celle qui est auprès est toujours pleine. C'est là que Bruxelles, Malines, Ypres ont envoyé leurs magnifiques **dentelles**, devant lesquelles mainte promeneuse s'arrête en rêvant. Sans doute les dentelles de Belgique n'ont plus la réputation extraordinaire dont elles ont joui autrefois, alors qu'elles avaient la clientèle privilégiée des têtes couronnées, lorsque les rois en portaient encore; depuis, des fabriques rivales se sont élevées, les machines sont venues, et la dentelle, cet ornement jadis essentiellement aristocratique, aurait perdu beaucoup de son prix en se démocratisant. sans la coquetterie féminine qui lui conserve ses faveurs, tout son prestige. De si grandes révolutions dans l'art du costume ont apporté des modifications à la fabrication des dentelles, et Rubens, Van-Dick ne reconnaîtraient plus celles qu'ils admiraient jadis au cou des souveraines dont ils faisaient le portrait. Tournay produit sans doute de fort jolis tapis, mais ils sont loin de pouvoir lutter contre ceux d'Aubusson, car pour ceux des Gobelins il n'en faut pas même parler. Nos constructeurs de maisons feront bien d'aller voir les **cheminées** exposées par la Belgique ; cette partie de l'ornementation est trop négligée même dans les appartements où le plus grand luxe est déployé. Il n'est pas un recoin dont on ne cherche à dissimuler les angles, à combler le vide, mais les cheminées restent toujours les mêmes, roides, monotones, et sans que jamais la fantaisie songe à s'y déployer autrement que par des dessus de velours rouge avec des clous dorés.

La Belgique est par excellence le pays des objets en bois sculpté ; tous ceux qui **ont** visité ses églises se souviennent de ses chaires, de ses stalles de chœur dont le travail est si merveilleux. Une chose étonne, c'est qu'elle n'ait pas envoyé davantage de ces objets qui sont le vrai produit de son industrie. Un **buffet** et une **chaire** voilà tout ce qui à l'Exposition universelle représente ce genre d'industrie.

Quelques curieux s'arrêteront devant les coffrets, boîtes et autres objets en bois de Spa qui tirent leur prix des peintures dont ils sont couverts. A titre de curiosité ils peuvent figurer dans le Champ de Mars, mais leur place est plutôt à Spa d'où le voyageur les emporte comme souvenir, et cette valeur fictive est bien supérieure à leur valeur réelle. Aussi l'inventeur peu ingénieux qui a imaginé d'en faire des colliers, des broches et autres ornements, court-il grand risque d'en être pour ses frais. Dans la même salle on peut remarquer une copie de l'hôtel de ville de Bruxelles découpée dans un bloc de liége. Voilà un brave homme qui s'est donné beaucoup de mal bien inutilement, et la plupart préféreront à cette œuvre si longtemps travaillée, une photographie que l'objectif obtient en l'espace de cinq secondes. Remarquez tout auprès ces fruits, ces poires surtout où l'art imite si parfaitement la nature. Ici du moins il y a une utilité incontestable, et nombre d'amphytrions vous expliqueront comment ces fruits se trouvent toujours être bon marché, quel que soit le prix qu'on les ait payés.

L'objet sinon le plus intéressant, du moins celui qui attire le plus de toute cette salle, c'est la **pendule** à sujet qui occupe le milieu de la pièce :

Cette pendule est placée au milieu d'un monument représentant le palais de Napoléon à l'île d'Elbe. La façade est en cuivre doré.

Au-dessus du palais se trouve une sorte de donjon, où l'Aigle déployant ses ailes est chargé de sonner les heures. La machine représente dans son ensemble l'île d'Elbe ; la mer et le continent. A gauche de l'île on voit le port de Cannes, à droite la ville de Paris.

Les heures sont sonnées par l'Aigle.

A la première heure, l'Empereur sort de son palais, avec sa suite et fait le tour de l'île ; puis il monte à la tour pour voir la mer et la trouvant libre il descend pour s'embarquer avec ses troupes.

A la seconde heure il est embarqué sur trois bâtiments de guerre ; il passe la mer pour débarquer à Cannes.

A la troisième heure l'Empereur sort de Cannes, monté sur son cheval blanc, suivi de ses troupes, d'une pièce d'artillerie et d'un fourgon attelés. Il parcourt le continent et fait enfin son entrée dans sa bonne ville de Paris.

Les salles voisines renferment plus spécialement des produits de la Hollande ; il faut surtout remarquer les **transparents** pour portes ou fenêtres dont les couleurs et le dessin sont également dignes d'éloges nous n'avons rien à opposer à ces peintures sur verre. Tout auprès est un **pupitre de musique** dont un mécanisme ingénieux permet à l'exécutant lui-même de tourner ses pages, sans interrompre son jeu. Il est à regretter que la Hollande, si intéressante à visiter n'ait pas trouvé à faire de plus nombreux envois à l'Exposition universelle. Mais elle a fait venir de l'île de Java une collection originale d'armes et d'instruments de musique.

Les photographies belges méritent une visite soit pour les sujets, soit pour l'exécution matérielle.

La suite des reproductions des tableaux du peintre WIERTZ, qui vient de mourir il y a quelques années, nous donne occasion de voir l'ensemble de son œuvre.

PRUSSE ET ALLEMAGNE DU NORD.

La Prusse est, après la France et l'Angleterre, le pays qui occupe la plus grande place au Champ de Mars : la richesse de ses mines, l'importance de son industrie métallurgique et surtout les autres pays qu'elle s'est annexés, dans l'intérieur de Champ de Mars, suffisent pour justifier le vaste espace qui lui a été accordé. Pour s'en convaincre, on n'a qu'à pénétrer dans la galerie des matières premières : à l'entrée même se trouve une vaste **grotte** formée de blocs extraits des salines de Silésie. Ces mines sont si considérables qu'on a pu y prendre et y tailler régulièrement ces blocs, comme s'il se fût agi d'une carrière de pierre. La grotte a une assez grande étendue, elle pourrait contenir deux personnes, et on y monte par deux degrés. Une pyramide de *charbons* est placée tout auprès comme pour témoigner que les mines de houille ne sont pas inférieures aux salines. Regardez cette grande vasque en bronze, ce rideau de plomb, qu'on s'attend à voir soulever par le vent, cette vitrine entièrement remplie de véritable bleu de Prusse, cette autre qui renferme une collection d'opium aussi variée que complète, enfin un beau bloc de sel gemme cristallisé, et vous aurez les richesses minéralogiques de la Prusse et des États qu'à l'Exposition du moins, elle remorque après elle. Tous ces pays, rangés sous le drapeau prussien, Bavière, Wurtemberg, Saxe et duché de Bade, ont pourtant leur originalité et leurs produits particuliers.

Les poupées de Nuremberg.

La Bavière a ses *joujous de Nuremberg* qui tiennent toute une salle dans la galerie de vêtements. Quand on les parcourt attentivement, on est obligé de se reporter à plusieurs siècles en arrière, si l'on veut comprendre la réputation dont ils ont si longtemps joui. Nulle nouveauté dans l'invention, nulle ingéniosité dans les détails : toujours de petits bons hommes de bois roidement plantés dans un salon ou dans une salle à manger ; c'est l'art dans son enfance qui s'est bien gardé de progresser. Une chose frappe surtout : c'est que l'armée, le soldat, tout ce qui regarde la guerre en un mot forme le plus grand nombre de sujets. L'influence prussienne se serait-elle déjà exercée sur les fabricants de Nuremberg? La pièce importante, celle qui a été évidemment composée pour figurer au Champ de Mars, est le **carrosse** traîné par huit chevaux dans lequel sont assis l'empereur et l'impératrice. Ces joujoux et deux magnifiques **vases** de grandeur colossale, tel est le bilan de la Bavière.

Le Wurtemberg a moins encore, puisqu'il ne se recommande que par ses tôles vernies et peintes, dont l'usage devrait bien s'introduire chez nous, au lieu des horribles plateaux qui nous servent encore, article dans lequel notre industrie a de grands progrès à faire. Je ne parle pas de ses pianos; ils ne sont ni pires, ni meilleurs que la plupart de ceux qui figurent dans le Champ de Mars, et ne se font guère remarquer que pour être joués un peu plus souvent que les autres; je conseille seulement à l'amateur de jeter un coup d'œil sur l'instrument de forme antique, appelé sistre, qui s'étale sous une vitrine et pourrait bien y rester longtemps. Il faut savoir gré au Wurtemberg de nous avoir envoyé les plans, dessins et modèles de 46 de ses écoles.

Les coucous badois.

L'exposition du grand-duché de Bade, voisine de celle de la Bavière et du Wurtemberg, a le privilége d'attirer toujours beaucoup de monde, et pourtant il n'y a ni roulette ni tapis-vert. Des trois salles qu'elle occupe, les deux premières sont remplies par une collection très-curieuse de *coucous* de la forêt Noire. C'est plaisir de voir tous ces cadres en bois noir sculpté, affectant les formes les plus diverses, sur lesquelles des aiguilles en ivoire promènent leurs longues pattes blanches, d'entendre le tic-tac régulier de tous ces mouvements en activité, d'assister aux mécanismes plus ou moins ingénieux mis en jeu par l'heure qui sonne, mais dont le plus ordinaire est un coucou qui entr'ouvre sa porte, vient jeter son cri étrange et se replonge dans sa cachette. Quelques-unes de ces horloges, quoique fabriquées d'après un modèle à peu près uniforme, portent les traces d'un curieux et ingénieux travail.

En allant à la salle suivante, on voit un riche **buffet** en bois sculpté, une belle **glace** de Manheim, un **meuble** en ébène incrusté d'ivoire, et un lit construit sur le modèle de celui où fut si longtemps étendu Garibaldi. Cette dernière salle, trop petite à certaines heures pour la foule qui l'assiége, contient deux

Orchestrions.

L'orchestrion est une espèce d'orgue de Barbarie perfectionné, et qui a même des prétentions de s'élever jusqu'à l'orgue, à voir les tuyaux qui dominent sa face principale. Le compositeur a essayé de rassembler tous les sons divers d'un orchestre dans cet instrument qu'on ne tourne pas comme l'orgue de Barbarie ou la serinette, mais dont le cylindre est mis en jeu par des contrepoids, comme dans le carillon du Parc. On entend, en effet, une assez grande variété de sons, la flûte, la clarinette, voir même le tambour, ce qui permet d'exécuter avec assez d'à-peu-près les ouvertures les plus brillantes. L'orchestrion a huit cylindres, sur chacun desquels six airs différents sont gravés, ce qui lui permet de compter 48 morceaux dans son répertoire. L'orchestrion est fort goûté du public, mais une chose empoisonne son triomphe : c'est d'être contigu aux pianos wurtembergeois, grâce auxquels il lui est difficile de trouver un moment pour se faire entendre, et cet empressement de chacun des deux instruments, à saisir le moment où l'autre s'arrête pour commencer à son tour, ajoute encore une comédie aux plaisirs du public. Ceux que la description de l'*orchestrion* aurait pu inquiéter pour leur repos futur n'ont qu'à se rassurer : cet instrument est un meuble qui ne peut se transporter facilement, on pourra l'entendre chez son voisin, mais jamais dans sa cour.

La Saxe n'est représentée que par son beau **linge damassé**, qui fait l'admiration des femmes, excellents juges en cette matière, et ses **porcelaines**, qui doivent toujours trouver place parmi les premières. Sans doute, quelques-unes ne sont pas d'un goût très-pur, et offensent le regard par les ornements et les couleurs dont elles sont surchargées, mais ce n'est pas le plus grand nombre; en général, leur forme est heureuse et les peintures qui les couvrent très-délicatement finies, notamment celles de deux grands vases et d'un guéridon. Pour apprécier la fabrique royale de Saxe, il n'est besoin que de voir celle de Prusse : là les couleurs sont heurtées et désagréables, les tons crus, les formes peu artistiques, et n'offrent pas même ce piquant que recherchent les curieux dans ce qui est franchement laid.

L'exposition personnelle de la Prusse, en la séparant de celle des royaumes qu'elle s'est annexés, se réduit à peu de chose : son orfévrerie mérite un coup d'œil pour quelques ouvrages richement travaillés, notamment les deux **boucliers** offerts l'un au roi François II, par l'aristocratie berlinoise, l'autre au prince royal par les provinces rhénanes. Le reste de ses envois consiste surtout en produits industriels et métallurgiques, très-utiles sans doute, mais que ne recommande ni leur nouveauté ni leur supériorité.

Les fontaines d'eau de Cologne.

Une seule de ses salles est visitée par la foule qui en reprend souvent le chemin, c'est celle consacrée à la ville de Cologne : ce n'est pas qu'on y trouve un plan en relief de la superbe cathédrale, ou bien la châsse des trois rois mages et les reliques des onze mille vierges, ces objets attireraient moins de monde : c'est le temple où les nombreux Jean-Marie Farina ont élevé un autel à l'**eau de Cologne** première source de leur fortune. Au milieu de la pièce, devant une arcade richement décorée, s'élève une fontaine de marbre blanc, dans laquelle jaillit sans cesse un jet de cet odorant liquide.

Les parfumeurs ont remplacé les princes qui, au moyen âge, établissaient sur les places publiques des fontaines de vin et d'hypocras. Ce n'est pas qu'on vienne s'abreuver à cette fontaine d'un nouveau genre, mais on y trempe son mouchoir, et quelques-uns, il faut l'avouer, s'en acquittent consciencieusement, faisant une provision de parfum pour quinze jours au moins.

Trois ou quatre fontaines rivales, qui s'élèvent là tout autour, facilitent cette distribution générale, et ce qui paraît générosité n'est que concurrence lorsqu'on va au fond des choses, et surtout lorsqu'on fait attention aux bouteilles qui sont tout à côté comme des tentations vivantes, et qui, celles-là, ne se donnent pas, mais se vendent au contraire fort cher.

Pour terminer la visite de l'exposition prussienne, il faut aller dans la dernière salle, celle consacrée à la librairie et à l'imprimerie ; on y verra de très-belles cartes ; ceux qui ont visité la Sicile trouveront un plan en relief de l'Etna ; quant aux autres, ils jetteront avec plaisir un coup d'œil sur les images populaires, et surtout sur les gravures tirées des œuvres de KAULBACH, un des peintres qui personnifient le mieux l'art dans l'Allemagne moderne.

AUTRICHE ET ALLEMAGNE DU SUD.

L'Autriche qui est un pays puissant, mais morcelé, manque d'unité aussi bien dans son industrie que dans sa constitution politique et géographique ; on trouve chez elle l'effort, le luxe, la richesse, mais peu de cette individualité si marquée, qui est le résultat d'une communauté d'idée et de travail. Les premières salles, celles des matières premières, gardent un peu de l'aridité dont ne saurait se défaire une collection de métaux, de minerais, de conserves alimentaires, voire même de feuilles de tabac que de loin on prendrait pour des jambons aux formes fantaisistes ; mais toutefois quelques objets curieux viennent agrémenter ce fond un peu monotone. Le premier est une collection de **savons** comme jamais Parisien n'en vit sur le boulevard. Ce sont des fruits de toute espèce, des quartiers de fromage et de saucisson, et tous ces objets, quelque appétissants qu'ils soient, ne sont que de simples savons : ce peut être des savons excellents, mais enfin ce sont des savons. Un curieux jeu d'échecs en bois avec des têtes d'hommes et d'animaux est perdu dans un coin, ainsi qu'une vitrine renfermant des perdrix et des canards empaillés.

Les salles de vêtement ne nous offrent rien de bien curieux, elles montrent que les Allemandes n'ont pas le pied petit ; qu'on porte encore des talons rouges, des pantoufles brodées d'or, et qu'on y prise toujours beaucoup le galon, nous le savons aussi ; et enfin que les étoffes témoignent plus de la richesse que du bon goût de celles qui les portent. Allez voir les **bijoux bohémiens**, ils sont cu-

rieux, ils ont leur cachet. Le grenat, qui est la parure nationale, s
groupe et se décompose de mille manières ; cette partie de la bi
jouterie autrichienne est la plus remarquable, elle a plus de véri
table originalité que l'autre qui est riche, mais lourde. Ce n'est pa
à l'Autriche qu'il faut demander des modèles de mobilier, quoiqu'elle en ait exposé plusieurs en fers ouvragés et en bois sculpté
elle en a un surtout, incrusté de laque, qui est le chef-d'œuvre du
mauvais goût. Mais on ne saurait trop admirer sa

Cristallerie de Bohême.

Ces produits, dira-t-on, n'ont ni la grâce, ni l'élégance de ceux
de Baccarat : c'est ce qui en fait le prix, c'est ce qui leur donne de
la saveur et leur conserve leur individualité. Laissez-leur ces formes gothiques et surtout ces admirables couleurs dont nous n'avons
pas encore trouvé le secret ; dans l'industrie il y a plusieurs places
et toutes sont bonnes à prendre.

Les verres de Bohême qu'on fabrique aujourd'hui ne valent pas
aux yeux des collectionneurs ceux qu'on faisait autrefois. Ce n'est
plus ni la même gravité dans la forme, ni la même délicatesse dans
la gravure. D'ailleurs du verre de Bohême on a abusé. Son plus
grand mérite est d'être accessible aux petits rentiers. Les bourgeois plantent leurs bouquets de violettes dans les verres où les
grands seigneurs féodaux buvaient jadis leur vin du Rhin.

Inutile de recommander les **pipes viennoises** ; elles sont sans rivales dans toute l'étendue de l'Exposition, aussi bien par la beauté
de l'écume que par l'excellence du travail, plusieurs sont bien plutôt destinées à servir d'ornement qu'à passer entre les dents d'un
fumeur ; aussi regrettons-nous qu'à côté de ces pipes de luxe on
n'ait pas mis la pipe vraiment nationale avec son tuyau en cerisier,
sa forme allongée et sa peinture sentimentale : au moins les Orientaux ont apporté leurs chiboucks, tandis que les Viennois sont forcés
de fumer nos pipes de terre dans la brasserie où ils retrouvent leur
bière.

Quand nous aurons mentionné un autel en bois sculpté, des
tapis aux tons un peu crus, mais dont l'ensemble ne déplait pas, des
porcelaines hongroises dont on peut bien se passer la fantaisie à
titre de curiosité, et enfin une collection d'horloges aux boîtes carrées et gothiques qui ont un parfum bien prononcé de l'ancien temps,
et qui, justement à cause de cela, pourraient bien revenir à la mode,
nous aurons signalé ce qui, dans la section de l'Autriche, mérite le
plus l'attention des visiteurs.

Toutefois, il serait injuste de ne point parler des spécimens
typographiques de l'imprimerie de la Cour et de l'État autrichiens.
Ils se rapprochent des produits de notre Imprimerie impériale.

Les *instruments de cuivre* autrichiens, à part d'autres mérites
peut-être, se font remarquer par leurs dimensions colossales.

Les bronzes d'Auguste KLEIN feraient honneur à tous les pays.

Enfin les méthodes d'enseignement et le matériel destiné à l'étude des sciences sont très-remarquables. Citons l'école de commerce de J. PAZELT, à Vienne, dont le programme semble répondre aux exigences de la pratique sans priver complétement les élèves de toutes connaissances plus élevées.

SUISSE.

La Suisse, presque confondue avec l'Autriche, occupe au Champ de Mars, comme sur la carte géographique, un espace assez restreint; mais quelque petit que soit cet espace, il est rempli, et cet aride pays de montagnes est plus industrieux que nombre d'autres pays autrement riches et autrement féconds. La Suisse cultive et fabrique ses cigares elle-même, mais ils n'en sont pas meilleurs pour cela, et ceux qui ont visité les Alpes savent à quoi s'en tenir sur le compte de ces cigares dont l'extérieur est aussi engageant que le goût est mauvais. Heureusement la Suisse a mieux que ses matières premières, son industrie a suppléé à la pauvreté de son sol, et les trois autres salles sont à voir.

L'une est consacrée à la **dentelle** et à la bijouterie ; c'est un charmant boudoir où règne un demi-jour mystérieux et dont le milieu est occupé par une corbeille de fleurs. Les dentelles sont partout : elles servent de tapisseries contre les murs, de tentes contre le plafond, et de simples tentures sur les appuis du balcon. La **bijouterie** genevoise qui occupe le milieu de la place brille plus par sa richesse que par son élégance. Remarquez, entre autres, les papillons montés en broches. L'inventeur fait choix des papillons aux plus riches couleurs, il renferme leurs ailes diaprées dans un vernis mince et transparent, et relève leur prix par quelque diamant dont il orne leur corsage; l'idée peut être ingénieuse, mais le résultat est loin d'être beau. La salle qui succède à celle-là fait avec elle le plus grand contraste : au lieu de ces tons doux et voilés, c'est le jour le plus éclatant ravivé par les étoffes aux vives couleurs qui la remplissent. Ce sont les **cotonnades** fabriquées pour l'usage des Suisses qui sont restés campagnards et n'ont jamais redouté les teintes franches et crues. Dans la salle à côté, où toutes les montres et les horloges de Genève sont en mouvement, se trouve un lit couvert de riches dentelles, et plusieurs meubles en bois sculpté. Mais, pour examiner ce dernier article, entrez dans une salle voisine, et là vous trouverez un joli **ameublement** avec tous les détails qu'il comporte. Vous pourrez remarquer aussi les meubles en bois sculpté de Wirth frères.

Boîtes à musique.

Une toute petite salle appartient encore à la Suisse, et, on peut le dire, ce n'est pas la moins fréquentée ; c'est celle, j'allais dire de la musique, mais non, des *boîtes à musique*, dont Genève et Neufchâtel ont une si grande production. On pourrait accuser la Commission de connaître bien peu le cœur humain, pour avoir ignoré que les foules sont enfants et n'avoir pas donné à cette industrie une de ses plus grandes salles. La boîte à musique se présente ici sous toutes les formes et sous toutes les grandeurs. Là, c'est la simple boîte carrée aux sons divers, aux tintements harmonieux ; ici la pendule avec des jeux d'orgue, plus loin une chapelle pourvue d'un mécanisme complet. Mais là n'est pas le plus merveilleux, et ces inventions ne datent pas d'aujourd'hui. L'industrie des boîtes à musique s'est tenue au courant des progrès de la civilisation, et a habilement flatté les goûts du jour ; elle a pénétré jusque dans les boîtes à gants, et dans les albums photographiques. Grâce à cette heureuse idée, toute maîtresse de maison fera défiler devant ses invités les portraits de ses amis en leur faisant entendre l'ouverture de *Guillaume Tell* ; et la jeune femme, tout en s'habillant pour le bal, pourra entendre résonner à ses oreilles une polka, joyeux prélude du plaisir qui l'attend.

Plus sérieux, plus utile et non moins remarquable est la **Carte de la Suisse** du colonel Dufour ; mais elle est si allemande, nous voulons dire si complète, ou si compliquée, qu'il ne faut rien moins que les excellents instruments d'optique qui sont auprès pour pouvoir y trouver ce qu'on cherche.

ESPAGNE, PORTUGAL.

Une mince bande découpée dans le palais du Champs de Mars a suffi aux envois de ces deux puissances ; mais pour ne pas occuper beaucoup de place, elles n'en attirent pas moins l'attention, et tout est à voir dans l'exposition de ces peuples, dont la civilisation est si différente de la nôtre. Voilà bien les cuirs dont abonde l'Espagne, il ne leur manque que la préparation qui en fait de si riches tapisseries et cet oubli de Cordoue est vraiment impardonnable. En revanche, les nattes abondent, douces au toucher, charmantes à la vue, et fraîches au pied qui les foule. Avançons d'un pas, voici une copie en petit du musée d'artillerie de Madrid : il n'y a pas moyen de le nier, ces épées sont bien les vraies *lames de Tolède* si souvent mises à contribution par nos dramaturges, et ces larges chapeaux rappellent à s'y méprendre ceux de Basile. Dans la troisième salle, chaque objet a également son cachet d'originalité : voyez ces **bijoux**, ces pendants d'oreilles, ils accusent une origine mauresque incontestable par la bizarrerie de leur dessin, la finesse de leur travail, ce sont des arabesques de l'Alhambra découpées ; ces corbeilles en argent d'un tissu si fin et si délicat rappellent le filigrane de Gênes, mais en le surpassant de beaucoup. D'ailleurs, il n'est pas besoin de chercher sur le mur la nationalité de ces objets, tout est espagnol, et le moins habile ne s'y méprendrait pas. Qui pourrait en douter en voyant ces riches et éclatantes étoffes de Barcelone, ces broderies d'or sur velours rouge ; les **costumes**, d'ailleurs, sont là pour le dire. Voyez cette sénora avec sa robe rouge et or et sa mantille de satin broché, cette bourgeoise plus modeste un voile blanc sur la tête et la croix de sa mère sur la poitrine, cette paysanne qui ne craint pas d'attirer sur elle les regards du taureau, et contrairement au refrain du poëte ne cache pas son rouge tablier. Mais là ce ne sont que des mannequins habillés, ici vous ne voyez que le costume, entrez dans la salle suivante vous trouverez l'espagnol lui-même. Ces **statuettes** sont vivantes, voilà bien les vraies physionomies de ces gens brûlés à la fois par le soleil qui passe sur leurs têtes et par le feu intérieur qui couve au dedans d'eux ; ils ne sont pas flattés, mais, ce qui vaut mieux, ils sont vrais. Remarquez dans la même salle cette poterie, à laquelle un simple pointillé donne un cachet de si grande originalité ; voyez ce buffet à qui il suffit d'une bordure violette pour sortir de l'ordinaire, et ce berceau en velours sur lequel ces blancs coquillages se dessinent si harmonieusement. Traversez un léger couloir pour voir dans la pièce suivante tout un **ameublement** fait en mosaïque de bois, et d'intéressantes photographies sur l'Espagne. Enfin, dans un dernier réduit se résume l'Espagne tout entière : on y voit un piano, il est vrai, mais c'est un contre-sens, et le luxe de sa caisse est tout ce qui le recommande ; mais c'est là que se trouve la classique *guitare*, sans laquelle l'espagnol pourrait se comprendre. Mais, hélas ! elle a été perfectionnée, on l'a raccourcie pour lui donner les sons de la harpe. C'en est fait de l'instrument de Figaro, avant peu la guitare aura disparu.

GRÈCE.

« Du miel dans un pot, des raisins de Corinthe dans un bocal, un
« peu d'huile, un peu de vin, un peu de coton, un peu de garance,
« une poignée de figues, un peu de vallonée, un cube de marbre,
« et une vitrine où s'étalent quelques costumes grecs. »
C'est ainsi que M. Edmond About dépeignait le contingent fourni par la Grèce à l'Exposition universelle de Londres. Depuis cette époque, le roi Georges a succédé au roi Othon, mais l'agriculture et l'industrie nationale sont restées les mêmes. Si nous ajoutons au catalogue précité quelques citrons, quelques éponges, quelques tapis grossiers, quelques meubles aussi disgracieux qu'incom-

modes, nous aurons parfaitement fait connaître l'exposition grecque de 1867. Les costumes de femme sont jolis, mais l'industrie qui se borne là est une pauvre industrie ; la collection de livres et de journaux qu'on a réunis à cette exhibition ne fera pas faire un pas à l'art typographique ; le seul objet curieux qu'on remarque est un spécimen de l'art byzantin : il consiste en deux petits cadres représentant en ravissantes miniatures sur bois des scènes de la Passion.

La Grèce a encore deux objets dignes d'attention : ses poignards, ses épées aux fourreaux cerclés, à la lame damasquinée, ses riches vêtements albanais, où tout est velours et or ; puis, noble et précieux héritage, les ruines de ses monuments, dont de belles et fidèles **photographies** sont exposées tout près du salon des beaux-arts.

DANEMARK, SUÈDE ET NORVÉGE.

Ces trois États, que la nature avait réunis, que la politique a séparés, ont envoyé leur part de curiosités au Champs de Mars. Ces têtes de rennes au bois superbe, ces belles fourrures d'ours blancs et d'autres animaux, ces échantillons d'abondantes mines, notamment le beau bloc de spath d'Islande, ces engins de pêche de toutes sortes, attestent suffisamment la nature du sol et du climat d'où nous viennent tous ces objets. Ces matières premières sont encore plus caractéristiques que la forme qui leur a été donnée par l'industrie humaine ; aussi cette exposition du mobilier, du vêtement, est-elle faite moins pour rivaliser avec d'autres nations plus riches et plus avancées, que pour témoigner de l'état de civilisation dans lequel marchent ces pays qui ont eu à triompher de tant d'obstacles. Dans les **porcelaines**, regardez deux *vases* avec peintures qui méritent attention, sinon par le fini de l'exécution du moins par les scènes de la vie nationale qu'ils retracent. L'orfévrerie danoise mérite également un coup d'œil, il ne lui manque peut-être qu'un plus grand débouché pour s'élever plus haut. Tout auprès se trouve un *meuble* avec incrustations et dessins en bois noir, qui a beaucoup de cachet. Mais la partie la plus originale de cette exposition celle vers laquelle la foule se porte avec le plus d'empressement, et non sans raison peut-être, est celle des **costumes nationaux**.

Une Lapone s'en va fumant sa pipe et portant sa fille derrière son dos ; tandis que deux autres habitants du même pays traversent en traîneau ces solitudes glacées, l'un traîné par un renne qui fuit plus rapide que le vent, l'autre s'aidant d'une rame et naviguant sur la glace, comme il le ferait sur l'eau. Dans ces lieux où la nature est si inclémente, le vêtement existe, mais non le costume ; on s'habille pour se garantir du froid et nullement pour se montrer. En redescendant vers des régions moins rigoureuses, la coquetterie, l'amour du luxe, commencent à reprendre leurs droits. Voyez cette

fiancée norvégienne, comme elle est pimpante sous sa couronne et
ses bijoux de pacotille. Voyez l'accordée de village, qui pourrait
faire pendant au délicieux tableau de Greuse; puis la Suédoise effeuillant une marguerite, ou laissant tomber pudiquement sa main
dans celle de son fiancé. A voir le costume dont les couleurs s'é-
claircissent, dont le poids diminue, on sent qu'on s'éloigne du pôle,
et la faucheuse en jupons courts et les pieds nus, témoigne bien
que nous ne sommes plus dans le voisinage des glaces. Regardez ce
bon bourgeois allant à la promenade avec sa fille coquettement
attifée, on retrouve bien là cette rude race dalécarlienne qui se
souleva avec Gustave Wasa, et rendit à la Suède son autonomie et
sa liberté. Ces costumes et quelques photographies complètent
l'exposition de ces pays depuis longtemps sympathiques à la France
et qui font chaque jour de nouveaux progrès dans les arts, la
science et l'industrie.

RUSSIE.

De toutes les expositions étrangères qui ont trouvé place au Champ
de Mars, celle de la Russie est peut-être celle qui a le plus de saveur, qui attire le plus par je ne sais quoi d'étrange et de mystérieux. L'Orient nous étonne par son luxe, ses vives couleurs, sa vie
molle et voluptueuse, mais il est loin de nous et les récits des
voyageurs nous ont préparés aux contrastes les plus merveilleux.
Le Russe au contraire est notre voisin, il vit chez nous, de notre
vie, il est aussi Parisien qu'homme du monde : de là notre étonnement quand nous le voyons chez lui, quand ses arts, ses productions nous montrent ce singulier mélange de l'Orient et de l'Occi-
dent, de la civilisation et de la barbarie, des robes de soie et des
peaux qui servent de vêtement à l'habitant du Caucase; jusque
dans les salles qui renferment l'exposition russe, toutes en bois
sculpté du dessin le plus capricieux, des couleurs les plus fantastiques, il y a quelque chose de singulier : on sent qu'on est plus
près de Byzance que de la Sibérie.
Tout d'abord, dans la salle des matières premières, l'odeur péné-
trante du cuir vous révèle sa nationalité ; de riches minerais, d'o-
pulentes toisons de brebis, et surtout d'éclatantes *fourrures* plus
blanches et plus immaculées que les neiges de l'Oural, attirent
l'attention du visiteur. Dans le passage qui sépare une salle de
l'autre, voilà quelques-uns des **costumes** des Ostiacs et des habitants du Caucase. Mais pour bien connaître les types des soixante-
cinq races diverses composant la population de ce grand empire, il
faut voir les **statuettes** qui se trouvent dans la dernière salle, celle
qui précède immédiatement les beaux-arts : c'est une revue complète de la race slave, celle peut-être qui vient d'être exposée à
Moscou devant les représentants de ces nationalités. La grande
salle du milieu est la plus riche, la plus intéressante de toute la

section russe. Là se trouvent des fragments de ces **marbres pré-**
cieux que les montagnes de l'Oural et du Caucase produisent en
abondance : malachite, purpurine, onyx, obsidienne, mis en œuvre
et utilisés soit pour les bijoux montés avec art, soit pour des mosaïques dans le genre de celles de Florence, mais avec addition de
fruits et fleurs en relief. Plusieurs meubles de ce genre témoignent
de l'habileté des artistes russes, et peuvent aller pour la richesse
avec ce divan oriental de velours rouge couvert de fleurs d'or et
d'argent, dont la broderie a un relief considérable. Dans le même
salon pourrait se trouver la singulière **pendule tourne-sol**, qui
tourne tout entière avec son balancier, et contient plusieurs complications très-curieuses. **L'orfévrerie** n'est pas au-dessous de cet
ensemble : un calice, un bouquet, un missel, plusieurs autres pièces
richement émaillées, portent non moins que l'orfévrerie moderne,
des traces non équivoques de l'art byzantin. Plusieurs peintures sur
bois méritent également l'attention ; mais l'objet le plus caractéristique occupe le fond de la salle, c'est la grande

Mosaïque.

Dans ce tableau, d'un beau caractère religieux, se retrouve
l'ancien type national : voilà le Moscovite, qui n'est pas encore
devenu le Russe moderne, et auquel le fond d'or sur lequel il se détache contribue à donner quelque chose de légendaire.

Cette mosaïque d'un caractère grandiose, attire invinciblement
les regards ; elle est en carreaux de verre émaillé, les colorations
en sont très-vives ; ses dimensions sont magistrales ; elle doit couvrir le dessus d'une porte dans la cathédrale de Saint-Isaac à Pé-
tersbourg. Les artistes dirigés par le professeur Neff ont donné
aux diverses figures d'évêques, aux vêtements sacerdotaux, aux
attitudes et à tout l'ensemble une ampleur admirable et une ma-
jesté profondément religieuses. En regard est exposée la collection
des émaux qui servent à ces patients arrangements.

ITALIE.

Il y a trois ou quatre siècles, l'Italie eût brillé au premier rang
dans ce concours universel des produits de l'esprit humain, tandis
qu'aujourd'hui, par un triste retour des choses d'ici-bas, elle reste
confondue dans la foule, pour ne pas dire effacée parmi les derniers.
L'Italie industrielle et commerciale des treizième, quatorzième,
et quinzième siècles n'est plus, l'Italie artistique des seizième et
dix-septième siècles est éteinte en partie ; quant à l'Italie nouvelle,
celle qui est en train de se former sous de nouvelles conditions so-
ciales et économiques, elle n'a pas encore porté ses fruits, et nul
ne peut dire ce qu'elle sera. Toutefois son mince contingent à

'Exposition universelle mérite une attention spéciale, son œuvre
est toute de transition, et on peut y étudier le principe qui doit
relier l'avenir au passé.

Les verreries de Murano.

Venise, célèbre jadis pour ses miroirs et ses verreries, a fait une
exposition des verres et émaux provenant de ses fabriques ac-
tuelles, de la fabrique Salviati surtout. Ce sont pour la plupart des
verres historiés, des verres soufflés dits de Murano, des verres co-
lorés, tordus, quadrillés, festonnés, des miroirs encadrés de fleurs en
verre fondu; le vieux style vénitien se retrouve partout; l'antique cité
veut soutenir sa gloire en faisant de même, et non en faisant mieux.
Car il faut bien le dire, ces imitations du seizième siècle ne sont pas
des progrès. Loin de là, le copiste moderne ne perfectionne même pas
l'exécution. Venise a pris soin de nous en donner la preuve; les
anciens modèles, eux aussi, sont venus au Champ de Mars. Le
musée de Murano en a envoyé une très-belle collection, qui montre
que le passé défie le présent.

Dans la même salle on remarquera de fort belles *mosaïques* également imitées du moyen âge et représentant des rois et des prélats, Henri VIII, Charles Ier, etc. ; à côté, le portrait de l'empereur
Napoléon III également en mosaïque.

La céramique italienne.

Ce n'est pas seulement l'ancienne verrerie vénitienne dont l'Italie poursuit la rénovation. Elle a encore une réputation à sauver,
celle des faïences peintes, qui ont fait la gloire autrefois d'Urbino,
de Faenza, de Gublio, de Pesaro.

Le marquis Laurent GINORI-LISCI en possède à Florence une
remarquable fabrique, au Champ de Mars une abondante collection. Ce sont vases de faïence à figurines en relief, aiguières,
coffrets, corbeilles, candélabres, services de table, et, toujours
dans le même genre, un large coffre à pans d'ébène dont tous les
côtés et le couvercle sont garnis de faïences. Ce sont aussi faïences
unies à sujets coloriés. Mais s'il y a profusion, il n'y a pas variété.
Les figurines en relief sont toutes mythologiques, voilà pour le
sujet; les chairs et les vêtements sont de couleurs fades et pâles,
où le rosé domine, voilà pour la peinture. Quant aux faïences unies
elles sont uniformément, selon l'antique coutume, couvertes de
nudités jaunes et d'ornements verdâtres; les vases portent en guise
d'anses, des serpents enroulés.

Les meubles italiens.

Ce qu'il y a de mieux dans l'exposition du mobilier italien, ce sont les meubles de luxe. Ce peuple éminemment artistique a une entente admirable de l'harmonie en toutes choses. Fait-il de la peinture? ses tableaux ne seront jamais gauches, les couleurs n'en seront jamais discordantes; fait-il de la sculpture? les attitudes auront une grâce infinie, les groupes se présenteront naturels et sans ligne choquante. Fait-il de l'architecture? la symétrie se combinera avec l'imagination pour former un ensemble à la fois proportionné et riche d'ornements. L'harmonie domine dans toutes ses œuvres. Ces qualités innées chez lui le servent jusque dans la fabrication des meubles, qu'il comprend il est vrai d'une manière un peu architecturale. Presque tous ses bahuts ont des colonnettes et des frontons. C'est du reste l'antique style de Florence. Il se prête aux incrustations de marbres et de mosaïques, aux marqueteries d'ivoires gravés, aux sculptures de chimères et d'arabesques. Comme type de ce genre, nous avons remarqué un meuble monumental en ébène, imité du seizième siècle, dessiné et exécuté par A. Pialri; mélange de couleurs, de bois, de cuivres, de marbres variés, vraiment curieux.

En style plus pur peut-être MM. Antoni (Luigi) et Brambilla, de Milan, ont exposé une armoire d'une grande magnificence. Elle est enguirlandée jusque dans ses frises et ses colonnettes de très-fines marqueteries d'ivoire; ses vantaux sont remplis de sculptures d'ébène et de plaques d'ivoire gravé.

Dans la même salle, ne laissez pas inaperçue une des œuvres les plus riches de la marqueterie italienne, c'est une large *table ronde* appuyée sur des chimères ou sphinx dorés; toute la tablette n'est qu'une mosaïque de différents bois, bois de houx, bois d'oranger, bois d'ébène combinés pour produire des figures et des feuilles d'ornementation. Il y aura là une preuve de plus du goût italien, de cette intuition harmonieuse dont nous parlions tout à l'heure. Tout autre artiste eût recherché les disparates : blanc contre noir, rouge contre blanc, et serait arrivé à des crudités de tons agaçantes pour le nerf optique. L'artiste italien a fondu toutes ces nuances dans le ton général. La table n'est pas l'œuvre d'un mosaïste patient, elle est plutôt celle d'un peintre.

Ainsi en est-il de beaucoup d'autres ouvrages analogues que nous pourrions citer, qu'il faudra voir. La salle abonde en tables couvertes de mosaïques de marbre ou de mosaïques de bois. Il y en a de charmantes.

La sculpture sur bois figure dans l'exposition du mobilier. On notera de beaux supports, de très-jolis encadrements de feuillages et de fruits. Nous passerions bien sous silence le *piano* des frères Marchino de Turin, car nous savons que les pianos sculptés ne

sont pas en faveur. Le public n'admet guère cette alliance des deux
arts; la musique pourrait souffrir des soins donnés à l'ornementation. Mais ce piano doit trouver grâce. Ses trois reliefs (bande d'a-
mours qui jouent ensemble), les deux amours qui portent négligemment à chaque coin les candélabres, sont des sculptures fort
jolies. Dût-on ne jamais jouer de ce piano, on voudrait le posséder
chez soi au moins pour le voir.

Sciences.

L'art médical en Italie ne passe pas pour très-avancé. Cependant
on pourrait en juger favorablement par l'exposition du docteur
Brunetti, de Florence, qui, sans se donner la peine, comme notre
docteur Auzoux, de mouler les organes de l'homme et des animaux,
momifie par un procédé particulier les organes naturels et leur en-
lève tout aspect répugnant, tout en leur conservant une élasticité
qui permet de les étudier.

Uranie, la muse de l'astronomie, a aussi inspiré le professeur
Vincenzo Fioritoni, de Rieti : il a trouvé une ingénieuse machine
géocyclique qui donne les trois mouvements simultanés du soleil
(représenté lumineusement par un globe de lampe), de la terre et
de la lune. Notre planète et son satellite tournent merveilleuse-
ment pour donner dans les familles ou dans les écoles une leçon de
cosmographie très-simplifiée.

ROME.

Météorographe.

Dans l'exposition romaine, un objet qui excite vivement la curiosité du visiteur, c'est le météorographe électrique du P. Secchi, qui
enregistre automatiquement et d'une manière continue tous les
phénomènes météorologiques ; il le fait au moyen de courbes graphiques tracées sur des tableaux dont le mouvement est réglé par
une horloge. Cet appareil a deux faces : la première est surmontée
d'une horloge et contient un tableau qui enregistre les indications
du baromètre, du thermomètre sec, du thermomètre humide, et qui
donne de plus l'heure de la pluie. Ce tableau fait sa course en deux
jours et demi, et présente ainsi des courbes très-développées, sur
lesquelles on peut apprécier les détails des phénomènes, surtout
pendant les bourrasques. Sur le tableau de la seconde face se trouvent enregistrées la force et la direction du vent, ainsi que les indications du thermographe métallique. De plus, celles qui sont relatives au baromètre et à la pluie y sont répétées. Le public
regarde curieusement ces crayons qui marchent tous seuls, traçant
les lignes les plus régulières, et les petits marteaux qui s'agitent,

variant sans cesse selon la direction du vent. Cet appareil, semblable à celui qui fonctionne depuis sept ans à l'observatoire du
Collége romain, est appelé à rendre les plus grands services à la
science naissante de la météorologie.

ROUMANIE.

La Roumanie n'est guère plus avancée que la Grèce ; à vrai dire
son existence est plus récente, et elle n'a pas eu le temps de profiter encore des bienfaits de l'autonomie. Quoi qu'il en soit, la commission roumaine a fait de louables efforts, dont on doit lui tenir
compte, et qui promettent pour l'avenir de rapides progrès.

Ici encore les objets les plus intéressants sont les **costumes** des
diverses provinces roumaines, qui offrent une assez grande variété.
On y remarquera des chemisettes et des manteaux en peau, brodés
de laines de toute couleur, représentant des fleurs, formant de capricieux enlacements ; des ceintures à boucle d'argent repoussé ;
des coiffures en piécettes d'or et d'argent, d'étroits tabliers aux nuances vives composant avec la chemise toute la toilette des paysannes.

L'histoire naturelle est représentée par des fourrures variées et
une collection d'ornithologie assez complète.

L'industrie indigène a fourni, avec les modèles de costumes nationaux, des tapis inférieurs à ceux de la Bulgarie, des poêles en
faïence, un magnifique **traîneau** doré, capitonné de soie bleue, des
ornements d'église, des fruits artificiels et des instruments de musique, parmi lesquels on distingue des musettes de berger et un
joli violon à cannelures. On remarque aussi quelques petits tableaux
à cadre de cuivre, représentant des saints au nimbe lamé, imitation
un peu gauche de l'art religieux des Russes.

LES GALERIES D'ORIENT.

Les installations orientales dans l'intérieur du Palais sont exclusivement consacrées aux produits indigènes, tant naturels que manufacturés ; mais comme en Orient les formes extérieures ont une
importance réelle et que le pittoresque s'y mêle aux moindres détails, le décorateur s'est donné carrière dans l'arrangement des
produits. Le bazar a dû sacrifier aux exigences locales ses boutiques
étroites à l'éclairage insuffisant; on a su toutefois conserver aux
galeries qui les remplacent le cachet particulier auquel on reconnaît l'Orient. Rien n'a été épargné pour éblouir des regards accoutumés à l'uniformité monotone des installations européennes : les
couleurs vives, les tons criards familiers à ces pays du soleil, se
confondent dans un désordre apparent qui cache un art profondément étudié et une harmonie savante.

·L'Égypte a reproduit là ses entablements massifs aux corniches surplombantes, aux piliers roides reliés par un chapiteau à tête d'Athor; Tunis et le Maroc ont des arceaux dentelés, des peintures chatoyantes, des colonnes fond blanc agrémentées de bleu et d'or; la Turquie s'annonce par une façade imitant le marbre blanc, ornée de larges arcades et d'ouvertures carrées aux grilles d'or, aux fines colonnettes. Chaque pays a conservé le caractère spécial de son architecture, et le genre d'ornementation qui lui est propre. Cette variété ne constitue pas un des moindres charmes du bazar oriental.

Sans parler des produits agricoles qu'on peut étudier à loisir des deux côtés de la galerie des machines, et qui n'offrent guère d'intérêt qu'aux connaisseurs, nous suivrons les diverses galeries réservées à l'Orient, en remontant vers le Jardin central, et en signalant au lecteur les objets qui méritent particulièrement son attention.

TURQUIE.

Soit par le nombre, soit par la qualité des objets exposés, la Turquie occupe ici le premier rang. Son industrie sans doute paraît bien secondaire à côté des résultats si merveilleux et si variés qu'on obtient de nos jours en Europe; ce qui la relève, c'est son originalité, c'est un certain sentiment artistique souvent inconscient, mêlé néanmoins à toutes ses œuvres. L'industrie en Orient, et l'industrie ottomane en particulier, n'a rien de mécanique; la régularité mathématique des machines n'a pas encore tué la fantaisie individuelle, et l'on peut dire que tout objet fabriqué porte l'empreinte de l'ouvrier.

La première des trois grandes salles, ou galeries turques, contient une collection de coquillages et de produits pharmaceutiques. Le regard s'arrête sur une petite pyramide formée d'échantillons de porphyres et de gypse, surmontée de curieux coquillages de l'Hedjaz et d'incrustations d'eau calcaire. L'objet le plus intéressant est un *buisson pétrifié*, ressemblant à une éponge ouverte, et qui produit la gomme adragante. Dans des vitrines, à droite, sont des voiles en soie jaune et rouge, de Bagdad, qui imitent le reps, des serviettes de Mostar, des mouchoirs de soie de Sophia, des chemises du Mont-Liban, des fez et des ceintures de femme, aux broderies de soie et d'or, du plus riche travail.

Des selles, des harnachements de chevaux ornent les murs de la seconde salle; on retrouve là les diverses formes usitées dans les provinces d'Europe et d'Asie, depuis le siége modeste, mais sûr, de l'Arabe nomade, jusqu'à la selle de velours et d'or, où trônent les pachas opulents. Dans les vitrines qui longent la muraille, on admire surtout des costumes albanais, or et brocart, d'une incomparable richesse; une autre vitrine placée au milieu de la galerie contient des coffrets, des flambeaux et des miroirs en argent repoussé, des *zarf* (tasses à café avec soucoupe), et des bijoux en filigrane. On regarde aussi deux grands *vases* de cuivre (*Mangals*), qui remplacent les cheminées en Turquie, et qu'on place pleins de braise au centre de l'appartement. Un beau trophée d'armes au-dessous duquel les principaux costumes de l'armée turque sont exposés sur des mannequins, attire les regards par la variété de ses formes et les élégantes incrustations des crosses. On voit là des yataghans aux ciselures d'argent, des flèches du Turkestan, des fusils aux crosses de bois, de fer, de cuivre et d'ivoire.

A gauche un petit casier nous montre des objets de la vie intime, cuillers de Constantinople en écaille et en bois, patins de bain incrustés de nacre, peignes de Bagdad, babouches ordinaires, *chap-chap*, *tcharyks* albanais, etc.

La dernière salle nous offre des **meubles** incrustés de nacre et d'écaille, des **étoffes** lamées d'or pour costumes féminins, des feutres de Smyrne brodés de laine aux nuances éclatantes, des tabourets syriaques en bois peint dont le succès paraît grand, et des berceaux en bois fouillé (fabrique de Constantinople), dont on remarque la forme originale. Une vitrine renferme des échantillons variés de coutellerie ottomane ; on y trouve des ciseaux élégants, des couteaux de table d'*Ismid* et de *Konieh*, aux formes disgracieuses, aux lames excellentes, des pinces à épiler dont on fait en Turquie un fréquent usage ; parmi les objets les plus intéressants, il faut citer un couteau-poignard à fourreau de cuir noir, provenant de Viddin (Bulgarie), et servant autrefois aux sacrifices de moutons.

La principale branche de l'industrie ottomane est sans contredit la fabrication des **tapis** ; on en fait sur toute l'étendue de l'empire, dans les villes, dans les bourgades, sous la tente même. Une série complète de ces produits couvre les murs des deux dernières galeries ; on peut les diviser en quatre catégories, les *Duchémé*, en laine rase souvent mélangée de poils de chèvre ; les *Sedjadés*, de petite dimension, aux dessins capricieux et compliqués ; les *Sofrali*, tapis de table à rosace centrale et qui n'ont que cinq couleurs, enfin les *Sirali*, qui en comptent six régulièrement alternées en rayures horizontales.

Les principaux centres de fabrication sont, en Europe, *Roustchouk* et *Viddin* au bord du Danube, *Stolats* dans l'eyalet de Bosnie ; en Asie, *Smyrne* et *Konieh*, l'ancienne *Iconium*. Depuis quelques années des maisons européennes ont monté à *Ouschak* d'importantes fabriques et introduit des appareils spéciaux ; dans le but de réaliser une économie considérable, elles ont imaginé d'employer pour la trame des laines inférieures ; mais les produits ainsi obtenus ne possèdent pas au même degré que les tapis ordinaires les qualités si appréciées dans la fabrication turque, le moelleux, l'habile disposition des tons et des dessins, et par-dessus tout l'inaltérable solidité des couleurs.

Une dernière vitrine adossée à la galerie des *arts libéraux* contient divers instruments de musique, à l'usage des chanteurs musulmans (*Sazi*, santouns, *chou'ara*), des *Kanoun*, espèces d'harmonica triangulaire, qu'on pose sur les genoux et qu'on frappe avec deux petites tringles de fer ; enfin une collection de *zilz* (cymbales) dont la fabrication en Turquie atteint une perfection exceptionnelle et donne lieu à une exportation annuelle de 50 000 francs environ.

ÉGYPTE.

Malgré les immenses progrès accomplis dans ces dernières années, l'industrie égyptienne ne s'élève pas au-dessus du niveau des peuples orientaux ; aussi son exposition de l'intérieur du Palais reste-t-elle inférieure aux installations si réussies du Parc.

On peut voir, en entrant dans l'étroite galerie égyptienne, des nattes aux mille couleurs d'un joli effet, des *couffés* (paniers en feuilles de palmier tressées), des poteries d'*Assiout*, des tasses à café en corne de rhinocéros et ivoire ; une vitrine est réservée à des instruments de topographie fabriqués à Boulaq et qui témoignent des efforts tentés pour atteindre une industrie plus élevée.

L'Égypte n'a pas voulu rester en arrière au point de vue du **costume** ; des figures de grandeur naturelle, représentant les principaux types égyptiens et déployant un luxe de vêtements tout oriental, attirent l'attention du visiteur. Les plus curieuses sont une négresse servant le café, une Abyssinienne apportant le chibouque et une almée dansant, qu'on ne peut contempler sans songer au joli tableau de M. Jérôme.

La bijouterie est étalée dans une vitrine transversale ; il y a là un assortiment complet de suspensions, de plateaux, de bracelets massifs, de manchettes de femmes en filigranes, etc.

Dans le compartiment réservé aux étoffes, on s'arrête devant les étoffes de soie de Mansourah, devant les tissus du Caire (soie et argent), devant un magnifique **tapis** de velours violet aux dessins d'une incomparable richesse, et servant à faire la prière dans les mosquées.

Des selles splendides en velours littéralement couvert d'or, des chasse-mouches en ivoire, de curieux ciseaux arabes (fabrique de Menouf) et autres menus objets complètent cette exhibition.

Dans un recoin attenant à la galerie des arts libéraux, on peut admirer, devant une vitrine garnie d'armes et d'objets de toilette en fer poli et incrusté d'argent, une balustrade ancienne dont le bois forme une curieuse mosaïque.

MAROC ET TUNIS.

Cette double exposition occupe tout un côté de la rue d'Afrique, où elle est disposée dans une série de compartiments, alternativement réservés à ces deux États.

Le Maroc nous présente tout d'abord une collection d'oiseaux et de coléoptères, puis dans un petit salon orné de vitrines des costumes indigènes, dont le plus curieux est la toilette de cérémonie d'une riche Marocaine ; les nuances sont le vert et le rouge ; l'or est semé à profusion ; la coiffure se compose d'un bonnet rouge haut et pointu, surmonté d'un voile, et qui rappelle certaines coiffures féminines du moyen âge.

Plus loin un riche intérieur de salon attire les regards ; la pièce est fermée par une galerie en arcades ornée de portières blanches ; une double galerie du même style isole les deux côtés de l'appartement de la partie centrale où l'on voit une femme assise sur des coussins. Les divans ne ressemblent pas à ceux qu'on trouve en Turquie : ils se composent d'un simple matelas recouvert d'étoffes marocaines ; les murs agréablement peints en tons vifs sont surchargés d'étagères, de glaces, de tentures brodées et de trophées de tout genre. L'aspect général est aussi original qu'agréable.

Trois encoignures pourvues de vitrines nous montrent les divers échantillons de l'industrie marocaine, bien peu de chose, hélas ! quelques bracelets et bijoux, des étoffes bourrues, des *foutahs* (pièces de soie rayées), des bassins en cuivre, quelques poteries à bouquets bleus sur fond blanc. A ces objets on a joint, nous ne savons trop pourquoi, des photographies coloriées, qui n'ont rien de remarquable, et des *compositions de calligraphie* des élèves de l'école israélite de Tanger !

Les arrangements *tunisiens* font le pendant exact des installations marocaines ; nous retrouvons là un salon coquet, d'un goût plus simple, des tissus indigènes et des costumes locaux, entre autres celui d'un cavalier tunisien, et une toilette de mariée en soie blanche et toile d'or.

La vitrine la plus intéressante est celle qui contient avec des *vues photographiques* bien réussies, de nombreux fragments de statuettes antiques et de poteries trouvées dans les fouilles de Carthage. On y a joint, comme curiosité peut-être unique, un grain de blé trouvé aussi à Carthage et qui porte une inscription hébraïque assez compliquée gravée en caractères microscopiques.

PERSE, CHINE, JAPON, ROYAUME DE SIAM.

Pour achever la description du quartier oriental, il nous reste à dire quelques mots d'une étroite galerie qu'on y a réunie, et où figurent les principaux pays asiatiques.

Cette exposition fort incomplète ne nous ménage guère de surprises : ce sont les mêmes tapis de Perse que nous connaissons, les mêmes meubles en bois sculpté, les mêmes coffrets en laque, les mêmes étoffes à ramages lamées d'or, bigarrées de personnages aux yeux en amande, les mêmes paravents et les mêmes porcelaines, que nous sommes accoutumés à voir chez les marchands de curiosités de la rue Vivienne.

Peut-être pourrait-on citer cependant des cornes de rhinocéros, d'un merveilleux travail, de remarquables portraits de femmes, un joli miroir en acier poli sur pliant en laque, et un tableau représentant une promenade sur l'eau, dont les personnages se découpent en relief sur un autre plan que le paysage.

A la Chine appartient une curieuse vitrine de livres où l'on peut voir le texte officiel du traité de 1859, des numéros du *Moniteur de Pékin*, et le *Yking*, livre dont l'écriture primitive remonte à 1500 ans avant notre ère.

Il y a là des impressions du Thibet, à peintures et enluminures mêlées au texte, des choix de poésies, des traités bizarres, comme celui-ci : « 12 stratagèmes comparables à des murs en fer, entourés de fossés d'eau bouillante, pour la défense des villes. »

On y découvre enfin des romans intitulés l'*Épouse accomplie*, l'*Épouse d'outre-tombe*. Les littérateurs chinois, on le voit, cultivent le roman comme les nôtres, mais, s'il faut s'en rapporter au titre, nous sommes en droit de penser que les mères chinoises n'ont pas besoin d'en interdire la lecture à leurs filles.

Le royaume de SIAM nous présente seul quelques nouveautés, des instruments de musique en forme de pavillon, d'autres imitant des barques et portant une table analogue à celle de nos *Harmonica*, des flûtes en bambou ressemblant au *Syrinx* antique ; plus loin des ustensiles de ménage, des petits canons d'acier ciselé et une collection de masques, horribles à voir, destinés sans doute aux guerriers indigènes ; la foule s'arrête longuement devant un pavillon qui renferme deux modèles de **Guerriers siamois** à cheval, en grand costume et tenant en main d'immenses lances vernissées. On regarde aussi beaucoup des **Chaires de bouddhistes** à forme élégante, un nécessaire imitant la forme d'une pintade et une coiffure d'actrice ressemblant à un dôme pointu. Dans un coin deux figures curieuses représentent à ne pas s'y méprendre la *Misère* et la *Faim*.

En somme, l'exposition asiatique n'apporte au concours international qu'un contingent à peu près insignifiant, et qui n'atteste aucun effort particulier tenté en vue de cette grande lutte pacifique.

GALERIES AMÉRICAINES.

ÉTATS-UNIS, BRÉSIL, RÉPUBLIQUES, ETC.

Quoique les guerres civiles aient détourné trop longtemps l'Amérique des occupations industrielles, aient paralysé ses efforts et empêché ses préparatifs pour l'Exposition, elle ne s'est pas moins fait représenter au Champ de Mars, et dans tout ce qu'elle a envoyé se retrouve bien le caractère aventureux et incomplet de ses populations. L'Américain tient encore au sauvage d'un côté, tandis que de l'autre il touche aux confins de la civilisation la plus raffinée : son état social, produit d'une éclosion hâtive, porte à la fois la trace des institutions les plus avancées et des usages les plus barbares. A côté de ses wagons qui ne comptent qu'une seule classe, où la plus franche démocratie est pratiquée, vous pouvez voir le revolver que l'Américain porte toujours avec lui pour sa défense personnelle. Même lacune dans son industrie, si incomplète, si nulle sous certains points, si progressive sous certains autres, notamment sous celui des machines, dans lequel il devance l'Européen et lui fournit des modèles. Allez voir dans la galerie des annexes, tout à côté de la porte Suffren, cette magnifique *Locomotive* qui fait l'admiration de tous les visiteurs, non moins pour sa force que pour sa beauté. Pour en revenir à l'intérieur du Palais, l'exposition américaine se divise en quatre parties bien distinctes : les États-Unis, le Brésil, les îles Hawaï et les républiques de l'Amérique du Sud, bien différentes comme mœurs et comme productions.

Les ÉTATS-UNIS n'ont guère que leurs mines, dont ils ont envoyé plusieurs beaux spécimens, leurs pelleteries, dont on peut contempler la source dans l'*Ours blanc* empaillé, ce voyageur qui se confie aux banquises des mers polaires et poursuit sa proie sur les champs de glace les plus étendus. Les produits de leur industrie sont peu nombreux, mais caractéristiques : c'est un **Canon revolver** qui a servi dans la dernière guerre ; c'est une **Planisphère**, avec un mécanisme très-ingénieux, faisant mouvoir à la fois la terre, la lune, le soleil et plusieurs autres astres ; ce sont divers instruments à l'usage des dentistes, dont les Américains ont perfectionné l'art, non sans besoin ; ce sont des **Pianos** dont on a parlé beaucoup plus qu'ils ne le méritaient : ils ont une sonorité très-grande, mais la qualité et l'égalité du son laissent beaucoup à désirer. Ces pianos jouissent d'une réputation universelle, surtout depuis qu'ils ont obtenu à Londres la grande médaille d'honneur. Leur prétendue supériorité, dit-on, tient à deux perfectionnements, l'un qui leur permettrait de résister aux variations atmosphériques (il s'agit d'un barrage de fonte dans l'intérieur du piano); l'autre, qui donnerait aux registres une plus grande égalité que dans les pianos européens. Est-ce vrai? Si nous recherchons les choses curieuses, il faut nous arrêter à un système d'horloge antique qui indique simultanément les heures sur les cadrans les plus éloignés, et enfin donner un coup d'œil à l'**Orfévrerie**, où le génie national n'a pas moins laissé son empreinte ; deux des principales pièces sont des bateaux à vapeur en argent avec tous leurs agrès, et d'une longueur de 50 centimètres. A ce trait ne devine-t-on pas le peuple chez qui la machine est presque divinisée?

Les aveugles ont intérêt à visiter l'exposition des États-Unis où l'on s'est beaucoup occupé d'eux. Il n'y verront pas, mais ils y liront par le toucher, des Bibles et des Encyclopédies composées exprès pour eux en caractères gaufrés. Nous connaissons bien en France aussi ces impressions en relief; mais ici le caractère employé est le caractère romain ordinaire et non pas le système particulier de points que l'on emploie en France pour le même usage.

Les RÉPUBLIQUES américaines ont plutôt envoyé les produits de leur sol que ceux de leur industrie, et les ont exposés dans des salles dont la disposition, l'ornementation, rappellent la végétation tropicale de leur climat.

L'Uruguay avec ses *Costumes de Gauchos*, excitera toujours un vif intérêt parmi les visiteurs. L'un représente un laceur de bœufs, monté sur un cheval, un lacet à la main et se disposant à s'emparer de quelques-uns des ruminants qui paissent en liberté dans ces prairies solitaires; ici c'est un cavalier arrêté et interrogeant une jeune fille; plus loin, un gentilhomme ayant derrière lui sa femme enveloppée d'une mantille noire; celle-ci est simplement assise sur la croupe du cheval et non à cheval complétement, comme le faisaient les dames du moyen âge, qui conduisaient ainsi leurs chevaliers aux tournois. Chez tous ces habitants de l'Uruguay il y a quelque chose qui a plus de cachet encore que leurs vestes brodées, leurs pantalons blancs et leurs éperons, c'est l'expression de leurs yeux et leur épaisse barbe noire. Dans ces types il y a à la fois de l'Espagnol et du brigand.

Les îles Hawaï ont un élégant petit cabinet pour l'exposition de leurs produits. Enfin l'Amérique se termine par un assemblage complet des *Bois précieux* du Brésil, disposés dans une salle dont les parois et le plafond imitent assez bien par leurs peintures et par le demi-jour qui y pénètre à peine, les forêts vierges où croissent les objets qui y sont exposés.

ANGLETERRE.

Quoique la rivalité de la France et de l'Angleterre soit placée sur un terrain spécial qui est plutôt de la compétence des hommes du métier que des simples curieux, l'exposition de ce peuple industrieux et commerçant par excellence ne mérite pas moins une sérieuse attention. Si l'économiste se demande comment elle peut donner ses produits à plus bas prix quand ses ouvriers sont mieux payés que les nôtres, le visiteur prend plaisir à regarder son mobilier, son orfévrerie, tous les objets enfin où le luxe et la fantaisie se déploie, et où Londres essaye de faire concurrence à Paris.

On sait de quelle réputation jouit la métallurgie anglaise et quelle est la richesse de ses mines. Aussi, sans être spécialiste, passe-t-on avec une sorte de respect au milieu des échantillons de houille de Cardiff, des spécimens de fer du comté de Dudley, des fils de fer et de laiton exposés par M. Everitt de Birmingham, des pièces de fonte et d'acier envoyées par les usines de Sheffield.

Les dames cherchent en curieuses les célèbres aiguilles de Birmingham ou de Londres. Elles ne passent pas non plus indifférentes devant les instruments de ménage fabriqués à Wolverhampton, ni devant le matériel de chauffage, ces fourneaux économiques luisants, coquets, qui dénotent un goût prononcé pour le confort domestique.

Le confortable règne partout dans ce royaume ; s'il se montre dans la vie intérieure, il se révèle aussi dans la vie du dehors ; les objets de voyage, par exemple les sacs, sont des modèles de prévoyance ; on reconnaît bien là ces *gentlemen* qui ont l'habitude de parcourir le monde et d'y porter toutes leurs aises.

Une des merveilles de l'Exposition au point de vue métallurgique, c'est la grande **chaudière en platine** faite d'un seul morceau, qui a une valeur de 62 500 francs. Dans la même vitrine se voit un lingot du même métal, pesant 100 kilos et valant 85 000 francs. Un autre objet digne de remarque, c'est un collier de *diamants australiens* composé de topazes blanches de la plus belle transparence...

On sait la réputation des cotons, des draps, des *dentelles*, des *guipures* de Nottingham et des *mousselines brodées* d'Irlande et d'Écosse ; ceux que ces objets intéressent les trouveront dans la galerie des vêtements, ainsi que les soieries qui sont belles sans doute, mais que laissent bien loin derrière elles celles fabriquées à Lyon.

Les étalages anglais.

Ce qui frappe dans les exhibitions des Anglais, c'est le métier qu'ils font faire à l'art, c'est le sentiment pratique avec lequel ils comprennent le parti qu'on en peut tirer pour les étalages ; ils l'utilisent partout où il leur faut quelque *great attraction*, ils lui font faire comme une parade devant les spectacles les plus ingrats de l'industrie. Les dentistes figurent des sujets de tableaux avec des rangées de dents ; les vétérinaires, des arabesques avec des fers à cheval ; les pharmaciens, d'élégants monuments avec leurs flacons finement ouvragés ; les parfumeurs, des statues de savon ; les fabricants de bougie, des candélabres avec leurs blocs de cire gigantesques.

Cette habitude caractéristique déborde jusque sur la façade anglaise du Grand Vestibule. Là, parmi des merveilles d'étalage où l'Angleterre semble avoir mis en rang ce qu'elle a de mieux pour disputer à la France les premiers regards, vous voyez se dresser un monument gothique aux clochetons bariolés de vives couleurs. Il porte cette simple indication : « Manchester. » Vous croyez y trouver un modèle d'architecture ; mais approchez-vous ; cette chapelle sort d'une filature ! elle n'est qu'un spécimen des fils de coton de WATERS et Cie. Ses colonnettes sont faites en assises de bobines empilées, ses voutes, ses retombées, ses nervures ne sont que des enroulements de fils bleus, rouges, verts, jaunes. C'est là plus qu'un chef-d'œuvre de patience. Ces arrangements qui *mercantilisent* l'art, qui en font le serviteur de la réclame, sont tout un trait de mœurs.

Mais comme correctif l'art, l'art véritable est aux deux côtés de cette exhibition, représenté par de magnifiques groupes d'argent, sortis des ateliers de Hancock and son. Par là nous entrons dans l'orfévrerie.

Orfévrerie anglaise.

Il est dédié à Shakspeare, le premier des groupes que nous remarquons dans les vitrines de HANKOCK AND SON. Cela se devine à la figure du poëte élevé par une sorte d'apothéose au-dessus des divers personnages de ses tragédies, Hamlet, Ophélie, etc. L'autre est évidemment consacré aux victoires anglaises ; c'est un trophée de drapeaux gardés par trois cavaliers anglais de différentes époques, 1661, 1742, 1855. Est-ce une omission, est-ce une délicatesse internationale de l'exposant qui lui a fait taire la date de Waterloo !

L'orfévrerie anglaise a envahi par ses vitrines le Grand Vestibule. Là s'étalent les coupes (racing cups) données en prix dans les courses et conquises par les jockeys anglais; celle aussi gagnée par les volontaires dans le concours international de tir. Nous en recommandons la devise : « *defence not defiance* ».

Ce qu'il faut voir encore, c'est le magnifique pavillon occupé dans la galerie III par HUNT et ROSSKELL ; là le bouclier offert en 1857 à sir James Outram, général des armées anglaises dans l'Inde par ses compagnons d'armes ; là aussi un combat de cerfs où l'artiste paraît avoir triomphé des plus effrayantes difficultés de ciselure.

Le Cygne d'argent.

Où est le cygne? telle est la question qu'on entend le plus souvent dans la galerie anglaise, et quand on est en présence du superbe animal qui nage sur des flots argentés et qui étale ses ailes emplumées, tous les souhaits sont pour le voir bouger. Car il bouge à ses heures. Il ondule son long cou, il cherche dans les vagues quelques poissons innocents et précieux comme lui, il en fait sa proie et les avale tout simplement. Le plus beau spectacle est encore celui des spectateurs, les yeux petillent dans cette foule avec un éclat que tous les reflets de l'or ou de l'argent ne rendront jamais.

Mobilier anglais.

Les Anglais n'ont pas craint de rivaliser, pour le mobilier, avec l'exposition française; ils ont posté en avant-garde, sur le Grand

Vestibule, comme pour les opposer aux noms de Roudillon et de Lemoine, ceux de CRACE et de GILLOW.

Les visiteurs qui ne jugent du goût anglais que par ces deux installations à qui revient la lourde tâche de soutenir les premiers feux de la critique, se font l'idée peut-être exagérée que nos voisins d'Outre-Manche ont la main lourde dans leurs dessins ; — qu'ils s'embarrassent à la recherche d'un style qui leur manque ; — qu'ils n'ont ni sobriété ni simplicité dans la combinaison de leurs ornements.

Ce qu'on voit dès l'abord, en effet, ce sont de lourds dressoirs, plus chargés encore de couleurs que de sculptures ; un piano d'un goût douteux, aux lignes indécises, aux mélanges discordants de bois mal accouplés. — Mais la critique, dans ces termes sévères, ne doit pas être généralisée. Pénétrez plus avant.

Les Anglais ont quelque pas plus loin un très-bel ensemble, de quoi effacer cette première impression. Dans le magnifique carré qu'occupent MM. TROLLOPE AND SON, on notera une armoire en noyer, à cinq panneaux avec une glace au milieu ; ce meuble est incrusté de filets de divers bois, et cette fois l'alliance des couleurs est combinée avec une sagesse très-heureuse. A côté se trouve un bahut à pavillons contenant chacun entre quatre colonnettes une urne en bronze. Ce bahut a par son style et ses inscriptions latines quelques prétentions poétiques.

En face est l'exposition de MM. WRIGHT et MANSFIELD. Ils ont une armoire en citronnier assez délicatement ornée qu'ils donnent comme un spécimen du style anglais au dix-huitième siècle.

Le citronnier semble être un bois de prédilection pour les fabricants de ce pays. Ils en tirent du moins un parti remarquable, d'excellents effets. C'est là surtout que se réfugient la simplicité et l'élégance. Tout en sacrifiant à la mode du jour, le style pompéien, MM. HEAL AND SON sont parvenus à donner une physionomie exempte de bizarrerie a plusieurs meubles du même bois. Ce sont : une armoire, un lavabo, un lit, une glace forme psyché flanquée de deux panneaux ; tout ce mobilier a le même caractère : quelques filets dorés disposés en légers méandres en relèvent l'uniformité.

Dans un style emprunté aux traditions gothiques de l'ancienne architecture anglaise, on remarquera un dressoir d'un aspect mi-féodal, mi-religieux, de MM. Holland and son. Nous placerions ce meuble dans une sacristie.

Les curieux qui n'ont pas une sympathie marquée pour ces retours au moyen âge, se pressent plus volontiers devant la table ronde de MM. FILNER AND SON. Ceci est une invention moderne ; c'est plutôt le mécanisme que la forme qui fait le mérite de ce meuble. Une difficulté vaincue était celle-ci : Agrandir à volonté une table ronde sans l'ouvrir pour y placer des allonges, cette éternelle et unique ressource utilisée par nos pères en pareil cas. Là, les allonges sont circulaires et extérieures. Voilà l'*improvement.*

Enfin les Anglais ont de très-beaux lits de cuivre ouvragé de MM. Peyton.

Tapisserie anglaise.

Le public n'accorde pas une grande attention aux tapis anglais, qui sont relégués, on ne sait pourquoi, dans la galerie des matières premières. Cependant la fabrication des tapisseries est pour les Anglais une prétention, à coup sûr un espoir pour l'avenir. Il faut les entendre parler de leur *tapestry,* tapis imprimés à Halifax, de leurs « Axminster » fabriqués à Wilton, de leur « Jacquard », dits *Bruxelles*, dont les principales manufactures sont à Kidderminster. Pour tous ces produits, comme pour les étoffes peintes, comme pour les porcelaines, comme pour les cristaux, l'art décoratif s'affirme en Angleterre. Il se dit entré dans une voie progressive ; et partout une même cause est assignée : l'influence des écoles ouvrières.

Porcelaines anglaises.

La céramique anglaise, très-renommée parmi nous, tient grandement son rang. Elle est surtout représentée par la fabrique de MINTON and co qui couvre de ses produits variés un large espace riverain du Grand Vestibule. La fabrique Minton and co, à Stoke-sur-Trent, produit de tout, des faïences d'art, et des faïences communes, du biscuit de porcelaine, des services de table (notons en passant un service exécuté pour la duchesse d'Hamilton), et tout à côté des cuvettes et des pots à eau, des porcelaines peintes avec luxe et des coupes en émaux noirs. La réputation de leurs porcelaines est d'être légères et transparentes, on les dit encore bon marché ; mais de beaucoup nous préférons leurs faïences ; elles sont originales, elles sont artistiques, elles ont un cachet nouveau. La porcelaine anglaise au contraire, telle nous l'avons vue il y a douze ans, telle nous la retrouvons : pas de changement ; la vieillesse la gagne ; toujours les mêmes dorures et les mêmes festons.

Une autre fabrique importante est celle de WEDGWOOD and sons. Des figurines antiques en biscuit blanc se détachant comme des bas-reliefs sur un fond le plus souvent clair bleuâtre, telles sont les fameuses *porcelaines de Wedgwood*. L'antique célébrité de cette maison ne perd rien à l'Exposition. Elle s'y fait remarquer aussi par de belles peintures sur faïence.

Si là encore, pour le goût décoratif, les Anglais, comme ils le disent, sont en progrès, ils l'attribuent à l'éducation donnée par les écoles d'art aux ouvriers dans les districts manufacturiers.

La cristallerie anglaise.

Elles sont très-variées, les œuvres de la cristallerie de Londres ou de Birmingham. A côté des lustres de James GREEN, des candé-

labres en style grec de DOBSON, vous voyez des articles de gobe-
letterie pour usage de table manufacturés par MM. Chance, également
ment fabricants de verres pour phares. A côté des verres et des
carafes à gaufrures treillagées, encore de James Green, car il occupe un vaste emplacement, vous voyez dans l'étalage de John
Millar and Co, d'Édimbourg, des cristaux d'art, des flacons surtout;
tel de ces flacons, au ventre plat, est ciselé comme une orfévrerie.
L'artiste qui taille des sujets antiques sur cette fragile matière,
s'inspire d'excellentes traditions. Il contribue à donner aux Anglais le droit de se dire « en progrès pour l'application de l'art à
la décoration des cristaux. »

Bijouterie anglaise.

La bijouterie anglaise se révèle par des combinaisons heureuses
de pierreries qui ont un grand cachet d'élégance et de distinction.
Bien des convoitises, bien des péchés mignons d'envie, bien des
tentations féminines s'éveillent à la vue resplendissante de ces
colliers chatoyants de mille feux, de ces parures si riches de diamants et de perle. Il y a dans ce genre un diadème et des bijoux
éblouissants exposés par la comtesse de Dudley. Remarquez aussi
deux costumes des princes Esterhazy; le tissu en est tout brodé
de perles; deux coffrets armoriés appartenant au prince Al-
fred.

Modèle du palais des arts et des sciences.

Ce palais doit être érigé à South-Kensington, sous la direction
d'une commission provisoire présidée par le prince de Galles. Voici
à quelle destination on le réserve : à des Congrès scientifiques et
artistiques, nationaux et internationaux; à des concerts, à des dis-
tributions solennelles de prix, à des réunions de sociétés qui auront
pour but d'encourager les sciences et les arts, à des expositions
d'agriculture, d'art et d'industrie : rien que cela! Le modèle a été
fait par MM. Jackson et fils.

Combat entre un lion et un tigre.

(*The struggle.*)

Ces féroces combattants sont empaillés et, pour plus de sûreté,
mis sous verre, rassurez-vous. Tout ensanglantés de leur lutte, ils
se tiennent embrassés dans un mutuel déchirement, sur le corps
gisant d'une victime qu'ils se disputent. Cette scène d'histoire naturelle dramatique vaut un très-grand succès au naturaliste.

Les pianos anglais

·י occupent une grande salle que domine magnifiquement un **orgue
coloré** de Bryceson, flanqué de petites orgues de Bevington et de
Chenal and son.

Librairie et imprimerie anglaises.

L'Angleterre se fait remarquer par ses éditions de luxe; on voit
que nos voisins ont beaucoup de guinées à leur disposition. Je ne
la blâme pas, au reste, parce qu'en retour elle fournit au pauvre
pour 10 centimes un ouvrage de 384 pages in-32! Et ses journaux!
les avez-vous comptés? Un par idée. Il en a été enregistré 1657
dans l'année terminée au 30 juin 1864. Ce qui alimente surtout le
commerce de librairie de l'autre côté du détroit sont les publications religieuses. On ne peut les énumérer. La *Bristish and Foreign
Bible Society* a publié le livre saint dans toutes les langues connues. On s'arrête aussi avec intérêt devant la Bible offerte au
prince de Galles.

EXPOSITION INDIENNE.

L'exposition indienne est une des curiosités non-seulement de
l'exposition anglaise, mais de l'exposition tout entière, et les trois
ou quatre salles qui y sont affectées comptent parmi les plus intéressantes du Champ de Mars. En vain les livres, les gravures, les
récits des voyageurs nous ont familiarisés avec cette civilisaticn
orientale si différente de la nôtre. Dans ce pays du soleil et des castes
aristocratiques, tout (du moins tout ce qu'on voit), tout est or, soie
ou velours. Regardez ces étoffes dont la richesse semble un rêve,
ces selles magnifiquement chamarrées, ces gazes brodées d'or et
d'argent, ces vases en or repoussé, sur lesquels est mollement
étendue une déesse indienne, ces joyaux de Golconde, ces bijoux
qui ont un caractère si étrange, et dont le travail témoigne d'une
patience aussi grande que celui des châles. Les *Mille et une Nuits,*
les féeries de l'Opéra n'avaient jamais éveillé dans l'esprit des désirs
aussi insensés que la vue d'un pareil luxe peut en faire naître.

Voici un ameublement de Bombay en ébène sculpté et découpé à
jour, qui n'est effacé que par les rares produits artistiques que nous
possédons en ce genre, car la richesse a toujours été effacée par
l'art. On ne saurait compter les sculptures en ivoire, les statuettes
et les pagodes; mais il faut remarquer les peintures sur verre, où
les costumes indiens sont reproduits avec une si grande fidélité, et
les photographies représentant certains monuments de l'Inde, notamment la *pagode de Bancalor* et le *temple de Robeneswar.*

ILE DE MALTE.

Auprès de cette dernière salle, allez voir un cabinet uniquement consacré à L'ILE DE MALTE : un paysan, une paysanne maltais sont debout dans leur simple costume; comme trait distinctif ils portent un chapelet et de grosses épingles à tête d'argent. Dans une vitrine une grande dame maltaise, curieux mélange d'Orientale et d'Espagnole. Des vases en terre de Malte ingénieusement sculptés, un plan de l'île, des photographies de ses principaux aspects, suffisent pour donner une idée de ce petit coin de terre si célèbre jadis.

BEAUX-ARTS.

L'exposition des beaux-arts, cette année, ne ressemble en rien à celle de 1855. En 1855 les beaux-arts étaient isolés dans une Annexe, il fallait s'y rendre exprès, et une fois entré il vous était impossible de soulager la fatigue des yeux. Cette année, quand cet éblouissement inévitable que cause à la longue la vue des tableaux commencera à vous gagner, vous aurez un refuge naturel dans les galeries voisines où l'on pénètre par de nombreuses issues.

Ce n'est pas seulement cette amélioration matérielle qui différencie les deux expositions, celle de 1855 et celle d'aujourd'hui. Elles sont plus profondément dissemblables encore par leur caractère. On se souvient que l'Exposition précédente admettait des œuvres remontant presque aux premières années de ce siècle. C'était l'étalage solennel de toutes les richesses artistiques accumulées depuis près de trente ans. Les diverses nations, les diverses écoles s'y paraient de ce qu'elles avaient de plus célèbre et de plus saillant. De là, un singulier mélange de dates, des anachronismes, si l'on peut parler ainsi. Les erreurs dont on était revenu, les passions éteintes, les luttes assoupies se réveillaient, et dans le pêle-mêle des tendances passées, les tendances du jour devenaient insaisissables. Le romantique par exemple reprenait sa vieille querelle avec le classique. Ingres se redressait devant Eugène Delacroix. Le public dérouté par ces résurrections ne savait pas suivre du regard les progrès récemment accomplis et se méprenait sans cesse sur la signification de l'art moderne. Sans doute il fallait cette solennelle convocation de l'œuvre artistique de notre siècle pour prendre un point de départ et mesurer ensuite l'espace parcouru. Mais nous sommes arrivés maintenant à une période plus intéressante encore.

Qu'est devenu l'art depuis douze ans ? à quel idéal nouveau aspire-t-il ? quel profit a-t-il retiré de ce grand enseignement des expositions internationales ? Répondre à cette question est le privilége de l'Exposition actuelle. Elle donne une idée plus nette de la physionomie de l'art moderne, un pressentiment de son avenir. Elle accuse une réaction plus prononcée contre les systèmes de peinture qui étaient en rivalité sous le règne de Louis-Philippe, et qui

dans les entraînements de la lutte exagéraient leur antithèse par
des contrastes extrêmes. Les disputes sur la ligne et la couleur
n'ont plus d'écho dans les galeries que nous allons parcourir ; il y
a encore de la fantaisie, de l'archaïsme, une prédilection pour le
réalisme ; mais les angles sont adoucis, et ce qui domine aujour-
d'hui, c'est une entente commune pour observer scrupuleusement
la nature. En un mot moins de caprice, moins de hardiesse aussi,
mais plus de conscience.

I. GALERIE DES BEAUX-ARTS.

FRANCE.

SALLES 1, 2 ET 3.

Jusqu'à la fin de juin, les deux premières salles de l'exposition
française ne contenaient que des sculptures : d'abord une assemblée de bustes qui semblaient réunis en séance solennelle, sous la
présidence du *Prince Impérial*, debout, au milieu d'eux, appuyé
sur son escorte fidèle, un fort beau chien, ma foi! (œuvre de
CARPEAUX).

A droite, à gauche avaient pris rang des têtes disparates qui
n'avaient pas pour habitude de penser ensemble : la tête très-ar-
tistement comprise en terre cuite par CARRIER-BELLEUZE, d'un
véritable artiste aussi, *Théophile Gautier*. (Plus loin nous trouverons
son portrait par Bonnegrace.) La figure carrée, calme et forte, de
l'apôtre du Saint-Simonisme, *le père Enfantin*, par MILLET. A côté
de lui *Auguste Comte*, le chef de l'école positiviste, par A. ETEX.
Tout auprès *Richard Cobden* faisant vis-à-vis au *R. P. Ventura*
ancien général des théatins. Entre les deux, parmi plusieurs offi-
ciers supérieurs de l'armée, le *général Bigot*. Puis M. *Lefuel* archi-
tecte de l'empereur : ces quatre bustes, de tons si différents, font
honneur au ciseau souple et impressionnable de M. OLIVA.

Puis, dans la salle suivante, deux groupes d'animaux sous verre :

L'un en plâtre, de MOIGNIEZ : *Coq défendant sa famille* contre une
fouine ; les poussins effarouchés se jettent au hasard sous l'aile de
leur mère. Toutes les plumes légères et fines se détachent à merveille. Cette volaille a des émotions qui sont à la hauteur d'un
drame.

L'autre en cire, par MÈNE : *La prise du renard ;* chasseur écos-
sais, chiens et chevaux sont réunis avec ce goût d'amateur et d'artiste auquel on reconnaît toutes les compositions de Mène. Nous le
retrouverons dans les salles des bronzes d'art.

A l'autre bout de la salle :

La Science, plâtre bronzé, par GUMERY. Une attitude sévère,
digne, réfléchie qui rappelle un peu celle du *Pensiero*.

Famille de tigres, plâtre jauni, par CAÏN. Rien de majestueux comme cette tigresse qui, sa proie à la bouche, fière de nourrir ses petits de sa conquête, reste campée devant leur joie et leur admiration.

Quelques beaux émaux. *La promenade*, une charmante grisaille sur fond rouge, par HAMON.

La salle 3 contenait quelques peintures remarquables qui y sont encore pour la plupart : de DAUBIGNY, un de ces paysages gris-mornes, à teintes argileuses, qui ont séduit son talent.

De MERLE dont l'œuvre se continue salle 5, nous avons ici un bon tableau : *Pauvre Mère!* (467).

Et de CABANEL un tableau appartenant à l'Empereur et qui a figuré ces derniers temps à l'Élysée-Napoléon : *La naissance de Vénus* (122). Née vaporeusement d'un flot d'écume et d'un jeu de lumière, cette intention de femme, cette forme transparente vient à peine de prendre un corps, mirage ou illusion! Mais déjà les amours s'ébattent autour d'elle.

Citons comme études orientales, pour joindre à ce que le Parc nous a déjà appris : *Un café de Galata à Constantinople* (de FRÈRE, nᵒ 267). *Le bazar des tapis* dans le Khan-Khalil au Caire (de MOUCHOT, nᵒ 490).

La disposition de ces trois premières salles a été modifiée récemment par l'admission d'un grand nombre de tableaux provenant du salon de 1867 et qui avaient été exposés jusqu'alors au Palais des Champs-Élysées. Les quarante artistes médaillés à cette exposition avaient de plein droit leur place marquée au Champ de Mars; on y a joint plusieurs artistes hors concours. Nous retrouverons donc des toiles déjà célèbres :

La *Synagogue d'Amsterdam* (sermon de Daïan Cardozo), de BRANDON, qui a obtenu un grand succès à force d'exactitude et d'observation vraie.

Le *Marché de Saragosse*, de TABAR, un peintre exact aussi, qui a le don de saisir les traits caractéristiques et de les rendre avec fidélité, avec chaleur, avec entrain.

Les *Bouffons au seizième siècle*, de ZAMACOÏS. C'est une procession de difformités joyeuses, de nains qui grimacent, de fous qui s'évertuent à rire; mais il n'y a rien de triste comme cette folie de commande, comme cette gaieté de profession. — Un autre tableau du même : la *Contribution indirecte* (un moine mendiant se gobergeant dans un château).

On aura quelques comparaisons intéressantes à faire :

Un *Marché d'esclaves*, en Turquie, et un *Marché d'esclaves* dans l'ancienne Rome. L'un est de GÉRÔME : le marchand étale son magasin de beautés féminines dans le *patio* d'un riche musulman, qui examine en connaisseur. On n'achète pas autrement un âne ou un chien, dans les foires européennes. — Autres temps, autres mœurs, dit-on souvent. Voyez cependant le second tableau, celui de Victor

Giraud : un Romain de bonne maison, de haute venue, choisit avec
une élégante désinvolture parmi les marchandises humaines que
lui offre un vieil usurier.

Lewis Brown et Schreyer se sont à peu près rencontrés sur le
même sujet. Le *Lendemain* de l'un, comme l'*Abandonné* de l'autre,
représente un champ de bataille d'une effrayante désolation. Des
chevaux sur un tertre, hennissant dans la solitude, sous un ciel
lugubre, semblent tout ce qui reste du combat.

La *Leçon de chant*, donnée par un gamin à un oiseau, et le *Tribunal*, deux bons tableaux de Schlœsser.

La *Jeune fille de Rhodes*, de Mlle Henriette Browne.

Une *Halte de cavaliers*, de Gros, que l'on pourra comparer à celle
de Meissonnier, son maître.

Une *Junte à Cadix*, de Rodriguez. — Quelques beaux *paysages*
de Bernier, de César de Cock, de Maisiat, etc.

Voilà, parmi les nouveaux hôtes du Champ de Mars, quelques-
uns des plus remarqués.

Dans la rue de Flandres :
Une charmante composition de Compte-Calix : *Le vieil ami* (157).
Comme il est accueilli, ce vieil ami de l'ancien régime ! les enfants
s'empressent à lui porter un de ces lourds et bons fauteuils d'autrefois. Une jeune fille lui prend sa canne, l'autre lui défait sa
douillette, la marquise attendrie lui abandonne sa main, le vieux
marquis ne cache pas sa joie, il prépare déjà des projets de tric-trac.
Tout le château s'émeut et se réjouit. Le vieil ami est revenu !

LES GRANDES SALLES DE PEINTURE FRANÇAISE (4 et 5).

L'impression en entrant est très-favorable. Les deux salles sont
bien disposées et bien remplies. On retrouve çà et là quelques tableaux connus, vieux amis qu'on n'avait pas oubliés, mais qu'on
n'avait pas occasion de revoir ; on les salue des yeux et même du
cœur. Ici les Yvon, les Hamon, les Gérôme, les Daubigny... ; là,
dans la seconde salle les Meissonier, les Jules Breton, les Rosa
Bonheur.... On espère les revoir tous. Hélas, la mort a fait des vides
dans les rangs. Elle nous a enlevé romantiques et classiques, les
maîtres, Ingres, Delacroix, ces deux athlètes, ces deux croyants, si
passionnés et si discutés dans leur foi, qui ont soutenu leur dernière
grande lutte à l'Exposition de 1855. Horace Vernet, Decamps, Dela-
roche. Qui encore ? Ce malheureux Troyon, Bellangé, Hippolyte
Flandrin. Mais au moins ces trois noms sont-ils représentés ; leurs
œuvres sont encore là ; salut aux nobles orphelines ! Que de pinceaux créateurs et puissants perdus pour les arts !

Au milieu de chacune des deux grandes salles, à la place d'honneur, se tient le *portrait de l'Empereur*, d'abord en costume de

général, par feu Hippolyte FLANDRIN ; puis en costume de cour,
par CABANEL. On voit aussi en plus petite dimension le *portrait de
l'Impératrice*, par WINTERHALTER.

Les grands Tableaux.

Les premiers regards se portant toujours sur les œuvres de grande
dimension, il faut bien en parler d'abord. Voici celles qu'on a disposées dans la première des deux salles :

La prise de la tour Malakoff en Crimée, 1855, par YVON.

La *gorge de Malakoff*, par le même.

Du même peintre un tableau plus petit, qui n'est point sans mérite : *Convoi de blessés*, traînés par des bœufs à travers une brûlante
poussière (n° 620). Qu'on songe après cela aux ambulances si
soignées et si confortables, qu'on voit exposées dans le Parc !

L'*Enfant prodigue*, par Edouard DUBUFE.

Ceux qui ont vu le salon de 1866 se rappellent l'effet produit par
cette peinture théâtrale où se trouve brillamment réuni tout ce
qu'aime la jeunesse : la poésie, l'amour, la musique, la danse, le
jeu. Au milieu, le terrible étourdi affolé de sensualisme. — « Où
est donc l'enfant ? » demandent des gens qui prennent le livret trop
à la lettre. L'enfant! il se retrouve en cet adolescent qui croit aux
fêtes éternelles de la vie !

Les grandes toiles qui frappent les yeux dès l'abord, sont dans
la salle suivante :

Bataille de l'Alma (Crimée 1854), par PILS.

L'artillerie traverse un torrent, escortée de tirailleurs algériens.

Placé comme pendant, un tableau du même peintre (le même, le
croirait-on ?) nous transporte dans la patrie de ces tirailleurs :

L'*Empereur à Alger* (1860) reçoit la soumission des chefs des tri-
bus kabyles. Comme lui, debout sous le dais, l'impératrice en toilette blanche (peinte au savon, semble-t-il), se détache sur les vives
couleurs de tous ces costumes éclatants. — La bonne volonté de
l'artiste peut seule excuser une pareille toile.

Varsovie le 8 avril 1861, par Tony ROBERT-FLEURY.

Sur la foule polonaise, à genoux et sans armes, les troupes russes
font feu. Au salon de l'année dernière, ce tableau, amère et navrante
protestation contre la force brutale, avait déjà produit une grande
sensation.

Le Paradis perdu, une autre œuvre de CABANEL, qui ne fait pas
oublier sa *Naissance de Vénus*, ni sa *Nymphe enlevée par un faune*.
L'Écriture sainte ne se reconnaît plus sur cette palette mythologique. On se demande pourquoi le dieu vengeur s'est revêtu d'un manteau violet à l'instar des prélats, ses ministres sur terre. La toile est
grande, mais on dirait que les couleurs se sont délayées et disten-
dues pour couvrir tant d'espace.

Voilà les œuvres solennelles qui, par droit de grandeur, de force et de conquête, prélèvent sur nos regards un tribut d'entrée. Nous avions hâte de les nommer, pour ces visiteurs précipités qui ne font que passer au pas de course et n'aperçoivent que ce qui est grand.

Et maintenant, aux intimes!

1re *grande salle (salle 4).*	2me *grande salle (salle 5).*
19 à 25..... feu Hipp. Bellangé.	50 à 59...... Rosa Bonheur.
99 à 101..... Brion.	83 à 92...... Jules Breton.
106 à 112..... Henriette Browne.	158 à 160..... Comte.
185 à 192..... Daubigny.	161 à 167..... Corot.
210 à 214..... Blaise Desgoffe.	171 à 174..... Courbet.
288 à 300..... Gérôme.	371 à 375..... Jalabert.
324 à 330..... Hamon.	381 à 382..... Jourdan.
443 à 445..... Maréchal.	396 à 401..... Landelle.
523 à 525..... Protais.	449 à 462..... Meissonier.
539 à 542..... Th. Rousseau.	466........... Merle.
	484 à 485..... Moreau.
	599 à 603..... feu Troyon.

Feu Hippolyte Bellangé.

Nous devrions parler de lui longuement; c'est la dernière fois que son œuvre paraît dans nos expositions; il est représenté à celle-ci par sept tableaux dont le sujet touche la fibre populaire. Jamais la foule, surtout celle du dimanche, ne laissera inaperçue *la Revue sous l'Empire,* en 1810. On n'a pas assez d'yeux pour ce splendide défilé de la vieille garde, devant l'arc du Carrousel; le tambour-major semble prendre pour lui toute cette ovation.

Que sont devenus quatre ans après ces brillantes parades, ce soleil radieux des revues impériales? Triste contraste! tout à côté de ce tableau qui sourit d'orgueil, viennent des tableaux qui pleurent de désespoir : *la Retraite de Russie, les Cuirassiers de Waterloo, la Garde meurt* (1815).

Et cependant il y eut encore un jour d'heureux au milieu de ces désastres; une lueur d'espoir renaissant; une preuve de cette adoration tenace que les Français ont pour la gloire. Ce jour-là, Bellangé l'a saisi de son admirable pinceau en nous montrant un épisode du *Retour de l'île d'Elbe.* L'empereur salue; les paysans acclament et pleurent de joie. Ils reçoivent leur maître, et marcheront encore avec lui sous les feux croisés de la coalition.

Mlle Rosa Bonheur.

Quelques critiques croient bon de se tenir en garde contre les distinctions officielles qui ont tant de fois récompensé la célèbre artiste ; ils craignent que sa réputation ne soit surfaite. Contre ce doute, le public proteste toujours. Sans lire la signature, il devine un peintre qui connaît la vie agreste et la retrace avec vérité, parce

qu'il l'aime avec passion. Tout cela, nous l'avons vu quelque part
un jour. Ces paysages, ces troupeaux, ces bergers, ces moutons
nous sont familiers. C'est une échappée dans nos souvenirs de vil-
légiature, de vacances ou de voyage.

Jules Breton.

Son nom tant de fois répété avec éloges dans les derniers salons
semble se remettre en question devant ce public cosmopolite qui,
rassasié de merveilles, ne parcourt l'Exposition que pour y chercher l'extraordinaire et le surprenant. Les tableaux de M. Jules
Breton n'étonnent point, tant ils sont simples et naturels! Ils
échappent aux regards, mais ceux qui aiment ce jeune et poétique
talent, savent le retrouver. Ses *Glaneuses*, ses *Sarcleuses*, sa *Gar-
deuse de dindons* sont dans tous les souvenirs; quand ils ont paru,
ces tableaux ont été une révélation, ils nous ont fait pénétrer dans
des existences inexplorées; ces pauvres enfants des campagnes
voués à l'ignorance et à la misère, il ne nous semblait point qu'il y
eût en eux une pensée, une rêverie à laquelle nous pussions asso-
cier nos pensées, nos rêveries. Jules Breton a eu l'art de nous ré
concilier avec cette paysannerie jusqu'alors étrangère à notre idéal.
— Du reste, cette innovation ne lui appartient pas en propre; le
sentiment était dans l'air, comme on dit, il a fait éclore de tous
côtés des *Tondeuses de moutons*, des *Vendangeuses*, des *Moissonneuses*, des *Semailles* et des *Récoltes de pommes de terre;* mais
concevoir n'est rien, exprimer est tout, et au milieu de cette vulgaire abondance, les peintures de M. Breton se distinguent encore
par l'expression.

Mme Henriette Browne.

C'est un tableau très-remarqué que ses *Sœurs de charité*.

Courbet.

Peu de chose de lui ; mais un *paysage* qui rappelle le peintre de
la Halte aux chevreuils. Une eau bruissante qu'on croit entendre
sous des ombrages pleins d'une fraîcheur qu'on croit ressentir.

Ch.-Fr. Daubigny.

Vallée d'Optevoz (Isère). C'est morne, c'est mélancolique. L'eau
emprisonnée dans de grisâtres rochers est noire de leur reflet, plus
noire encore du reflet du ciel.
Les Bords de l'Oise. Les arbres sont bien un peu vagues. La place
du feuillage est marquée par une teinte verte. C'est le genre exa-
géré d'une école qui a l'horreur des patientes découpures, et certes

elle a raison de ne point vouloir que les branches, les feuilles, les épis soient comptés un à un comme dans certains paysages anglais, ceux de CoLE, par exemple. Mais où allons-nous si nous n'en comptons plus du tout?

Gérôme.

Il a fourni treize tableaux à cette exposition. C'est encore trop peu. Tous doivent être vus; tous sont empreints de cette causticité philosophique qui sait se faire comprendre en France.

Ne vous souvient-il pas, en effet, de ce *Duel au sortir d'un bal masqué*. Le duelliste habillé en sauvage; l'étourdi pierrot qui s'est taillé un suaire dans les oripeaux de la folie : quelle plus amère interprétation du duel !

Les *Gladiateurs* aussi vont s'entre-tuer, ceux-là pour le plaisir d'un maitre, qu'ils saluent avant de mourir.

Plus loin, *César meurt* frappé en plein-sénat par ses flatteurs de la veille. Il tombe au pied même de sa statue.

Les *deux Augures*. Ils auraient du mérite à se regarder sans rire.

Phryné devant le Tribunal. Ces choses-là se passaient à Athènes. Plaider son procès d'un geste qui prouvait que l'accusée était belle, c'était gagner la cause devant des juges athéniens. Mais ce tableau irrévencieux pour l'avocat l'est encore plus pour la justice humaine. Passons; c'est affaire aux gens de ce temps-là de regarder et de ne point rougir.

Faut-il parler de l'*Almée*, au ventre nu, à la danse langoureuse? Ce serait tomber de Charybde en Scylla. Et cependant devant cette indiscrète révélation des mœurs orientales, il y avait toujours foule au salon de 1864.

Hamon.

L'*Aurore buvant la rosée dans le calice des fleurs*, éclipse par sa grâce ses gracieuses voisines, les autres conceptions de M. Hamon. Le volubilis est frais, léger; plus fraiche encore et plus légère, la fillette aérienne qui se hausse des pieds sur une feuille sans la faire fléchir.

Jalabert,

On peut ne pas aimer cette apparition fantasmagorique baptisée le *Christ marchant sur la mer*. Mais s'il y a quelque hardiesse dans cet effet de lumière électrique entre deux immensités noires, le ciel et l'eau, il faut reconnaitre aussi beaucoup d'originalité et de mouvement dans la composition.

Une comparaison à faire : le même sujet est traité par BRION (100).

Maria Abruzese. Petite fille étiolée, souffreteuse, qui semble nous demander le pourquoi de sa misère, le secret de sa destinée

Jourdan.

Léda. Mais on préférera sans doute :
Les secrets de l'Amour. Attitude charmante. Vous retrouverez
dans les sculptures italiennes un sujet analogue : une femme aussi
qui écoute un amour chuchoter à son oreille.

Landelle.

Femme fellah (de l'Asie Mineure).

Meissonier.

On a tout dit sur Meissonier. Son talent si connu est à l'abri des
éloges vulgaires. Parmi tous ces petits tableaux devant lesquels
on dépense de si grandes heures, si volontiers, c'est toujours la
Lecture chez Diderot qui a les prédilections des connaisseurs.

Mais le *Corps de garde*, mais les *Cavaliers se faisant servir à boire*,
mais le *Capitaine*, si fièrement campé, ne sont pas des succès moins
populaires.

Quelles expressions aussi dans cette anecdote du *Général Desaix
questionnant un paysan !*

Et cette admirable scène de la *Campagne de France en* 1814! Ce
triste état-major, cheminant silencieusement, derrière le grand
Empereur pour la première fois vaincu, les débris de notre armée
traversant les pleines neigeuses, foulées par l'ennemi. Quelle page
d'histoire! qui en dit plus dans son petit cadre que bien des toiles
déroulées sur les murs de nos musées historiques.

Entre ces deux salles de peinture, dans la Rue de Paris, nous
trouvons une exposition curieuse des **Bustes de Napoléon** à tous
les âges, groupés autour de sa statue en pied. Toutes œuvres de
Guillaume. Depuis l'école de Brienne, toutes les dates qui ont
traversé la vie du jeune Bonaparte, sont figurées par son visage
qui porte leur empreinte : il est général; sa tête rayonne alors
de fierté juvénile et d'ambition pressentie. Il est premier Consul.
Il est Empereur. Il commande à tous les rois, c'est 1812. Puis
l'expression se rembrunit et s'attriste; c'est le penseur de Sainte-
Hélène qui apparaît.

Le même carré contient une bizarrerie de travail sur marbre, est-
ce bas-relief, est-ce mosaïque, est-ce gravure? Un peu de tout
cela; c'est une invention du baron de Triqueti. Ces tableaux sont
intitulés : **En tarsia de marbre.** Mais si étrange que soit le procédé, l'effet du dessin est très-remarquable; il y a une harmonie

de teintes qui s'adaptent fort bien aux sujets bibliques choisis par
l'artiste : *Daniel* dans la fosse, *David* jouant de la harpe, etc.

PAYS-BAS.

On chercherait vainement dans le Palais l'exposition des Pays-
Bas. C'est dans le Parc qu'on la trouvera installée. Elle y occupe
une annexe que nous parcourrons plus tard. (Voir p. 155.)

BELGIQUE.

La Belgique, de même. (Voir p. 156.)

Mais la section belge, dans le Palais, contient une table remplie
de petits groupes sculptés qu'il est difficile de voir à son aise à
cause de l'affluence de visiteurs qui les entoure ; mais il faut les
voir absolument ; ce sont les n^{rs} 233-239 :

Terres cuites de Léopold Harzé (de Bruxelles).

Plusieurs scènes d'un comique achevé, quelques-unes tirées de
Molière : *Tartufe*, et surtout l'assaut d'escrime entre le *Bourgeois
gentilhomme* et *Martine*.

Une imagination fertile en traits plaisants, une gaieté de bon
aloi, une ravissante interprétation des physionomies et des gestes,
toutes ces qualités secondées par une rare facilité d'exécution,
caractérisent ces œuvres charmantes à étudier en détail, la *Cruche,
à l'eau*, *Falstaff et Dorothée*, *la Mère aveugle*, « Lise, vous ne filez
pas. »

Nous recommanderons surtout : *le Peintre qui s'endort en faisant
le portrait de la marquise* (238). Il y a des accessoires, rondes-bosses
d'amours qui rient dans un coin, qui sont disposés avec une artis-
·tique malice.

PRUSSE.

La Prusse qui s'est tant agrandie, n'a pas encore donné à ses
beaux-arts une ampleur en proportion avec sa taille. Les créations
largement conçues, les idées magistrales font visiblement défaut.
Ceux qui les aiment pourront traverser la salle sans s'y arrêter
une minute. Car ce ne sont pas les batailles de Hunten, ces *Victoires de Duppel*, remportées par des bonshommes de plomb épar-
pillés sur une table, qui donneront une haute idée de l'art prussien.
Ce n'est pas non plus la *Dispute entre Luther et le docteur Eck*, une
grande toile cependant, peinte par Hubner, professeur à Dresde.
Mais grande toile n'est pas grand tableau.

Et même parmi les petites choses, de qui parlerons-nous quand nous aurons cité :

Une vue orageuse d'*Amsterdam*, par ACHENBACH ;

Une scène de *Carnaval à Venise*, par BECKER ;

De jolies fantaisies d'intérieur par KNAUSS, un observateur très-habile à saisir le comique des silhouettes et des expressions. On s'amuse franchement devant son *Saltimbanque*. Ce sont encore des types bien rendus, que ces *Paysans recevant une réprimande de leur curé*.

Dans le même genre : *la Fête d'un vieux maître d'école*, par LASCH.

Est-ce tout ? — On regarde beaucoup encore, à cause de l'actualité surtout, l'histoire d'un cordonnier à qui on vient apprendre qu'il a gagné le *gros Lot*. Le sujet a inspiré M. MEYER.

Nous retrouvons deux vieilles connaissances des salons derniers :

Les cinq sens par SCHLESINGER.

La promenade des cardinaux à Monte-Pincio à Rome, par HEILBUTH.

GRAND-DUCHÉ DE HESSE.

Elle est petite, l'exposition du grand-duché : Elle se compose de deux tableaux, mais ce sont, comme scènes de mœurs, deux vrais bijoux. La foule amusée s'y arrête à l'envi. Ils sont signés SCHLŒSSER.

L'un, *le Fruit défendu*, représente une école qui s'est mise à fumer la cigarette en l'absence du maître. Mais l'heure de la justice arrive. Le maître est là, il a l'œil sur les scélérats.

L'autre : *Pendant le sermon*. Ces paysans qui dorment sur leur banc : ces enfants qui s'ennuient ou qui jouent clandestinement. Qui n'a vu cela ? Qui ne le revoit avec plaisir ?

GRAND-DUCHÉ DE BADE.

Passons rapidement, rien à signaler qu'un beau paysage de Hans GUDE : *Montagnards norvégiens se rendant à leurs chalets;* et un autre paysage, très-remarquable aussi, la *forêt de Fontainebleau au clair de la lune*, par SAAL.

ROYAUME DE WURTEMBERG.

Onze tableaux seulement. Faut-il s'arrêter à ceux d'HŒBERLIN (*les femmes de Schorudorf*, épisode de la guerre de Louis XIV contre l'Allemagne; *le départ de la conventualité du cloître d'Alpirsbach*)? à ceux de RUSTIGE (*le duc d'Albe à Rudolstadt; l'Enfant trouvé*)? Ils mériteraient peut-être l'attention, mais le temps presse!

ROYAUME DE BAVIÈRE.

Nous voilà en Bavière, une terre artistique. On aime les beaux-arts à Munich, on les encourage, on les comprend. Les galeries royales, les galeries particulières y sont riches de trésors. Certes, l'exposition bavaroise est une des plus belles; seulement elle est incomplète ici, on l'a scindée, mi-partie dans le Palais, mi-partie dans le Parc, c'est dommage. Mais le peu qu'on voit dans le Palais attirera bien du monde dans le pavillon du Parc où se sont réfugiées les principales œuvres. (Voir p. 157.)

Quand il n'y aurait pour entraîner là-bas que la curiosité de connaître le second tableau de BAUMGARTNER! Le premier est ici : une joyeuseté digne de Rabelais : *la Légende des sept Souabes chassant le monstre.*

C'est un mélange heureux de gravité et de bonne humeur. Comme la forme épique du groupe révèle un artiste, on approche, on étudie, c'est de l'histoire! puis on se met à sourire, la légende, la satire se sont révélées! Ils sont là tous les sept, ces pourfendeurs de monstre imaginaire ; le « Souabe aux gâteaux » terrifié ramasse à la hâte ses provisions et court à la lance commune. Les quatre fils d'Aymon n'avaient qu'une monture ; les sept Souabes n'ont qu'une lance. Mais ils ont résolu à s'en servir en héros contre l'ennemi redouté, un lièvre qui court dans le lointain. Vous souvient-il d'un sculpteur, Auguste Bartholdi, qui a naguère traité avec le même art et le même esprit cette antique légende allemande?

AUTRICHE.

L'Autriche n'offre point de tableaux remarquables, si ce n'est de M. MAJETIKO, un Polonais, *la Diète de Varsovie* en 1773, grand sujet traité dramatiquement avec un art expressif, mais le coloris en est argenté et fatigue par ses scintillements métalliques.

De M. Aug. SCHŒN : *Un café turc* — qu'on pourra comparer avec celui qui figure à l'Exposition.

Une mascarade surprise dans son oublieuse gaieté par la venue du jour; toile intitulée : *la Nuit et le Matin.*

De M. Othon de THOREN : un *portrait équestre de l'empereur d'Autriche*, avec sa tunique blanche et son large panache vert. — Il n'y a rien d'artistique dans cette image à l'huile.

SUISSE.

La Suisse a une exposition spéciale dans le Parc. (Voir p. 159.)

L'ESPAGNE.

Les arts ont dans ce pays une vitalité tenace qui les fait résister à toutes les causes de décadence; souvent ils semblent près de s'éteindre, et tel était le pronostic de tous ceux qui virent l'Exposition de 1855. Mais ils ont fait un nouvel effort depuis pour se relever de cette défaillance et ils revivent cette fois par quelques bons tableaux de GONZALVO, de PALMAROLI (*un sermon à la chapelle Sixtine*); de SANS (*la mort de Thurruca l'épée à la main sur son navire*); de CASADO DEL ALISAL (*les deux chefs*), et surtout de ROSALES (*Isabelle la catholique dictant son testament*), un chef-d'œuvre, de l'avis de tous.

Dans la même salle, une sculpture remarquable de FIGUERAS : *l'Indienne*, néophyte contemplant la croix.

LE PORTUGAL.

?

LA GRÈCE.

!

Jadis (il y a longtemps), c'était cependant la reine des arts !

DANEMARK.

Il nous est venu peu de tableaux du Danemark, et même dans ce petit nombre tout n'est pas peinture d'élite.

Le *Colin-maillard* d'EXTNER; *l'Embarras du choix*, scène de joueuses de cartes, sont deux tableaux qui attirent par leur gaieté.

On regarde encore mais on n'admire pas :

Le *Samson tournant la meule*, par BLOCH.

Une grande vague d'un vert transparent entre un phare et un vaisseau couché par la tempête, le tout catalogué : *lever du soleil à Skagen*, par M. SOERENSEN.

En revanche, un coucher de soleil dans *les landes de Flynderso en Jutland*, par KJAERSKOW.

Enfin ces tableaux à touche mâle qui sortent, on ne le croirait jamais, du pinceau d'une femme, Mme JERICHAU : *Un matelot Danois, sauvant un enfant dans une tempête. Un naufrage sur la côte du Jutland.*

SUÈDE.

Ce qui apparaît de tous côtés dans le territoire de la Suède et ce qui nous y retiendra, ce sont les scènes d'intérieur qu'affectionnent, d'une prédilection toute nationale, les peintres de ce pays. Il y fait froid outre mesure, dans ces contrées neigeuses; l'habitation, refuge que la famille quitte à peine, devient plus qu'un foyer, c'est la patrie même. Par ce caractère l'exposition suédoise présente une intérêt de plus : à côté de l'étude artistique, l'étude de mœurs : en visitant ces humbles demeures, embellies de poésie, nous pourrons en même temps compléter les notions que nous avons acquises dans le Parc ou dans le Palais sur la Suède, sur sa physionomie, sur ses costumes et ses usages. Nous l'avons vue par ses détails matériels, le corps va s'animer, c'est maintenant sa vie même que nous allons surprendre dans ces révélations de la toile. Un de ses meilleurs peintres, le meilleur peut-être, M. FAGERLIN, s'est attaché à suivre le paysan, le pêcheur du pays sous sa chaumière, parmi les siens. Introduit partout en confident, il nous fait assister, avec lui, même à la *Déclaration d'amour;* même à la *Demande en mariage;* même à la scène de *jalousie,* dont il a fait un tableau charmant entre parenthèses. Les physionomies ont une vraisemblance naturelle, les expressions de ces jeunes Suédoises, une grâce exquise, franche. sans dissimulation. Nous sommes véritablement les hôtes de ces honnêtes paysans qui nous ouvrent ainsi leur cœur et leur foyer.

Ce genre où excelle FAGERLIN est familier à plusieurs autres peintres. JERNBERG, lui aussi, a donné *Une demande en mariage;* NORDENBERG, *les Cadeaux de noces.* Il sera intéressant de rapprocher le tableau de WALLANDER, *Jeune fille de Sudermanie effeuillant une marguerite,* du même sujet représenté par des mannequins en costumes, dans la section suédoise du vêtement.

Ne quittons pas la Suède sans parler du principal tableau : *Un incendie dans le Palais royal de Stockholm, le 1ᵉʳ mai 1697,* par HOECKERT. Le jeune cavalier. à tête chevaleresque, qui conduit et rassure la douairière effrayée, n'est autre que Charles XII, tout nouvellement roi, et dont le sang-froid se révèle déjà.

NORVÉGE.

La Norvége se fait remarquer par deux peintures. Une admirable *Vue du haut plateau de la Norvége centrale.* Cet aride morne, parsemé de flaques d'eau, miroirs d'un ciel grisâtre, les cimes de Jotun qu'on voit dans le fond, éclairées d'un soleil avare, forment un contraste de couleurs, mais non de nature. C'est partout solitude, désolation. — Le nom du peintre? ECKERSBERG.

TIDEMAND. *Combat singulier de l'ancien temps.* Certes! c'étaient des coups « pour de vrai » qu'on se donnait alors ; les deux adversaires en ont reçu chacun leur bonne part, qu'ils rapportent dans leur famille, à mo tié morts, « que c'est plaisir à voir. » Voilà ce qu'on peut appeler le bon temps !

RUSSIE.

Y a-t-il un art russe ? l'exposition nous en laisse douter : quelques peintures seulement, mais rien qui porte une empreinte originale, rien de ces traditions grecques ou byzantines auxquelles la Russie emprunte si souvent ; rien de ces souvenirs du slavisme qu'elle cherche à réveiller ; rien de ce voisinage tartare qui a laissé tant de vestiges dans ses mœurs. Ses peintures sont banales. Pas assez cosaques, trop européennes. On regarde cependant avec intérêt :

La mort légendaire de la princesse Fazakanoff, qui fut inondée dans sa prison.

Le sujet suffirait à lui seul pour faire naître l'émotion. L'artiste, feu Constantin FLAVITSKY, n'a rien négligé pour la rendre poignante. Le rat qui grimpe sur le lit est saisissable et saisissant. Nul ne songe à rire.

La mort de Barbe Radzivilie, épouse de Sigismond-Auguste, roi de Pologne, par SIMMLER (Musée de Varsovie).

Le portrait d'une vieille Lithuanienne, par HORAWSKY ; une basane vitreuse, un peu transparente, mais bien ridée.

Une soirée d'hiver en Finlande, par METSCHERSKY.

Le centre de la salle est occupé par divers petits **groupes en bronze**, animaux, chasseurs, soldats, par LIEBERITZ. Le tout rangé autour d'un sujet dominant ; *Alexandre II sauvant la vie à un piqueur pendant une chasse à l'ours.*

Dans le carré mi-russe, mi-italien qui suit :

Une longue cavalcade très-curieuse, défilé de costumes moscovites du dix-septième siècle, *Revue passée par le tzar Alexis Mikhailowitch,* peinte par Nicolas SWERTCHKOFF.

Deux tableaux d'Alexandre KOTZEBUE : *Bataille de Poltawa.* — *Passage du pont du Diable* par l'armée russe (campagne de Suisse, 1799).

ITALIE.

I. Les tableaux italiens.

La sculpture italienne fait tort à la peinture. On remarque tellement l'une qu'on oublie un peu l'autre. Pourtant Miola, Gianneti,

Tofano, Molmenti, feu Celentano, Gastaldi, Faruffini, sont loin d'être des artistes insignifiants :

Gastaldi a donné un grand tableau : *la défense de Tortone contre Barberousse.*

Faruffini, un dialogue fort remarqué par son aspect étrange, *Machiavel et Borgia.*

Miola, *Marc Antoine, Fulvia et la tête de Cicéron.* — Un autre sujet admirablement rendu, *Plaute meunier.*

Molmenti, *l'arrestation de Philippe Calendario.*

Ce serait un oubli injurieux pour la foule qui la regarde beaucoup de ne point citer cette curieuse composition de Philippe Palizzi, *les Animaux après le déluge.* Ils ne sont pas plus tôt sortis de l'arche de Noé qu'ils reprennent chacun leur nature : les oiseaux s'envolent à tire-d'aile, le tigre bondit, le perroquet jase, et au milieu de tous, majestueux et grave, l'éléphant dresse sa trompe..., comme au Jardin des plantes.

II. La sculpture italienne.

Nous l'avons dit, tous les hommages se portent vers la sculpture italienne, et c'est avec raison. Ces Italiens ont un sentiment exquis de la forme, de la beauté harmonieuse, de l'attitude expressive sans contorsions, touchante sans mièvrerie. Ils en ont bien rappelé de ce Lucius Mummius qui brisait en les transportant hâtivement de la Grèce, d'admirables statues que Rome alors, riche de dépouilles, pauvre d'art, était bien incapable de remplacer.

Les bustes dits de Marcello.

Autour d'une statue d'*Hécate*, signée Marcello, se rangent plusieurs bustes d'une élégance florentine : *Marie-Antoinette* parée comme aux beaux jours de Versailles, la *Trasteverine*, *Bianca Capello*. Il faut avouer que pour le ciseau léger d'une femme, et d'une femme de haute aristocratie, car la signature de Marcello n'est qu'un déguisement, il y a grande dépense d'énergie, grande puissance d'expression. Le buste de Bianca Capello, l'aventurière, a quelque chose de grandiose jusque dans les ornements ; cette tête douce et sévère, hautaine et sensuelle, comporte toutes les nuances de la passion, et même la pensée du crime. — On peut voir dans la galerie du mobilier la même œuvre reproduite en bronze chez Barbedienne.

La sculpture italienne déborde tellement à l'Exposition qu'il a fallu, en dehors de la galerie des Beaux-Arts, lui consacrer une rue entière, une des quatre grandes voies, la rue de Russie.

Là, dans le carré contigu à la salle que nous venons de citer, se trouve la plus remarquée de toutes les statues :

*Les derniers jours de Napoléon I*er, par VÉLA. L'expression du visage paraît frapper vivement la foule toujours sensible aux effets dramatiques.

Tout à côté une œuvre moins sérieuse, mais digne encore d'attention, également de VELA, *le Printemps*, naissant parmi les fleurs.

Plus loin, un groupe colossal en plâtre, toujours du même maître, *Christophe Colomb et l'Amérique*.

Mais la pensée revient toujours à son Napoléon mourant.

Autour d'un *David* gigantesque en fonte, reproduit de Michel-Ange, tour de force industriel exécuté par Papi, on a formé un carré de statues, toutes charmantes. Le géant (que devait être Goliath en face d'un pareil David?) le géant est gardé « par les Grâces. » A ses pieds l'*Innocence* qui dort de son plus calme sommeil; puis deux figures mutines, éveillées, délicieusement enfantines : l'*Amour mendiant*, un véritable amour celui-là, bien vivant, quêteur hypocrite riant sous cape. A côté de lui, un *petit pêcheur*, le bonnet sur l'oreille, son poisson à la main. Ces deux statuettes sont de CAMPI.

Lucifer, par l'énergie farouche que lui a donnée CORTI, fait nettement contraste avec toute cette *nursery* naïve.

Charlotte Corday, par MIGLIORETTI, et tant d'autres œuvres qu'on voudrait toutes citer, remplissent cette rue si mal baptisée rue de Russie. Il faut la visiter, nous renonçons à la décrire.

LES ÉTATS PONTIFICAUX.

Les arts romains se sont mis à un diapason de *tenorino;* ils ont pris un mot d'ordre puéril, une mine innocente : partout « le petit enfant ; » quelque *bambino* mytholoɴique.

Dans ce genre nous avons cependant en peinture un bijou que MULLER est parvenu à façonner sous cette inspiration vulgaire. Une petite *Paysanne tenant des grappes de raisins*. Un air rêveur, comme les enfants seuls savent en avoir, donne à ce beau type italien une rare poésie.

En sculpture, une jolie fantaisie par Rosetti, *le Marché d'amours*. Tous dans une pannerée.

Après avoir traversé quelques peintures chinoises ou japonaises qui ne sont pas de l'art, mais de l'étrangeté, et qui choquent l'artiste tout en intéressant le curieux, nous arrivons à la dernière salle qui comprend les États-Unis d'Amérique et le Royaume-Uni de Grande-Bretagne et d'Irlande.

ÉTATS-UNIS.

L'arc-en-ciel est le·sujet à l'ordre du jour dans les paysages des
États-Unis. Le *Niagara* de CHURCH, et sa *Saison pluvieuse sous les
tropiques*, sont dotés d'un arc-en-ciel. Un paysagiste de New-York,
DURAND, se signale au milieu de ses compatriotes par une très-
belle étude : *Dans les bois.* Ce qui frappe après avoir vu tous les
portraits des monarques européens, c'est la simplicité de celui
d'Abraham Lincoln. Rien de modeste comme ce petit portrait noi-
râtre du Président de la grande république.

ANGLETERRE.

Ce qui rend sympathique aux visiteurs la galerie anglaise c'est
le soin qu'on a eu de rendre superflu tout livret en mettant au
bas de chaque tableau le nom de l'artiste et la désignation du
sujet, *traduite en français* au-dessous de la légende anglaise.
L'aspect de cette salle, remplie de voyageurs d'outre-Manche,
de *ladies* enthousiastes de leur art national, est à tous les titres
fort curieux, pour son public, pour sa disposition et pour les peintures qui y sont exposées.
Faisons de suite la part des meilleures.
Il n'y a point de grandes toiles, il y a d'excellents tableaux de
genre, et surtout d'excellentes aquarelles. Car les Anglais ont le
monopole de l'aquarelle. C'est là qu'ils réussissent le mieux; c'est
là qu'ils sont nos maitres à tous.
Quant aux portraits, ils sont médiocres; on regarde par curiosité
ceux du *prince* et de la *princesse de Galles.* Les paysages ne sont
point compris du tout. Les artistes y ont le culte de l'épi. Il faut
voir la *Couronne d'or d'été* par COLE, pour se faire une idée de cette
minutieuse adoration des céréales; c'est le type du genre.

Tableaux humoristiques.

Mais ce qui nous retient dans le pays d'Hogarth, c'est la verve
calme et sensée avec laquelle ses compatriotes savent rendre les
scènes de mœurs. Le burlesque y est flegmatique ; l'observation y
est fixe. Ce sont les mêmes qualités qui se retrouvent dans leur
roman. Thackeray ne puisait pas à d'autres inspirations ; Dickens
raconte comme ils peignent. Ils ont l'œil photographique. On en
peut juger devant les deux tableaux d'Erstine NICOL :
111. *Le payement du loyer.*
112. *Tous deux embarrassés.*

Ou celui de Thomas WEBSTER :

158. *Les commères du village*, qu'on voit assises autour d'une table, oubliant leur tasse de café pour jaser sur les voisins. Les cómmères sont les mêmes partout !

Ou encore de BURGESS : « *Bravo! toro!* » physionomies espagnoles échelonnées sur les gradins d'une arène.

Ou d'O'NEIL : le *Départ pour la Crimée* 114.

Enfin une scène d'*humeur* qui semble peinte avec la plume de Cervantes ou de Butler et qui est tirée d'une plaisante conception de Shakspeare, analogue à celle dè Sancho Pança :

C'est le *Cristofera-Shy* 116, de W. Quitter ORTHARDSON.

En dehors des physionomistes, nous ne rencontrons dans nos souvenirs que Fr. LEIGHTON ; il a fait un très-beau tableau :

81. *Les Fiancées de Syracuse*.

Aquarelles anglaises.

Dès qu'ils abandonnent la peinture à l'huile, les Anglais se sentent à leur aise ; ils manient avec une facilité extrême, ils rendent savante et puissante sous leurs mains, la couleur à eau. Ils en tirent des effets surprenants ; surprenants même par leur variété : paysages, intérieurs, genre, histoire, bible, portraits, ils traitent tout par l'aquarelle. Les uns font des œuvres de patience comme Wyk BAYLISS quand il reproduit une à une toutes les arabesques décoratives de la *Sainte-Chapelle*. Les autres recherchent les combinaisons les plus difficiles de la lumière, comme CORBOD lorsqu'il a retracé la *mort d'Arthur;* c'est la nuit, la lampe d'un marin éclaire la figure du héros bles·é, les joyaux resplendissants, les riches étoffes des princesses qui l'entourent, et dans l'ombre on voit pâlir la reine. D'autres arrivent à ouvrir devant nous des perspectives infinies de montagnes, comme LEITCH en peignant les *Rives de la Dee*, comme RICHARDSON, le *défilé de Glenco*, en Écosse, comme PATON. Ils ne reculent devant aucune hardiesse : représenter le soleil lui-même avec tous ses rayons se reflétant dans le *grand canal de Venise*, n'est qu'un jeu pour SMITH.

Puisque nous sommes dans le royaume des aquarelles, il est temps de citer les quatre meilleures sans contredit :

106. *Dar Thula*, par TIDEY.

107. *Christ bénissant les enfants*, encore par TIDEY.

110. *Jour de fête à Connemara*, Irlande, par TOPHAM.

121. *George Fox* prêchant dans un cabaret, par WEHNERT.

Nous quittons la Grande-Bretagne et nous n'avons encore rien dit du plus caractéristique de ses tableaux, un tableau dont les Anglais paraissent très-fiers, et qui doit avoir en effet toutes les prédilections dans ce pays du *racemen*.

17. *La jument domptée*, par LANDSSER. Une amazone couchée sur

le poitrail de sa monture, non dans ses bras, mais dans ses pieds. La scène se passe à l'écurie, sur la litière même. C'est un trait de mœurs.

II. LA SCULPTURE FRANÇAISE DANS LE JARDIN CENTRAL.

Le jardin central et son portique, si animés par le mouvement des promeneurs, le sont aussi par le nombre et la variété des statues que l'art français y a prodiguées.

Sous l'arcade du vestibule apparaît l'*impératrice Joséphine,* en marbre de Carrare, par Dubray ; elle semble contempler ce que produit aujourd'hui cette France artistique qu'elle aimait tant.

A gauche : *l'Enfance de Bacchus,* un marbre qui a valu à M. Perraud la médaille d'honneur au salon de 1863. Exposée en plâtre au salon de 1655, en bronze au salon de 1857, elle lui avait déjà mérité une médaille et la croix. En réalité la composition est attrayante : Bacchus grimpe sur l'épaule d'un faune, et, lui tirant l'oreille, le menace crânement de son thyrse encore innocent.

Une femme (un peu folle) *caressant sa chimère,* dans une pose bizarrement nerveuse ; œuvre de Dénecheau.

Le *Chanteur florentin* de Paul Dubois, sujet que M. Barbedienne a souvent reproduit en bronze et qui plaira toujours parce qu'il est simple, poétique, touchant. L'artiste pour cette œuvre charmante a obtenu la grande médaille d'honneur au salon de 1865.

Le *Pêcheur napolitain à la coquille,* gracieuse composition de Carpeaux (qui a aussi exposé une *Napolitaine rieuse* dans la galerie française). Mais il ne faut pas comparer cette nature chétive d'enfant à ces formes pleines d'harmonie, d'aisance, d'ampleur que conçoit l'Italie.

Plus loin, du même côté, une conception bien différente : *Ugolin* mourant de faim avec ses enfants ; groupe en marbre d'une énergie presque antique ; un reflet de Laocoon. Ugolin se mord les doigts de douleur et de désespoir ; les enfants agonisent à ses pieds : « Padre mio, che non m' aiuti ! » comme leur fait dire le Dante.

Abel, étendu à terre. La grâce dans la mort. Modèle du meilleur style (Feugère des Forts).

Il faut voir encore, à droite : *Chactas au tombeau d'Atala,* tombeau qui se révèle par une simple croix fichée en terre. L'expression de ce sauvage le rend digne d'être civilisé. Ce marbre qui a paru au salon de 1857 est signé : Gruyère, et non Duret, comme plusieurs le croient.

De Leharivel-Durocher : *Être et paraître.* L'éternelle histoire ! un masque qui rit sur une pensée qui pleure.

De Maillet une *Agrippine* voilée *portant les cendres de Germanicus.*

Une dame, négligemment assise au milieu d'une allée en costume d'Henriette d'Angleterre ou d'Henriette de Molière. C'est *Mlle Mars*, ainsi conçue par Thomas.

———

Le Palais entièrement exploré maintenant, il nous reste à noter dans le Parc quelques statues disséminées, la plupart équestres ; et si nous voulons connaître les progrès que la peinture a pu faire en Bavière, en Belgique, en Suisse et dans les Pays-Bas, nous aurons encore à visiter les quatre *Annexes des beaux-arts* affectées à ces pays, toutes les quatre situées dans la partie sud du Parc.

III. STATUES DU PARC.

Les statues équestres des monarques abondent à l'Exposition.

Nous n'avons rien dit de celle de *Guillaume le Conquérant* que nous avons rencontrée dans la rue de Normandie, parce que, représentée seulement par une réduction en plâtre, elle semble n'être là que pour baptiser cette rue. Elle cède le pas comme importance à deux autres plus monumentales du sculpteur Louis Rochet :

Charlemagne sur un cheval conduit par deux paladins, Ogier et le célèbre Roland.

L'empereur du Brésil, *Dom Pedro Ier*.

Ces deux colosses impériaux se regardent ; ils caracolent comme deux simples gardes à cheval, postés un jour de fête à l'entrée latérale de Saint-Dominique.

Plus loin nous trouvons :

Près de l'annexe belge des beaux-arts : le feu roi *Léopold Ier* et *Ambiorix*.

Léopold Ier salue visiblement le *roi de Prusse* qui garde militairement sur sa tête son casque empanaché.

Cette statue de *Guillaume Ier* vise à l'effet par sa taille et par son allure. C'est le vainqueur de Sadowa !

Enfin plus loin un autre souverain, *Don Pedro de Portugal*, nous apparaît à son tour à cheval, au détour d'une allée.

IV. LES ANNEXES DES BEAUX-ARTS DANS LE PARC.

ANNEXE DES PAYS-BAS.

Dans le quart belge, près du jardin réservé.

Le plus connu de tous ces peintres hollandais qui ont du talent, mais qui n'ont plus un talent national, est Alma Tadema.

En 1864 on a fait beaucoup de bruit autour de ses *Égyptiens de la XVIIe dynastie*, que nous retrouvons encore ici. Cette manière trop fidèle, presque plagiaire, de rendre la tradition archéologique est un singulier mélange d'art et d'érudition. Ces exhumations de momies, ces classifications d'antiquités ont-elles bien, à défaut d'idéal, une valeur historique ? Quoi qu'il en soit, l'Égypte et Rome ont été explorées par cet habile pinceau amoureux du passé. Plusieurs tableaux attestent ici ces savantes recherches.

M. Haas préfère les animaux, c'est du moins plus vivant.

Deux gigantesques peintures de batailles.... entre *cerfs : Pendant et après le combat*, par M. Martinus Kuytembrouwer.

Une Vue dans le bois de Doorwerth, par Bilden.

Une peinture qui a de l'éclat et de l'ampleur, *la Prière interrompue*, par Bisschop.

Voilà ce qu'il faut chercher de mieux dans l'exposition des Pays-Bas.

ANNEXE DE LA BELGIQUE.

Dans le Parc, sur la grande avenue d'Europe.

Dans l'exposition belge il y a absence de grandes toiles. Il y a absence aussi de lumière ; le jour qui pénètre dans la salle est insuffisant.

Quatre genres caractérisent décidément l'art belge :

1° La série des œuvres de Stevens (n°s 121 à 137); c'est une collection de *gravures de modes* peintes à l'huile. Pour sujet invariable, une femme habillée; encore s'aperçoit-on que la femme n'est qu'un prétexte à faire valoir le costume. Il y a des toilettes pour toutes les circonstances de la vie, pour mariage et pour deuil, pour le bal et pour l'église, pour le beau temps et pour la pluie, toilette du matin et toilette du soir, négligé et grand gala. Cependant la peinture étant *soignée*, la couleur harmonieuse, ces exhibitions d'étoffes ont leurs amateurs.

2° La série des œuvres de Florent Willems (de 177 à 186) placée vis-à-vis la précédente, elle n'en diffère que par la date. Nous quittons le temps actuel, nous passons au dix-septième siècle. A part cela, le défilé recommence des robes de satin rose ou blanc, dans toutes les attitudes. Il y a costume de voyage, costume de cour et costume de ville. Ici encore les sujets de tableau, insignifiants, ne sont que des motifs pour exhumer pièce à pièce toute la défroque des aïeules. Quelques scènes cependant, *la Visite à l'accouchée*, par exemple, ne sont point sans mérite, ni sans intérêt.

3° La série des œuvres de H. Leys (de 74 à 88); c'est maintenant le moyen âge. Le caractère religieux et chevaleresque de cette féodalité est rehaussé par une manière de vieux dessin et de vieux coloris, toute particulière à M. H. Leys. Il a emprunté aux missels enluminés, aux vitraux gothiques, aux vieilles tapisseries flamandes ces teintes plates, cette couleur brune, nettement tranchée sans dégradation, ces détails fidèles, mais sans perspective, du costume et du mobilier, ces figures sèches des personnages. M. H. Leys ne comprend point l'art historique rajeuni, il a une sorte de respect hiératique du passé ; on croirait ses tableaux faits par un *imagier* du quinzième siècle. Par là on n'acquiert point la popularité ; on plaît surtout aux antiquaires. Mais entré dans cette voie, quelles inspirations il sait y trouver ! Quelle intelligence de l'esprit du temps ! Comme on vit au milieu de ce clergé, de ces prélats, de ces nobles, de ces légistes, de ces bourgeois ! Citons comme chefs-d'œuvre dans ce genre, les nos 78, la *Prestation de serment*. — 80, *l'explication de la Bible*. — 85, *le Portrait*. L'attitude de la femme qui derrière le peintre surveille la ressemblance, est charmante de grâce.

4º Trois tableaux d'Adolf DILLENS, tous animés d'une gaieté communicative qui les rend très-sympathiques à la foule : 54, *Une scène de patineurs campagnards*. Quatre ont perdu l'équilibre, quatre autres emboitant le pas et se tenant au même bâton arrivent et regardent avec un flegme tout flamand.

Une scène bien supérieure est *Un repas de noces*. Ceci est à voir personnage par personnage, depuis la vieille mère qui tient tristement la main de la mariée, jusqu'au chanteur d'épithalames, jusqu'aux enfants qui jouent insouciants.

On peut bien citer encore quelques bons tableaux, de meilleurs même, mais ils semblent jetés hors du cercle où gravitent les autres : c'est un *Temps d'orage*, de Jacob JACOBS ; c'est une scène historique de Ferdinand PAUWELS ; c'est une *nature morte* par M. J. ROBIE : *l'Automne*, nº 109 ; l'automne représenté par des grappes de raisins, que guette un moineau. Les feuilles pourprées de la vigne sont admirables de relief et de vérité. Ce sont encore trois tableaux de M. Ch. DELZOUX, qui semblent avoir pour sujets : la misère, la faim, la charité. C'est surtout une figure de *Marie au pied de la croix* (nº 123), d'une tristesse indéfinissable, par M. THOMAS.

ANNEXE DE BAVIÈRE.

Dans le Parc, sur la grande avenue d'Europe.

La Bavière, grâce à d'incessants encouragements de ses rois, est devenue un pays éminemment artistique. Il s'y est formé une école nombreuse, sérieuse, originale même, d'excellents peintres. Il est incontestable que son exposition lui fait le plus grand honneur. La Belgique, l'Italie, la Prusse se sont laissé distancer. Dans la construction plus que modeste, qui abrite l'œuvre bavaroise, il y a beaucoup à voir, beaucoup à admirer ; suivons encore ici le mouvement du public, notre guide habituel, d'abord dans la salle de gauche :

La route entre Solferino et Valeggio, le 24 *juin* 1869, par François
ADAM. Les quatre prisonniers français qui se trouvent au milieu
des Autrichiens ont ce que la foule appelle un chic admirable. Il y
a des types de soldats blessés, les uns encore fiers, les autres rési-
gnés, qui produisent une véritable émotion. Et puis, que d'observation et que de philosophie sur la palette du peintre qui a tracé
cette scène !

En face une vaste peinture en grisaille de KAULBACH: *L'époque*
de la réformation. A coup sûr de toute l'Exposition c'est l'œuvre la
plus remarquable par la conception. Belles têtes, belles poses ; tous
les personnages groupés avec une entente parfaite de la mise en
scène ; partout de grandes pensées puissamment rendues. Les arts,
les sciences sont à l'œuvre, le signal du réveil est donné, la Bible
domine toute cette activité qu'elle inspire aux hommes régénérés
par elle.

Plus loin dans la même salle :

Jean-Charles Chedkiewiez, grand hettman de Lithuanie, à la bataille
de Choczin contre les Turcs en 1521, par BRAUDT.

En rentrant par le fond, dans la première salle, on a en face de
soi une collection de grands tableaux, tous de même dimension et
aussi de même style, exécutés pour le Maximilianeum, sorte de musée où Maximilien II avait conçu l'idée de faire représenter les
principaux événements de l'Europe : ces grands tableaux ont un aspect classique, presque officiel, qui ferait à lui seul deviner qu'ils
sont issus d'une commande et non d'une inspiration. Ce sont :

Périclès, par FOLTZ.

Noce d'Alexandre le Grand, par André MULLER.

Godefroi de Bouillon, par Ch. PILOTY.

L'électeur Maximilien chef de la ligue ; — Bénédiction des dra-
peaux, par le même.

La cour de l'empereur Frédéric II, à Palerme, par Arthur de RAM-
BERG.

Bien des tableaux encore arrêtent la foule, mais nul autant qu'un
combat où les illettrés croient reconnaître des cuisiniers en lutte
avec des pirates. Ces prétendus pirates sont des Circassiens ; ces
prétendus cuisiniers, des Russes qui emportent d'assaut *un retranche-*
ment de Schamyl dans les montagnes. (Le tableau est de HORSCHELT.)

Ne pas oublier un sujet qui ne peut rester inaperçu :

Marie-Thérèse nourrissant l'enfant d'une pauvre malade, par
LIEZENMAYER ;

Ni celui-ci, intéressant surtout pour nous qui venons de voir en
France le même sujet traité par Gérôme :

La mort de César, par Ch. PILOTY. Singulier instinct des masses.
L'œuvre de Gérôme n'obtient qu'un regard ; celle de Piloty s'étudie
comme une page d'histoire ; c'en est une en effet : l'expression des
visages suivant les caractères connus de chacun des meurtriers,
les types romains d'après les bustes qui nous restent d'eux, la phy-

i sionomie surtout de César, toute cette fidélité envers le passé est
admirablement combinée avec le mouvement et la vie.

Il faut renoncer à dire tout. Il y a d'excellents paysages d'Ed.
Schleich, de Frédéric Wortz, d'Adolphe Lier, de Jacques Grune-
wald, une curieuse *Vue de Gibraltar*, de BAMBERGER.

Pour égayer l'ensemble un peu sévère de l'exposition bavaroise,
nous avions dans le Palais la *Légende des sept Souabes*, par BAUM-
GARTNER. Nous avons ici du même une composition non moins di-
vertissante : *Procession surprise par la pluie.* On en parle, il faut bien
la voir. Le curé maudit le ciel qui dérange une si belle fête, le sa-
cristain sauve la bannière, les paysans hésitent à se couvrir, une
commère plus hardie se risque à relever sa robe; un peu haut,
madame ! quant aux enfants ils prennent gaiement leur parti de
tout. Cet âge est sans pitié.

ANNEXE DE LA SUISSE.

Dans le Parc, quart allemand, près de la maison de Gustave Vasa.

Le monument a quelque prétention, sa forme antique annonce-
rait que les vieilles traditions de l'art classique sont réfugiées dans
ce temple grec ou pompéien. C'est écrasant pour les quelques
bonnes peintures , presque continuellement des paysages et des
bergeries, que la Suisse y a fait figurer. On comprend que ses peintres, MM. H. Berthoud, Castan, Karl Girardet, Jacottet, A. de Meuron, etc., excellent à reproduire ces aspects de hautes montagnes,
de vallées ombreuses, de sombreux rochers, de torrents frémis-
sants et de vaches grasses. Ils sont nés en face de leurs modèles.
Mais aussi la répétition du même sujet sur tous ces tableaux dis-
pose-t-elle à la sévérité. Nous ne voulons citer que ceux qui font
impression.

23. *Intérieur de forêt,* par CASTAN.
25. *Torrent dans les Hautes-Alpes,* du même.
47. *Vue prise en Valais,* par Karl GIRARDET.
48. *Soleil levant sur la Tocca* (lac Majeur), du même.
82. *Vaches au pâturage,* par Albert de MEURON.
84. *Un berger, souvenir de la Bernina* (Grisons), du même.
85. *Bergamasques gardant leurs troupeaux,* du même.
97. *Le Wetterhorn au-dessus de Rosenlaui,* par SORDET.
103. *Un matin sur le haut des Alpes,* par VEILLON.

En dehors de ces paysages, il n'y a guère de remarqué que la
Mer de glace (n° 74) de G. LOPPÉ, et les tableaux de M. VAUTIER et
de M. HUMBERT.

M. VAUTIER a le don de l'expression juste. Nul ne se trompe sur
les sentiments qu'il veut rendre :

101. *Courtier et paysans.* Le paysan réfléchit, le courtier va le

séduire, la femme le tient en défiance. Tous les détails d'intérieur sont très-bien rendus.

102. *La traversée, lac de Brienz;* une barque conduit un cercueil d'enfant.

M. Humbert a représenté une de ces tourmentes si fréquentes dans les montagnes : *Première neige d'automne* (n° 55). Un coup de vent surprend un troupeau de chèvres et de vaches, la neige se jette avec force sur eux. La bergère se débat contre cette poussière d'eau glacée qui s'étend sur tous. Les vaches sont puissantes, énormes, mais comme elles deviennent petites et faibles devant ces grands soulèvements de la nature ! Ce tableau passe pour un des meilleurs de l'exposition suisse.

MUSÉE DE L'HISTOIRE DU TRAVAIL.

L'histoire du travail, c'est l'histoire de la civilisation, la mesure du progrès accompli, le pressentiment du progrès futur.

Quiconque veut connaître notre époque, n'en peut juger que par comparaison avec le passé; il doit regarder en arrière le chemin suivi; il doit interroger ces mille vestiges dont la race humaine jalonne son passage dans le temps, et qui tous frappés au coin de la pensée contemporaine en conservent pour ainsi dire l'empreinte toute vivante.

Dans une exposition où l'histoire du travail serait écrite pour chaque époque, par une série complète d'objets scientifiquement rangés, on pourrait voir comme sur une carte la civilisation descendre aux premières heures du monde, des hauts plateaux de l'Asie et se diviser sur leurs flancs en deux larges courants. L'un se dirigeant vers le centre du continent, à l'Orient, et s'y figeant peu à peu comme la coulée de lave une fois sortie du volcan. L'autre se répandant vers l'Europe et y acquérant au contraire avec le temps une force de propulsion chaque jour plus puissante, qui la fait déborder au quinzième siècle avec Christophe Colomb, sur les plages du nouveau monde. Et complétant ces données antiques par le spectacle des produits de l'industrie moderne, on suivrait ce courant civilisateur, qui, puisant des forces dans sa marche même, remonte aujourd'hui vers sa source et va raviver la Chine, la Cochinchine, le Japon, et toute la région asiatique où l'autre courant s'est endormi avant d'avoir entièrement fécondé le sol.

Les collections publiques et particulières ont-elles répondu assez complétement à l'appel de la commission organisatrice pour offrir sans lacunes cette superbe synthèse? nous ne le croyons pas.

Mais il ne faut pas oublier que c'est la première fois qu'une *histoire du travail* ainsi entendue est annexée à une exposition de l'industrie, et permet d'embrasser d'un seul coup d'œil le présent et le passé industriels des peuples. Rendons grâce à la Commission de cette innovation intelligente que l'avenir fécondera sans nul doute.

FRANCE.

PREMIÈRE SALLE.

« Arrête, voyageur ! disait l'inscription antique, tu foules un héros. » Il semble qu'en pénétrant dans cette première salle on entend une voix mystérieuse vous dire de même : « Arrêtez, voyageurs ! vous touchez aux archives les plus reculées de l'humanité. ».

Longtemps on a ignoré l'époque de l'apparition de l'homme sur la terre, longtemps on a douté qu'il eût été contemporain de ces étranges animaux, ébauches pour ainsi dire de la création, aujourd'hui disparus de la face de notre planète, et dont il ne reste de traces qu'à l'état de fossiles dans les profondeurs du sol.

Le spectacle que nous voyons est une réponse à ces doutes.

Regardez : ces silex, grossièrement taillés par éclats, sont les armes et les outils des peuplades primitives qui habitaient le sol de la France des milliers d'années avant le temps des Celtes et des Gaulois (seizième siècle av. J. C.). C'est *l'âge de la pierre brute*, époque où les habitants de notre pays étaient moins civilisés à coup sûr que les Lapons et les Samoïèdes de nos jours, avec lesquels, autant qu'on peut en juger, ils avaient plus d'un point de ressemblance.

Plusieurs siècles se passent; l'homme apprend à polir la pierre; il apporte dans ce travail une habileté merveilleuse. — Haches en porphyre, en silex et en jade du musée de Vannes. — Couteau de silex du musée de Narbonne. — Les harpons barbelés, les aiguilles percées d'un chas, les poinçons taillés dans des os, indiquent une industrie assez développée. Mais la guerre est l'état social permanent de l'époque ; l'homme est en guerre contre ses semblables, en guerre contre les animaux : aussi voyez ces pointes de lances et de flèches, ces couteaux de pierre et ces mâchoires d'animaux façonnées en massues terribles qui font songer à celle dont Caïn a dû se servir contre son frère Abel. C'est la caractéristique de l'époque.

Et cependant l'instinct des arts s'éveillait déjà chez l'homme comme le prouvent ces croquis tracés à la pointe sur l'os et la pierre, et qui pour la plupart ont été trouvés sous le sol des cavernes, autour des foyers qui rassemblaient ces hommes primitifs.

L'œuvre vraiment capitale de cette série est une **figure d'éléphant-mammouth** dessinée au trait sur ivoire. Son importance est facile à saisir : jusqu'ici on pouvait douter que l'homme eût vécu côte à côte avec ce gigantesque pachyderme, dont l'espèce est depuis si longtemps disparue du globe. A ceux qui disaient qu'à ses ossements fossiles on avait trouvé mêlés des restes humains, on répondait que cette confusion pouvait avoir été amenée par les

grandes convulsions dont notre planète a été le théâtre. Aujour-
d'hui cette objection tombe devant notre morceau-d'ivoire : l'homme
a vu le Mammouth vivant, il nous en a transmis le portrait.

De cet autre morceau d'os où parmi des chevaux se voit ébauchée une silhouette humaine ne peut-on pas induire que déjà à cette
époque reculée le cheval était domestique?

Les **figures de rennes** dont plusieurs autres fragments sont ornés ne peuvent-ils pas nous amener à penser que le climat de la
France où ils ont été trouvés était autre qu'aujourd'hui ; qu'à l'époque où vivaient ces animaux, il était beaucoup plus froid et de
tout point semblable à celui des régions glacées où le Renne se plait
encore de nos jours ?

Certains objets en silex, comme les flèches et harpons trouvés
dans les lacs de l'Aveyron, se signalent par une finesse et un faire
remarquables ; mais, selon toutes probabilités, ils appartiennent à
une époque postérieure : l'homme avait alors le bronze, il savait
fondre le métal pour en faire ses outils.

DEUXIÈME SALLE.

Plus fusible que le fer, et moins difficile à extraire du minerai,
le cuivre fut le premier métal de l'antiquité. L'homme apprit de
bonne heure à lui donner la dureté convenable en l'alliant à l'étain
pour en faire le bronze. C'est ce dernier qui domine dans la salle
tout entière occupée par des objets gaulois, romains et gallo-ro-
mains.

Les bracelets faisaient partie du costume de nos ancêtres, comme
le montrent tant de spécimens remarquables parmi lesquels il convient de citer ceux qu'on découvrit récemment à Saint-Jean-de-
Belleville, et qui entourent encore les os des bras qu'ils ornaient
autrefois; et la série si complète de M. Barry de Toulouse. Sans
doute pour la plupart ces bracelets appartenaient à des guerriers
et accompagnaient ces *torques* ou colliers massifs (du musée de
Toulouse), cette *longue épée* du musée de Narbonne, *et ces casques*
de forme bizarre du musée de Falaise, qui semblent disposés pour
recevoir de chaque côté les ailes d'aigles qui distinguaient les chefs
gaulois. Vous pouvez encore retrouver l'umbo ou le centre du *bouclier*, et le fer des *flèches* et *javelines* qui complétaient l'armement.

Les femmes et les chefs se paraient de ces *colliers d'or* dont le
musée de Toulouse nous a envoyé six remarquables exemplaires
et qui par leur fantaisie et leur originalité rappellent l'orfévrerie si
célèbre des Étrusques.

Le bronze reçoit toutes les formes : ici c'est le *brazero* du musée
de Lyon. Les anciens ne connaissaient guère d'autre mode de
chauffage encore aujourd'hui en usage en Italie ; là c'est le *trépied*
d'un autel portatif (à la Société des antiquaires de Normandie),
tout près les débris d'un char antique. Ici c'est Jupiter, là c'est

Apollon, là de simples casseroles que l'élégance de leur forme signale, elle aussi à l'attention de l'artiste ; plus loin c'est une série de sceaux, de cachets à l'aide desquels on imprimait des mots, des phrases même sur la cire où la terre du potier, peut-être sur les étoffes, et devant lesquels on peut s'étonner qu'il ait fallu dix siècles encore avant que l'imprimerie fut découverte.

L'art du verrier florissait à Rome, comme le montre l'exposition de *flacons* et de *coupes* de M. Billon, et la terre cuite se prêtait aux mille fantaisies de la statuaire. Citons seulement en ce genre une *tirelire* antique, surmontée d'un buste d'enfant couronné trouvé avec les objets qui l'entourent dans le département de l'Allier.

Jetons en sortant un coup d'œil sur cette *meule* à moudre le grain trouvée à Gergovie. Elle rappelle l'esclave antique qui la tournait sous le fouet du maître.

TROISIÈME SALLE.

Ici non-seulement la nationalité gauloise a été complétement absorbée par l'empire romain, mais l'empire est lui-même en décadence. Les Francs sont arrivés en Gaule avec leur barbarie et leur mépris des arts. Le bronze est moins fréquent, le fer domine; aussi les armes et beaucoup d'objets de cette période, fabriqués presque exclusivement avec ce métal essentiellement oxydable, sont moins bien conservés que ceux de la précédente.

Remarquons le *seau*, seille ou baquet du musée de Beauvais, souvenir mérovingien d'une conservation étonnante puisqu'il est en bois. On soupçonne que les vases de cette sorte ont servi à donner à boire dans les festins et peut-être dans les initiations religieuses. On les retrouve sur la colonne Trajane et les monuments assyriens du Louvre ; pareil ustensile est encore aujourd'hui en usage en Norvége et chez nos marins de Dieppe et de Fécamp.

Comme spécimens de l'art de la même époque citons : *les fibules et les boucles de ceinturons* du musée de Rouen où le goût oriental semble se faire encore jour dans des incrustations d'argent. *L'épée mérovingienne* du musée de Troyes à la poignée d'or ornée de grenats enchâssés ; et les *olifants* ou *trompes d'ivoire*, dont l'une surtout appartenant à Saint-Orens d'Auch réveille le souvenir du paladin Rolland.

Mais la perle de cette salle est *la statuette équestre de Charlemagne*, en bronze autrefois doré. D'une exécution barbare elle conserve cependant encore, comme l'art byzantin dont elle procède, un souffle de cette civilisation romaine que le grand empereur s'efforçait de ranimer. Cette statuette appartenait autrefois à la cathédrale de Metz et ornait l'autel le jour de la commémoration du monarque saint.

Les nombreux *manuscrits* des septième, huitième, neuvième et

...dixième siècles qui ornent le pourtour de la salle, et qui presque
... tous sont relatifs à des matières religieuses, et les divers *reliquaires*,
... dont l'un surtout en forme de bras surmonté de la main en ver-
... meil, chargé de cabochons et d'intailles antiques, signalent les
... débuts de ce qui fut l'âme du moyen âge, du catholicisme.

QUATRIÈME SALLE.

Reliquaires. — L'art byzantin apparaît encore dans les reliquaires du Trésor de Conques, dont l'un, nommé l'A de Charlemagne en vermeil et orné de cabochons, est un curieux spécimen
du dixième siècle ; mais le gothique s'accuse de plus en plus dans
le reliquaire philastère à 6 lobes du douzième siècle de la cathédrale
de Reims, celui des Dames bénédictines du douzième siècle, le
reliquaire dit de Sanson, du treizième siècle, et dans la châsse de
Nesle la Riposte, de la même époque.

Signalons la collection de M. Barry de Toulouse, collection curieuse, et croyons-nous unique, des *poids* des pays de langue ro-
mane, depuis l'antiquité jusqu'à nos jours.

Plus loin les *sandales* du célèbre monastère de Chelles, que leur
forme rattache à la plus haute antiquité, peut-être au huitième
siècle.

Des *chartes* et des *manuscrits* à miniatures, depuis le douzième
jusqu'au seizième siècle, montrent les différentes écritures, la
science des imagiers, et l'éclat des couleurs de l'époque. Le re-
gistre des actes de l'administration de Jacques Coëne, abbé de
Marchiennes, de 1501 à 1542 (à M. le baron de Gommecourt), est
digne de remarque.

Au treizième apparaissent les *émaux de Limoges*, que nous verrons acquérir dans les périodes suivantes une si étonnante perfection.

Deux *crosses abbatiales* en cristal de roche, provenant de l'ancienne abbaye de Maubuisson.

Deux *médailles* grand module, l'une en or, l'autre en argent,
frappées en mémoire de l'expulsion des Anglais, ne peuvent laisser
le visiteur indifférent.

Parmi les *diptyques* et *triptyques* des douzième, treizième, quatorzième et quinzième siècles, soit en émaux, soit en ivoire, deux
pièces sont à étudier : un triptyque en ivoire, du douzième, au
musée de Lyon ; ouvert, il représente à l'intérieur le crucifiement ;
fermé, il forme une statuette en ronde bosse de la Vierge tenant
l'enfant Jésus ; l'autre, diptyque en ivoire, du quatorzième, a trois
registres séparés par des dais d'architecture, ciselés avec un art
infini (à M. Bellaigue de Brugas).

La merveille de cette salle est dans la première vitrine de droite.

Ce n'est rien moins qu'une *statuette équestre en bronze de Jeanne d'Arc*, travail du quinzième, appartenant à M. Carrand. Sous cette armure de soudard sans armes offensives, sur ce cheval trottier on reconnaîtrait difficilement l'héroïne de la légende s'il n'était écrit en toutes lettres sur le piédestal : *La pucelle d'Orliens*. De l'avis des archéologues c'est cependant le portrait le plus authentique que nous possédions d'elle.

Dans la vitrine qui suit on voit deux reliques vraiment nationales : le pourpoint de Philippe le Bel et celui de Charles IV son fils, alors enfant, donnés à la cathédrale de Chartres en 1304 en l'honneur de la victoire de Mons en Puelle, gagnée sur les Flamands.

CINQUIÈME SALLE.

Cette salle est presque tout entière consacrée au seizième siècle; le gothique a disparu peu à peu devant cette réminiscence de l'art antique qu'on a appelée Renaissance. Les *émaux de Limoges* sont arrivés à leur plus haut degré de perfection; les belles choses y sont si abondantes qu'il faudrait tout citer; bornons-nous à citer une aiguière et un bassin en grisaille à M. le baron Gustave de Rothschild, signés Pierre Rexmond et datés 1558. — *Le Parnasse* d'après Raphaël, plaque d'émail polychrome de Courtois, et des flambeaux du même.

Viennent ensuite, une magnifique aiguière en argent repoussée, imitation italienne, à M. Dutuit; le superbe calice de l'église de Saint-Jean du Doigt (Finistère), en argent doré selon toute apparence, et enfin une paire de flambeaux carrés, d'une forme assez inusitée, ciselés en 1526 par Mongot, orfévre du roi François Ier (au baron Pichon).

Les dames ne pourront voir sans envie les bijoux et les montres de M. Carrand, l'intaille antique, montée en or émaillé au seizième siècle, de M. B. Fillon, et deux petites coupes de cristal soutenues par des amours finement émaillés.

Un magnifique couvercle de fonds baptismaux où est sculptée sur bois la vie du Christ, et provenant de l'église Saint-Romain de Rouen, fait songer par son faire élégant et gracieux aux portes de Saint-Maclou de cette ville, attribuées comme on sait à Jean Goujon.

La deuxième vitrine est occupée presque tout entière par des poteries vernies du genre que trouvait le génie primesautier de Bernard Palissy; mais deux ou trois merveilles céramiques sont au-dessus. Ce sont ces faïences dites de Henri II, qui se pasent aujourd'hui presque aussi cher que les vases Murrhins à Rome : ce qui se comprend du reste lorsqu'on voit les flambeaux et la coupe de la famille de Rothschild. Ce n'est pourtant qu'une sorte de terre de pipe ; mais la main de l'artiste, comme celle du roi de la fable change en or tout ce qu'elle touche.

Le mouvement littéraire de l'époque est indiqué par des éditions

du temps comme l'Érasmede Frœben; et par des livres aux reliures
célèbres, ou ayant appartenu à des personnages marquants ; comme
le Plutarque aux armes de Marguerite de Valois et le Sannazar
ayant fait partie de la bibliothèque du célèbre bibliophile Groslier.

En sortant, un coup d'œil au superbe coffret en cristal de roche
monté en cuivre doré et ciselé (au duc de Mouchy).

Donnons dans l'avenue un instant au plan en relief de l'abbaye
de Saint-Denis et entrons dans la

SIXIÈME SALLE.

Ce qui frappe tout d'abord c'est la curieuse collection de *souliers*
de M. Jules Jacquemart. On se demande par quels prodiges d'équilibre nos aïeux pouvaient marcher avec de tels engins.

La salle rayonne de *faïences de Rouen* aux vives couleurs et aux
dessins empruntés à l'Orient, — *de Moutiers*, au faire italien (grand
plat représentant une chasse au sanglier, et qui porte en toutes
lettres : «Moustiers chez Clerissy »); — *de Nevers*, au décor peut-
être plus français. M. de Liéville est l'heureux possesseur d'un plat
marqué « *Conrade à Nevers.* »

En fait de faïences, remarquez encore les deux sphères, céleste
et terrestre, de Pierre Chapelle, de Rouen (1721).

Les objets religieux nous offrent la garniture d'autel, chandeliers,
calices, patènes, etc., donnés par Colbert à la cathédrale de Troyes,
beau spécimen de l'art du dix - septième siècle, et un superbe
missale du dix-septième siècle sur vélin à la bibliothèque de Rouen.

Une suite magnifique d'*imprimés* (à M. Ambroise Didot) nous
montre les modifications progressives qu'ont subies en France les
caractères d'imprimerie depuis l'origine jusqu'à nos jours.

Terminons par un *ivoire* du dix-septième siècle fouillé avec une
patience et une habileté toutes chinoises et qui selon les probabilités représente une scène de sabbat.

Nous sommes presque parvenu au terme de notre course à travers l'histoire du travail français. Une salle encore nous reste à.
parcourir :

LA SEPTIÈME SALLE.

Disons de suite que ce n'est pas la moins importante. Elle contient ce mouvement artistique si français qui a signalé les dernières années de l'ancien régime.

A droite et à gauche de l'entrée, une collection d'*éventails* des
dix-septième et dix-huitième siècles attirera vivement les dames.
Elles s'arrêteront encore devant le magnifique *service de table* en
argent du baron Pichon, ciselé par Bailly, orfévre de la Trinité,
reçu en 1756 ; la chocolatière en or du même amateur, et la soupière en argent, genre Rocaille, du comte de Pontgibault.

Dans la vitrine qui suit, s'étale en opposition le *service de table de la bourgeoisie* en faïence de Rouen, aux couleurs vives et gaies qui s'harmonisaient si bien avec l'humeur légère de nos aïeux et leurs propos de table parfois un peu grivois. On remarque là un chou avec un escargot, un coq, un *plat d'asperges* en terre émaillée qui devaient animer véritablement la nappe. Quelques faïences républicaines, parmi lesquelles le buste du premier Consul, terminent l'exhibition de cette céramique qui disparait chaque jour devant la vulgarisation de la porcelaine.

Dans le compartiment suivant, *Sèvres* est représenté par le service de M. Corbyn, de ce beau bleu qui a fait une partie de sa gloire. Ensuite une fabrique peu connue, celle de Valenciennes, que le docteur Lejeal a signalée dernièrement aux amateurs dans une étude intéressante. Puis c'est Sèvres républicain avec ses porcelaines décorées du bonnet phrygien du goût le plus détestable. Le buste en biscuit du farouche Marat faisant pendant à celui de Franklin.

Enfin une *serrure exécutée par Louis XVI* et appartenant à M. Fichet.

Une suite curieuse de *miniatures*, parmi lesquelles celle de Talleyrand-Périgord datée 1798.

La séduisante suite de boîtes, *bonbonnières*, et tabatières de M. le duc de Mouchy.

Donnons surtout un coup d'œil aux tapisseries des Gobelins et de Beauvais qui ornent cette salle, et demandons-nous en la quittant si nous pouvons *admettre* que dans notre belle France la civilisation se soit arrêtée un moment dans sa marche en avant, depuis que nous l'avons vue naitre sur les silex et les os gravés de la première salle.

PAYS-BAS.

L'unique salle des Pays-Bas présente des séries d'objets fort remarquables en un espace très-restreint. A part quelques reliquaires, quelques bois sculptés, entre autres un engagement de cavaliers français et hollandais au dix-septième siècle, c'est surtout la vie d'intérieur et de famille qui se révèle par mille ustensiles confortables et de bon goût, pincettes, mouchettes, etc., et par les vaisseaux les plus variés de la célèbre *faïence de Delft*, qui tous, il faut le dire, appartiennent à un amateur distingué de Paris, M. Demmin. On y remarque de beaux spécimens monochromes et polychromes : comme les copies sur plaques de faïence des tableaux de Van der Meer et de Jean Asselyn ; le *violon de faïence* émaillé bleu, celui peut-être du roman de Champfleury ; enfin le *Masque en terre cuite du stathouder Guillaume le Taciturne* (1533).

Un beau *cabinet* est encore à signaler, chaque petit panneau contient une scène rajeunie de la vieille histoire de l'enfant prodigue (xviie siècle).

La vie communale et les corporations occupent dans l'exposition des Pays-Bas l'importance qu'elles occupaient autrefois et qu'elles occupent encore aujourd'hui dans ce royaume. Ici c'est une série de bâtons d'huissiers des villes hollandaises, Nimègue, Groningue, etc. ; là le bâton d'argent de la Corporation des cordonniers de Nimègue. En haut sont suspendues des cornes à boire d'un usage impossible, ces vidercomes qu'on donnait en prix aux confréries d'archers et d'arbalétriers ; quelques-unes sont toutes chargées de médailles des dix-septième et dix-huitième siècles, rappelant des victoires.

AUTRICHE.

L'Autriche nous a envoyé des souvenirs splendides des pompes impériales, nous voulons parler de cette série de vases des seizième et dix-septième siècles, en cristal de roche taillé, appartenant au trésor de Vienne. Ici il n'y a rien à signaler particulièrement : tout est beau, magnifique. Plus loin, les anciennes porcelaines de Vienne à décors savants et à couleurs vives. Ce sont de véritables tableaux ; mais tout cela, il faut le dire, manque de goût, il est d'une lourdeur qui rappelle les mauvaises époques de Sèvres.

La galerie de gauche est à elle seule une histoire du travail en Hongrie. Là aussi nous rencontrons au début les haches en pierre et bronze, et la seille en bois et bronze que nous avons déjà signalées en France ; puis viennent des bracelets et des colliers de la période romaine ; un centaure de bronze jouant d'une sorte de tambour de basque tandis qu'un homme accroupi sur son dos joue de la flûte : cette pièce a un aspect tout étrusque.

Les bijoux affectent, en général, des formes orientales.

A droite, armes et armures des seizième, dix-septième et dix-huitième siècles de la collection impériale de Vienne. — Arquebuses dont plusieurs fort remarquables. — Casques et boucliers ornés de bas-reliefs. — Arbalètes à rouets ; et enfin un éventail de ces pistolets massifs dont on ferait aujourd'hui des canons.

ESPAGNE.

L'Espagne a fait aussi ses efforts pour être complète ; son histoire primitive est indiquée par des objets en silex trouvés dans des grottes, fouillées il est vrai par notre compatriote M. Lartet ; la domination romaine, par de curieux vestiges d'exploitation dans les mines. Engins et bannes ou paniers destinés à monter le minerai au jour.

La période arabe et chevaleresque a fourni une épée et une cotte de mailles ; armes, dit-on, du *Cid Campéador*, retrouvées dans un couvent de Burgos en 1838. — *Magnifique harnais de cheval* que montait Mahomed en 1321, au siége de Castro el Rio, dépouilles opimes enlevées par le comte Fernand Nuñez.

Collection de réductions en stuc de morceaux d'architecture de l'Alhambra, par don Raphaël Contreras, de Grenade.

La puissance maritime de l'Espagne au quinzième siècle apparaît dans deux cartes curieuses de la Sicile et de l'Afrique. Il semble au premier abord qu'il y a dans la carte de l'Afrique comme un pressentiment de ce système de lacs intérieurs qui remplissent ce continent et que viennent de faire connaître les voyages récents de Speeke, Livingston et autres.

PORTUGAL.

Une remarquable collection de médailles et monnaies portugaises, depuis l'antiquité romaine jusqu'à nos jours, appartenant à S. M. le roi Don Louis Ier, attire tout d'abord l'attention. Ce qui frappe surtout est la série de monnaies d'or des rois wisigoths.

Au-dessus, magnifique ostensoir en argent doré à la cathédrale d'Evora (milieu du seizième siècle).

Fruitier en argent doré du seizième siècle. Superbe ostensoir exécuté au courant du seizième siècle avec le premier or rapporté, dit-on, par Vasco de Gama à son second voyage aux Indes. Le roi Manuel en fit don au monastère de Belem. Cette pièce superbe, de style gothique fleuri, est ornée d'amours et de statuettes d'apôtres en haut-relief à genoux en adoration autour de l'hostie. En haut, Dieu le père sous un dais de feuillage fantastique.

Les faïences de la fabrique royale de Porto rappellent le Rouen et parfois le Moustiers.

Plateaux en argent doré des seizième, dix-septième et dix-huitième siècles, et ornement d'autel doré à la cathédrale de Lisbonne.

Magnifique crosse épiscopale du seizième siècle, appartenant à la cathédrale d'Evora.

SUISSE.

Dans l'histoire du travail, la Suisse n'occupe pas une salle, mais seulement une partie de la rue qui porte son nom.

Les Lacustres. — La Suisse n'a en réalité que deux exposants, et ils s'en tiennent aux produits du travail chez les peuplades helvétiques aux époques antéhistoriques. Ce qui n'empêche pas cette exposition d'être très-intéressante, car la Suisse a dans ses lacs une mine inépuisable d'objets de l'âge de pierre et de bronze; la science l'explore sans cesse depuis qu'on a découvert que ses premiers habitants se construisaient, sur pilotis dans les lacs de ce pays, sinon des habitations permanentes, du moins des abris en temps de guerre ; et qu'il existait sous ces constructions qu'on a nommées *palafittes*, une épaisse couche de limon qui contenait de nombreux produits de l'industrie des hommes qui les avaient habitées. C'est le résultat de leurs pêches dans le lac de Neufchatel, — on ne peut employer d'autre mot, — que le docteur Clément de Saint-Aubin et le colonel Schawb nous ont envoyés.

L'âge de la pierre brute n'existe pas dans les palafittes ; elles n'ont été élevées que dans la période suivante. Les charpentes qui les soutenaient et leur mode de construction qui devaient être assez compliqués, exigeaient sans doute un état de civilisation plus avancé. Il serait difficile d'énumérer tous les objets intéressants de cette période que présentent les vitrines suisses. Bornonsnous à citer une magnifique hache provenant de la station de Concise et appartenant à M. le docteur Clément, qui présente, chose rare, son emmanchure complète en bois, — superbes marteaux en pierre, véritables objets d'art ; on se demande comment avec les moyens bornés dont ils disposaient, nos aïeux pouvaient forer des trous aussi réguliers dans la pierre dure ?

La céramique est représentée par des vases qui portent l'empreinte du pouce du potier. Ils nous ont conservé des documents sur la manière dont se nourrissaient nos aïeux : froment, orge, avoine, pois, lentilles, etc., c'est-à-dire qu'on n'était plus à l'état sauvage, on cultivait.

Les palafittes de l'âge de bronze sont plus nombreuses et plus importantes. La céramique s'y développe ; mais les vases sont coniques à la base, en sorte que pour les faire tenir debout il fallait ou les enfoncer dans le sable, ou bien les poser sur des espèces de torches ou anneaux en terre cuite. Les haches, très-nombreuses, sont excessivement variées de forme. Les couteaux sont élégants et la facture tourmentée de leur lame rappelle les formes orientales.

Les faucilles abondent et indiquent une agriculture assez développée.

Parmi les armes, les épées ont une poignée d'une petitesse caractéristique qui confirmerait l'hypothèse que les populations antéhistoriques de l'Europe étaient d'une taille au-dessous de la moyenne actuelle.

Des bijoux, bracelets, épingles à cheveux et boucles d'oreilles montrent que déjà la coquetterie des femmes avait fait naître l'art de la bijouterie.

DANEMARK, SUÉDE ET NORVÉGE.

Le Danemark nous a envoyé aussi une série d'objets de bronze et de pierre ayant appartenu à ses peuplades primitives. Malgré son importance, cet envoi à coup sûr ne représente pas la vingtième partie des richesses archéologiques de ce pays, tant les dolmens, les tombelles, les kœppenmœduiys (débris de cuisine) et les tourbières ont rendu fidèlement les dépôts que le hasard leur avait confiés.

La collection de M. Wickfeld d'Engestorte nous donne une idée assez complète du premier âge de pierre, de la pierre brute. La vie devait être bien misérable avec de pareils instruments. Mais quelle différence déjà entre ceux-ci et les spécimens de pierres polies du musée de Copenhague : magnifiques dagues ou poignards en silex, scies, gouges, marteaux, haches; en les considérant, on voit l'intelligence s'élever lentement mais progressivement sur la terre comme un astre éclatant. Il n'est pas besoin d'être un savant en *us* pour lire dans ces documents.

L'âge de bronze nous présente aussi un sujet d'étude intéressant, ne fût-ce que cette superbe trompette, spécimen peut-être unique, que les archéologues danois nomment Laur, et qui rappelle notre cor de chasse par sa forme. Au même âge se rapporte un vase d'or découvert en Fionie en 1864, et les célèbres cornes ou olifants d'or trouvés en 1639 et 1734 à Macgellander, dont le musée de Copenhague n'a envoyé que les fac-simile en plâtre par l'excellente raison que les originaux lui ont été volés, sans qu'on ait pu en trouver traces, bien qu'on ait mis la main sur le voleur. Il faut encore remarquer le bouclier de bois avec umbo (centre) en bronze d'une conservation étonnante, si c'est un original. Les tourbières conservent intacts les objets les plus délicats.

Au milieu, armes de diverses époques qui témoignent de l'intelligence qui a été en tous pays et à toutes époques dépensée par les hommes pour s'entre-tuer.

Couleuvrine du quinzième siècle trouvée en mer près de la côte de l'île d'Auhalt. Elle se charge par la culasse.

Fusil-revolver à six coups, de 1597, et qui ressemble, du moins extérieurement, à ceux qu'on vient d'inventer récemment.

Mousquet de rempart à rouet.

Serpentine du commencement du dix-septième..

La Norvége a également exposé des armes et ustensiles des âges de pierre et de bronze qui ont nécessairement, avec ce que nous avons vu en Danemark, la plus grande analogie. Mais ici nous trouvons de plus deux ou trois spécimens de *runes*, c'est-à-dire d'écriture hiéroglyphique des peuples du Nord, parmi lesquels on remarque un calendrier sur bois, et une inscription sur pierre à qui le signe de la croix qui l'accompagne donne peut-être une date relativement moderne.

Une série de vêtements et d'ornements sacerdotaux du treizième ou seizième siècle est encore à signaler, entre autres la mitre et les sandales de l'évêque Rogger.

Parmi les reliques historiques, citons : Une serviette armoriée qui rappelle la famille Oxientierna qui a joué un si grand rôle dans la politique ; l'armure de Gustave Ier, massive carapace de fer où le héros disparaît tout entier, et destinée plutôt à loger un soldat qu'un grand capitaine.

Le berceau en bois doré de ce fou héroïque que l'histoire nomme Charles XII, et non loin de là son épée.

Dans les longues veillées des climats septentrionaux, le paysan norvégien aime à sculpter le bois, et acquiert à ces travaux une habileté remarquable ; des cornes à boire, des poires à poudre et d'autres objets anciens démontrent cette assertion.

Une suite non moins curieuse et qui tient aux coutumes particulières du pays, est celle des bijoux de mariées norvégiennes. Il y a surtout des couronnes fort originales.

Quelques chartes et diplômes sont à signaler ; sur quelques-unes d'entre elles, on peut lire les griffes célèbres de Gustave-Adolphe et de la fameuse Christine de Suède.

Les faïences anciennes de la Norvége manquent un peu d'originalité, on dirait du Rouen à couleurs ternes. Les porcelaines de la fabrique de Mariembourg ont en revanche un aspect tout à fait particulier.

RUSSIE.

Le musée d'art et d'industrie de Moscou expose des photographies et des fac-simile intéressants d'objets ou de monuments anciens. — On doit remarquer le moulage en plâtre de la porte sainte en bois de l'église de Saint-Jean à Rostow (Jaroslaw), superbe spécimen de l'art græco-russe, tout empreint de l'Orient. Les âges de pierre et de bronze sont représentés par des moulages d'objets trouvés dans les tombelles et les tumuli de la Russie orientale, de la Sibérie et du Caucase. Ces restes ont plus d'un point de ressemblance avec ceux trouvés dans les mêmes circonstances en France et dans les pays du Nord.

Mais où la Russie brille réellement, c'est par un choix merveilleux d'ancienne vaisselle plate d'or, d'argent et de vermeil ciselés. Citons :

Le plat en vermeil donné par le czar Fédor Alexievitch à l'église de la Résurrection de Moscou en 1678.

Une grande coupe d'argent (Czara) du douzième siècle portant autour du bord une inscription en caractères slavons :

C'EST LA COUPE DU KINOSE
VLADIMIR DAVIDOVITCH.

Un puisoir en vermeil ciselé du dix-huitième siècle.

L'assiette d'argent gravée et dorée avec une inscription du czarewitch Alexis Petrowitch.

La coupe d'argent (du XVII⁰ siècle) sur fond d'or mat avec ornements niellés où on lit l'inscription :

> BUVEZ, ÉGAYEZ-VOUS, ET EN VOUS LEVANT,
> DÉGRISEZ-VOUS A LA SANTÉ DU PROPRIÉTAIRE.
> SIMÉON.

Les Russes semblent avoir conservé des anciens l'habitude d'or-
ner leurs coupes et leurs vases de devises ; leur alphabet, au reste,
comme celui des Arabes, se prête facilement à l'ornementation.

Au fond de la salle on rencontre une autre série de vaisselle
émaillée d'or et de vermeil des seizième et dix-septième siècles,
dont la pièce la plus remarquable est sans contredit l'assiette
enrichie de rubis du czar Alexis Michaelowitch. Ajoutons un curieux lampadaire en bronze du douzième siècle, où les personnages
divins et les animaux de la symbolique chrétienne sont découpés
à jour, et quelques armes russes conservées au palais de Moscou,
et la section russe n'a plus rien qui nous retienne.

ANGLETERRE.

L'exposition anglaise est une des plus complètes et des mieux
organisées. On y sent l'esprit d'initiative, de résolution et d'ordre
qui distingue nos voisins.

Armes.—Elle débute par une série fort intéressante d'instruments
et d'armes de l'âge de pierre et de bronze, qui est à étudier; viennent
ensuite l'invasion danoise et anglo-saxonne, représentées nécessairement aussi par des armes.

Casque danois trouvé dans le s ruinesdu château d'Oxford.

Casque anglo-saxon avec ornements appliqués de bronze. Un autre spécimen avec nasal (époque d'Edward le Confesseur.)

Le moyen âge a là toute une suite de casques ou heaumes (helmets)
dont plusieurs sont remarquables par leur volume, si bien qu'on
serait tenté de croire qu'ils ont servi plutôt à des trophées qu'à
armer des chevaliers. — Citons le heaume et le bassinet de Richard
Beaucham comte de Warwick au quinzième siècle, et puisqu'ils
se trouvent tout près, l'armure incrustée d'argent de Charles I⁰ʳ et
le masque en fer d'un exécuteur des hautes œuvres de la Tour de
Londres. On se demande pourquoi on lui a donné l'air grotesque et
gouailleur qu'on lui trouve, est-ce que ceux qui ordonnaient alors
les exécutions tenaient à insulter, au nom de la justice, leurs victimes jusque dans la mort?

Remarquez la sonnette et la châsse de St-Patrick, le grand apôtre
de l'Irlande (V⁰ siècle).

L'orfévrerie anglaise des quinzième et seizième siècles est dignement représentée dans l'histoire du travail.

Coupe d'argent ciselé appelée coupe de l'anathème, de l'inscription qui règne autour : « Anathème sur quiconque osera la vendre. » 1481.

Masse de cérémonie de l'Université de Glascow.

Épée à deux mains du temps de Henri VIII, pommeau en cristal de roche.

Masse en cristal montée en argent émaillée avec cabochons, donnée à la ville de Norwich par la reine Élisabeth.

Aiguière d'argent repoussé (1588). Coupe (grace-cup) de St-Thomas Becket, ivoire monté d'argent doré (1445). Carriage, coupe en forme de tonneau, argent doré, ciselé et émaillé, montée sur un char dont les roues sont mues par un mécanisme intérieur et qui est chargé de personnages en ronde bosse (1re moitié du seizième siècle).

Crosse pastorale de l'évêque Fox, argent doré et émaillé ; en haut, sous un dais d'architecture la figure de St-Pierre, 1517. Au dix-septième et au dix-huitième siècle on peut citer un plat et une énorme coupe d'argent repoussé à l'Université d'York tout à fait remarquables.

Une table d'argent aux armes de Guillaume III. — 1700.

Masse d'argent doré aux armes de la reine Anne et de la ville de Bath (1710.)

Une salière (salt-cellar), argent doré soutenu par quatre colonnes corinthiennes.

Chenets de fer émaillés bleu et blanc.

Les coupes données en prix aux courses de chevaux (racing cup) apparaissent ; citons celle de 1760 au duc de Cleveland (vermeil), vraiment magnifique de tous points, et celles des courses de Richmond de l'année suivante.

Deux tankards (pots à couvercles) argent doré du célèbre orfévre Paul Lemaire de Londres, 1732, méritent encore l'attention.

Parmi les terres cuites anglaises, il en est une à étudier, ce n'est rien moins que le buste du célèbre sculpteur Flaxmann (1778) par lui-même au musée de Kensington.

Parmi les bijoux de toilette, signalons une montre curieuse surtout par sa destinée, donnée à l'empereur de Chine, en 1790, par lord Macartney dans une ambassade ; elle a été reprise il y a quelques années au sac du palais de Pékin.

Parmi les miniatures, celle de la reine Élisabeth par Nicolas Hillard (1547-1619) et le portrait du roi Charles II par Samuel Cooper (1607-1672) ont droit à quelques minutes d'attention.

LE PAVILLON CENTRAL.

Le pavillon qui s'élève au milieu du jardin central est consacré, nous l'avons dit (p. 11), aux **poids, mesures et monnaies** des différents peuples, exposition qui occupe le rez-de-chaussée; au premier étage sont les monnaies fiduciaires, billets de banque, timbres-poste, etc.; à l'extérieur, quatre cadrans d'horloges indiquant simultanément les heures par des chiffres romains, arabes, turcs et indiens; enfin au-dessus du dôme de verre, un globe terrestre qui tourne sur lui-même en 24 heures.

Une idée profondément philosophique a présidé à cet arrangement : le visiteur qui a parcouru tout l'intérieur, qui a comparé les richesses des divers pays, qui a vu qu'elles doivent se compléter et se multiplier par l'échange réciproque, est tout étonné en arrivant au centre de voir si imparfaits les moyens qui servent à faciliter le commerce entre les différents peuples, c'est-à-dire les poids, les mesures et les monnaies. Le besoin de cette unité se fait impérieusement sentir à son esprit, et en levant les yeux il voit le globe terrestre dont les divisions doivent servir de base logique à ces mesures applicables à tous les peuples du monde.

Quatre compagnons de route, raconte Gérard de Nerval, un Turc, un Arabe, un Persan et un Grec, voulurent faire un goûter ensemble ; ils se cotisèrent de dix paras chacun. Mais il s'agissait de savoir ce qu'on achèterait : *Uzim*, dit le Turc. — *Ineb*, dit l'Arabe. — *Inghûr*, dit le Persan. — *S'afilion*, dit le Grec. Chacun voulant faire prévaloir son goût sur celui des autres, ils en étaient venus aux coups, lorsqu'un derviche qui savait les quatre langues appela un marchand, qui fournit ce que chacun avait demandé. C'était la même chose.

Cette absence d'unité, cause de tant de maux et d'erreurs dans l'humanité, s'en va chaque jour en disparaissant. Un congrès pour l'unification des monnaies, poids et mesures a été organisé. Ce qui semble utopie aujourd'hui peut devenir réalité un jour. On l'entrevoit dans un avenir plus ou moins lointain. Mais il est beau pour le dix-neuvième siècle d'affirmer l'idée et pour nos savants d'entreprendre la tâche. C'est déjà un grand pas fait en avant. Que l'Exposition de 1867 en ait donné le signal, c'est un honneur qui rendra son nom ineffaçable dans l'histoire des progrès. De semblables réformes qui préparent l'union universelle des hommes, seraient le résultat le plus digne et le meilleur commentaire des Expositions internationales.

L'ILE DE BILLANCOURT.

L'Exposition du Champ de Mars n'est pas la seule. C'est elle, il est vrai, qui attire la grande masse des visiteurs, et c'est pourquoi nous l'avons décrite de préférence. Mais l'agriculture a une annexe importante dans l'île de Billancourt; il fallait aux diverses cultures un champ d'expériences; les constructions rurales, le matériel des exploitations agricoles, les concours des animaux domestiques exigeaient de vastes terrains. Toute cette exposition spéciale trop encombrante pour le Champ de Mars se déploie avec plus d'avantages dans cette île de Billancourt. Elle est éloignée, mais n'est pas délaissée. L'agriculture a ses adeptes et ses curieux. On parle tellement depuis quelques années de ses perfectionnements, il y a partout une telle émulation pour la rendre prospère, que ses progrès ont fini par intéresser tout le monde. Une sorte d'engouement, parmi les fashionables même des salons, l'a très-heureusement mise à la mode. C'est à qui voudra connaître les merveilleuses applications de la vapeur aux opérations agricoles, et voir tous ces instruments qui font la besogne des manouvriers, ces *faucheuses*, ces *moissonneuses*, ces *batteuses* mécaniques, qui sont venues récemment étonner nos campagnes et surprendre nos paysans dans leurs habitudes routinières. Ce n'est plus le privilége de la seule race chevaline d'entrer dans les préoccupations du monde élégant. L'exemple de la gentry anglaise a entraîné en France de nombreux imitateurs, et depuis qu'on a tant célébré chez nous les mérites des races Durham, des croisements Durham, etc., chacun, piqué d'honneur, cherche à comprendre l'élevage comme les Anglais et à rivaliser avec eux d'efforts et de succès. Il n'est point rare de voir même les dames discuter de l'*avant-train* d'une bête à cornes et se demander si sa *culotte* est l'indice d'un bon croisement.

Le concours des animaux à l'île de Billancourt varie et se renouvelle toutes les quinzaines. Les races bovine, ovine, chevaline s'y sont succédé jusqu'à présent; nous n'avons donc pas à en parler.

Le plus intéressant pour nous, simples visiteurs, ce sont les instruments agricoles. Il y a un certain attrait, que nous comprenons après nous être attristés à la vue des canons français, prussiens ou anglais, du Champ de Mars, à visiter maintenant ces parcs d'artillerie pacifique et bienfaisante, composée de charrues alignées et de faucheuses en batterie.

Il y en a de fort jolies, de ces pièces de campagne destinées non à détruire, mais à nourrir les populations. Les charrues d'Howard, de Bedford (Angleterre), légères, proprettes, peintes en bleu, avec versoir en acier, sont d'un aspect riant en vérité : presque un meuble de salon.

Les Italiens dans une autre partie de l'île, en ont exposé au contraire d'assez lourdes, à bras épais, à soc énorme qui doit s'enfoncer rudement dans la terre.

Ce sont de tous côtés noms nouveaux, formes excentriques, inventions bizarres ou ingénieuses qui sollicitent l'attention : charrues *bisoc, trisoc ;* charrues *à disque,* charrues *fouleuses,* charrues *à double versoir,* charrues *à pointe mobile,* charrues *à double rouleau diviseur ;* il y a même dans cet arsenal complet des charrues *à aiguille !*

L'essai des charrues a été un véritable *steeple chase* pour l'émotion produite. Les Anglais, qui mettent à réussir dans tous les concours sportiques un amour-propre national, avaient amené pour ce tournoi des charrues leurs meilleurs attelages de labour. Ils avaient préparé par des répétitions préalables un *entraînement.* Le jour venu, ils ont exécuté des sillons d'une précision inouïe, des dessins d'arabesques à sinuosités difficiles, des labours d'une profondeur de près d'un demi-mètre ; enfin, Français et autres concurrents, nous avons été tellement distancés qu'il n'y a pas moyen de contester ni de cacher notre défaite.

Ailleurs on s'arrête, assez intrigué, devant une voiture mystérieuse composée d'un siége unique en métal ; autour de ce siége toute une escorte de barreaux de bois, une rangée de dents de fer, de lames et de pointes. Ce sont les *faucheuses-râtisseuses-moissonneuses* (quel cumul !) exposées par Samuel and son.

Dans ce genre, la France a un exposant, Gorel de Bourges, qui veut ne le céder en rien à l'Angleterre. Sa machine fait à la fois, dans le champ même, « le battage sur pied de tous les grains et graines et le coupage instantané de la paille. »

Nous verrons une collection de *moulins agricoles* et de *tarares* plus ou moins américains, plus ou moins perfectionnés. Mais c'est si spécial.

Nous qui ne cherchons que des « curiosités, » nous aurons mieux notre compte devant l'exposition, imaginée par un vétérinaire, M. Perduron, des *fers à cheval* de tous les pays. On remarquera qu'en Italie et en Turquie, il est fait usage parfois de fers complétement fermés : les uns ayant la forme d'un anneau, les autres d'un cœur évidé ; en Bavière on emploie des fers pleins.

Une série d'expositions toutes pratiques, intéressantes pour quiconque a des caves ou une cuisine, ou une ferme, est celle des *machines à boucher* et des *instruments à nettoyer* les bouteilles ; des *presses à jus* pour purée, pour cidre, pour sirop (exposant Desenne), des *barattes atmosphériques,* système Clifton, qui se vante « d'extraire le beurre du lait frais en dix minutes et de la crème en cinq minutes, sans faire usage d'aucune préparation chimique et en conservant par conséquent au lait sa douceur et toutes ses qualités, de sorte que, ayant fourni tout le beurre qu'il contenait il peut encore être employé aux usages domestiques. »

Enfin, plus isolée, est une baraque *à toiture de feutre*, comme l'annonce un écriteau ; voilà qui est curieux. Et du feutre asphaltique encore ! système Azambula. Mais le plus frappant pour les yeux est l'enseigne que couvre cette toiture :

LES PROMPTS ROTISSEURS
SONT ICI.

Qu'est-ce donc que les *prompts rôtisseurs?* Comme ils sont sous la garde d'une *patronne* aimable, empressée à répondre aux questions, nous pourrions laisser à nos lecteurs la surprise, mais nous n'y résistons pas : il y a utilité à faire connaître les procédés économiques qui peuvent venir en aide aux ménagères; les prompts rôtisseurs sont de petits appareils, vulgairement nommés *fours de campagne;* ceux-là remplacent à la fois le gril, la poêle et la broche : ils cuisent la viande par-dessus, et le pot-au-feu par-dessous. Nous avons été frappés de cette assertion : « il est inutile désormais de mettre du beurre sur la viande. » Et de celle-ci : « plus d'odeurs nauséabondes. » Nous souhaitons que ce soit vrai. En tout cas, qu'on se le dise.

Ce qui a bien son mérite aussi, outre les inventions d'économie domestique, ce sont celles qui contribuent à la *sûreté* de chacun : les appareils de *sauvetage* pour incendie, système CHARPIE, le harnais à *dételage instantané*, inventé par GLATARD de Roanne. Un simple cordon à tirer, et le cheval est à la minute même détaché du brancard, libre de s'échapper s'il lui convient en n'emportant avec lui que son collier, ses rênes et ses quatre fers. La société protectrice des animaux a, paraît-il, récompensé, et avec raison, l'inventeur.

Malgré sa spécialité d'annexe agricole, l'île de Billancourt offre encore, on le voit, plus d'un genre de spectacle. Et nous n'avons rien dit encore des *pompes à double effet* de V. Thiebault ; de la féculerie *agricole* et des *appareils pour sucrerie* de JOLY et CAMUS, ni du très-ingénieux *pavillon de météorologie* qui permet d'étudier, enfermé dans son salon, les phénomènes atmosphériques signalés sur la toiture par les girouettes.

Ce qui manque à l'île de Billancourt, c'est le pittoresque; la fantaisie n'y a pas trouvé sa place, rien d'analogue aux mille enchantements du Champ de Mars, point de kiosques élégants, point de serres, ni de grottes, ni d'aquarium comme au jardin réservé.

Ce n'est pas que les buvettes et les restaurants fassent défaut. Il y a pour eux des chalets et des baraques. On a de plus une jolie laiterie. Enfin sur le bord de la Seine se dresse un élégant pavillon pour le service de la Commission impériale.

Mais la seule chose qui fasse réellement une diversion *mondaine* aux préoccupations agricoles, c'est le canotage, ce sont les régates. Les canotiers de la Seine ont élu résidence sur un côté de l'île ; ils y ont obtenu une tribune, un jury, des prix. Leurs bruyantes acclamations, la détonation de leurs signaux, le coup d'œil de leurs rivalités, leur célérité, émule de celle des bateaux à vapeur qui sillonnent la Seine en cet endroit, leur gaieté enfin animent d'une manière toute parisienne ce paysage champêtre. Nous nous retrouvons comme à une fête des environs. Ils nous rappellent que notre Paris n'est pas loin. Le bateau à vapeur attend. Notre mission de visiteurs est terminée. La cloche du départ sonne. Elle a de joyeux appels. Voici assez longtemps que notre désir de courir le monde nous a conduits à l'aventure hors de chez nous. Visiter en quelques jours l'univers et ses produits, pour rapide que soit cette exploration, c'est encore un voyage de longue haleine.

CONCLUSION.

Le moment est venu de rentrer à Paris. Nous avons hâte d'y rapporter notre récolte d'observations et d'idées nouvelles, et de la partager avec nos lecteurs. Ce n'est qu'un faible butin, sans doute, que nous avons glané dans ces champs si vastes de l'industrie et de l'art, ensemencés partout du génie humain, et prodigieux de fertilité ; mais ces quelques brins cueillis chemin faisant, par de simples touristes, pourront peut-être, comme les raisins rapportés de Chanaan, donner une idée de la Terre Promise.

FIN.

INDICATEUR PRATIQUE.

PRIX D'ENTRÉE.

L'entrée au Champ de Mars (Palais, Parc et Berge compris) est fixée à 1 franc, tous les jours indistinctement, depuis 10 heures du matin jusqu'à 6 heures du soir. Passé 6 heures, on n'entre plus que dans le Parc.

Avant 10 heures du matin, c'est-à-dire aux heures réservées, le prix est de 2 fr.

L'entrée du Jardin réservé se paye en sus 50 cent.

L'entrée de l'Église dans le Parc : 50 cent.

— du Temple mexicain : 25 cent.

Entrée de l'annexe de Billancourt : 1 fr.

Cartes d'abonnement et billets de semaine.

Cartes d'abonnement nominatives et personnelles valables pour toute la durée de l'exposition, et donnant droit d'entrer tous les jours même aux heures réservées, avec affranchissement de tous péages spéciaux, à l'Exposition du Champ de Mars et à l'annexe de Billancourt : 60 fr. pour les dames, 100 fr. pour les hommes.

Billets de semaine, donnant les mêmes droits d'entrées que les cartes d'abonnement, prix : 6 fr.

S'adresser au bureau du Commissariat général, avenue La Bourdonnaie.

Quant aux exposants, il leur a été délivré des cartes d'entrée gratuite, ainsi qu'à leurs agents.

MOYENS DE TRANSPORT.

Les moyens de transport, outre les **6000 voitures publiques** (fiacres, coupés, remises), outre 500 **paniers** récemment mis en circulation par la Compagnie impériale, outre de nombreuses voitures dites **tapissières**, qui conduisent au quai d'Orsay, consistent principalement en ceux-ci :

Six lignes d'**omnibus** de la compagnie générale, deux pour la rive gauche, quatre pour la rive droite (correspondances avec les autres lignes).

Bateaux omnibus qui font la traversée de la Seine.

Chemin de fer, communiquant avec les diverses gares de Paris.

Une **ligne spéciale d'omnibus** a été en outre créée, partant de la Madeleine et aboutissant à l'avenue Rapp.

OMNIBUS DE LA COMPAGNIE GÉNÉRALE.

(30 cent. intérieur. — 15 cent. impériale.)

Point de départ.	Parcours. (Les n°° et les astérisques indiquen les bureaux.)	Station de l'arrivée.
B RUE DE STRASBOURG.	R. Lafayette (79). — R. Faub. Mont-martre. — R. Ollivier (*). — Pl. du Havre (15). — R. St-Lazare — R. de la Pépinière. — B^d Malesherbes (51). — St-Philippe du Roule (*). — R. de Chaillot. — Avenue des Champs-Élysées (96).	*Exposition.* PONT D'IÉNA.
Y PORTE ST.-MARTIN.	B^d Poissonnière. — R. Montmartre. — Pl. du Palais-Royal et R. St-Ho-noré (155). — Pont Royal. — R. St-Dominique (75). — Aven. de La-mothe-Piquet. — R. du Commerce (*).	*Exposition.* GRENELLE. ÉCOLE MILIT.
Z BASTILLE.	R. St-Antoine. — Pont de la Tournelle. B^d St-Germain (14, près du musée de Cluny). — B^d St-Michel. — R. de l'École de Médec. — Pl. St-Sulpice (*). — R. de Grenelle (4 et 69). — Invalides.	*Exposition.* AV. LAMOTHE-P. AV. TOURVILLE.
AC PETITE VILLETTE.	R. Faub. St-Martin. — B^d Denain (7). — R. Lafayette (79). — R. de la Chaussée-d'Antin. — B^d de la Ma-deleine (*). — R. Royale St-Hon. (15). — Cours la Reine (*). — Quai d'Orsay.	*Exposition.* Aven. RAPP.
AD CHATEAU D'EAU.	R. du Temple, de Rivoli, St-Denis (7). — Pont-Neuf. — Pl. Dauphine (*). — R. de l'Université. — R. St-Do-minique (75). — Invalides. — Q. d'Orsay.	*Exposition.* Aven. RAPP.
VF[1] Place du PALAIS-ROYAL.	R. de Rivoli. — Pl. de la Concorde (*). — Quai de la Conférence. — Quai de Billy.	*Exposition.* Pont d'IÉNA.

1. *Par exception*, cet omnibus qui, pris au Palais-Royal, coûte 30 cent. (sans distinction entre l'impériale et l'intérieur), coûte 35 cent. le dimanche. Mais de la place de la Concorde au pont d'Iéna, il ne coûte plus que 20 cent. dans la semaine, 25 cent. le dimanche.

CHEMIN DE FER DE SAINT-LAZARE (*rive droite*).

Il amène les visiteurs directement à l'Exposition.
Les prend et les ramène aux diverses stations de son parcours :

Poiht du jour.	Porte Dauphine (av. de	Courcelles.
Auteuil.	l'Impératrice).	Batignolles.
Passy.	Porte Maillot (Neuilly).	Saint-Lazare.

En allant, il ne prend de voyageurs à aucune station, si ce n'est à Auteuil, où il rallie ceux qui viennent de Neuilly, de la porte Dauphine ou de Passy.

Au Champ de Mars on a créé un embarcadère spécial.

Situé quai d'Orsay, en aval du pent d'Iéna, près de la porte Desaix, cet embarcadère débouche sur la partie du Parc dite *Quart oriental et anglais*, et communique avec le Palais même de l'Exposition par une allée couverte.

Prix des places et heures de départ.

Ce chemin de fer ne se compose que de *secondes classes*.

Le prix varie de 30 à 50 centimes, selon la distance.

Départ: 1° *Dans la semaine*. — De la gare Saint-Lazare. — Il part d'heure en heure, depuis 7 heures 20 min. du matin jusqu'à 8 heures 20 min. du soir.

— De l'Exposition — il part également toutes les beures, depuis 8 heures 25 min. du matin jusqu'à 11 h. 25 min. du soir.

2° *Les dimanches et fêtes*. — De la gare Saint-Lazare — il part d'heure en heure depuis 7 heures 42 min. du matin jusqu'à 8 heures 42 min. du soir. De plus, il y a quatre trains intermédiaires partant aux 12 minutes, savoir : 11 heures 12, — midi 12, — 1 heure 12, — 2 heures 12.

— De l'Exposition — Toutes les heures, depuis 8 heures 7 min. du matin jusqu'à 11 heures 7 min. du soir.

CHEMIN DE FER DE CEINTURE.

Prend et ramène aux diverses stations de son parcours sur la rive droite et la rive gauche les visiteurs de l'Exposition.

Il se relie par un embranchement spécial près du viaduc du Point-du-Jour à l'embarcadère du Champ de Mars.

Prix des places et heures de départ.

Le prix varie de 30 cent. à 70 cent., selon la distance, dans la semaine; — les dimanches et fêtes de 40 cent. à 90 cent.

Départ : d'heure en heure. — De Clichy, depuis 6 h. 30 matin jusqu'à 7 h. 30 soir (8 h. 30 le dimanche). — De l'Exposition, depuis

8 h. 12 matin (8 h. 17 le dimanche) jusqu'à 9 h. 12 soir (10 h. 17 le dimanche.

Stations du Champ de Mars à Clichy.

RIVE GAUCHE.	RIVE DROITE.
Embranchement (Point du jour.)	Rapée Bercy.
Vaugirard-Issy,	Bel Air.
Ouest-Ceinture.	Charonne.
Gentilly.	Ménilmontant.
Maison Blanche.	Belleville-Villette.
Orléans-Ceinture.	Est-Ceinture.
	Chapelle Saint-Denis.

BATEAUX OMNIBUS. (Prix unique : 25 cent.)

Partent toutes les 10 minutes de 8 heures 5 min. du matin, à 8 heures 30 min. du soir. — Font, avec une grande rapidité la traversée de la Seine (descente et remontée) entre le pont d'Austerlitz et le viaduc d'Auteuil. — Mais parfois, lorsque la Seine est trop basse, ils cessent leurs communications entre le pont d'Austerlitz et le Chatelet. C'est à cette extrême station qu'il faut les prendre dans ce cas.

Escales intermédiaires.

Pont du Carrousel, rive gauche.	Pont de la Concorde, rive droite.
Pont Royal, rive droite.	Pont d'Iéna (Exposition).

POSTE ET TÉLÉGRAPHE.

Le Champ de Mars, qui est une véritable ville, est plus favorisé que nombre de petites communes : il a un bureau de poste et un bureau télégraphique. Dans ce bureau, assimilé aux plus importants de l'intérieur de la ville, on peut délivrer et payer des mandats, recevoir des chargements, des valeurs cotées, des valeurs déclarées et des affranchissements de toute nature. Sept boites aux lettres sont placées dans l'intérieur du Parc, dans lesquelles les levées se font sept fois par jour, comme dans l'intérieur de Paris. Des facteurs sont occupés toute la journée à distribuer aux exposants les lettres qui leur sont adressées. La station télégraphique se trouve dans la même salle que le bureau de poste ; on peut correspondre avec Paris, la France et l'étranger.

Enfin, ce qui n'est pas à dédaigner, on peut se procurer une voiture sans avoir la peine d'aller la chercher, ou faire venir la sienne stationnant dans le voisinage ; il suffit de s'adresser à l'un des bureaux télégraphiques établis à cet effet sur le pourtour du Parc, notamment à la grande porte et à la porte Rapp.

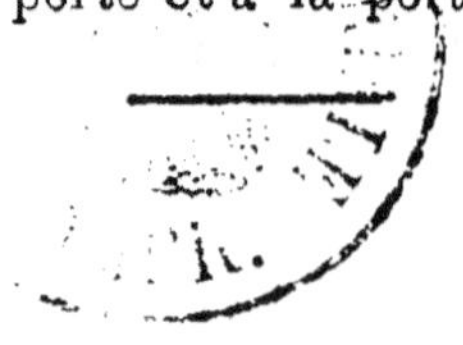

TABLE DES MATIÈRES.

FIN DE LA TABLE.

TABLE MÉTHODIQUE

PAR NATIONALITÉS ET PAR SPÉCIALITÉS

PAYS SUIVANT L'ORDRE DU CLASSEMENT.	HISTOIRE DU TRAVAIL.	GROUPES					
		Ier. ARTS. — Ceinture, sculpt. architecture.	II, III, IV, V. PROD. INDUSTR. — Matières premières, vêtem^ts, tissus, mobil., matériel d'arts libéraux.	VI. TRAVAIL ET MACHINES. — Mécanique hydraulique, mines, trav. milit. et maritimes.	VII. ALIMENTS RAFRAICHISSEMENTS DISTRACTIONS. — Cafés, restaurants, concerts, spectacles.	VIII, IX, AGRICULTURE ET HORTICULTURE — Pisciculture.	X. VIE PRATIQUE. Types, mœurs, costum., habitat. — OEuvres économiques et bienfais.
France..........	162	31, 42 136, 155	82	12, 14, 64 26 à 38, 68	2, 15, 22	40, 42 44, 177	11, 32, 65 74, 102
Algérie, Colonies	»	»	102	77	16	103	77, 100
Pays-Bas......... Belgique........	168	158, 144	104	40, 77	16	41	105
Prusse......... Allemagne du N..	»	157, 144	106	45, 78	17, 20	»	78, 107
États allem...... Autriche........	169	45, 146	109	79	17, 20	»	111
Suisse..........	170	158	111	80	17	»	»
Espagne .... Portugal........	165	147	46, 112	80	17, 21	»	113
Grèce..........	»	147	113	»	»	»	114
Danemark ...... Suède, Norvége..	171	148	46, 114	80	17	»	47, 114
Russie..........	173	149	115	»	17	48	47, 115
Italie.......... États-Pontificaux.	48	150	116	»	13	149	»
Roumanie....... Turquie.........	54	55, 56	120	80	18	178	54, 80, 120
Égypte.........	57	58	123	60	22	»	59, 123
Chine, Japon, Siam........	»	»	24	80	21	»	80, 125
Tunis, Maroc....	«	49, 51	28	80	18, 53	»	80, 124
États-Unis	»	152	125	61, 81	18	»	15, 126
Amérique-Sud...	61	»	27	»	»	»	127,
Angleterre......	175	152	27	29, 44, 61 63, 81	19	177	62, 128
Colonies angl ...	»	»	2, 133	»	»	»	2, 133

2469. — IMPRIMERIE GÉNÉRALE DE CH. LAHURE
Rue de Fleurus, 9, à Paris.

DICTIONNAIRE GÉNÉRAL
DES SCIENCES
THÉORIQUES ET APPLIQUÉES

Comprenant : *Mathématiques*, géologie, astronomie, etc. — *Physique et chimie*, galvanisme, optique, photographie, fabrication des substances industrielles ou alimentaires, etc. — *Mécanique et technologie*, machines, outils, art militaire, hydraulique, métallurgie, imprimerie, lithographie, etc. — *Histoire naturelle et médecine*, chirurgie, art vétérinaire, pharmacie, hygiène, etc. — *Agriculture*, économie rurale, industries agricoles, etc.

PAR MM.

PRIVAT-DESCHANEL	**AD. FOCILLON**
Chevalier de la Légion d'honneur professeur de Sciences physiques et naturelles au Lycée impérial Louis-le-Grand	Chevalier de la Légion d'honneur professeur de Sciences physiques et naturelles au Lycée impérial Louis-le-Grand

ET UNE SOCIÉTÉ DE SAVANTS, D'INGÉNIEURS ET DE PROFESSEURS

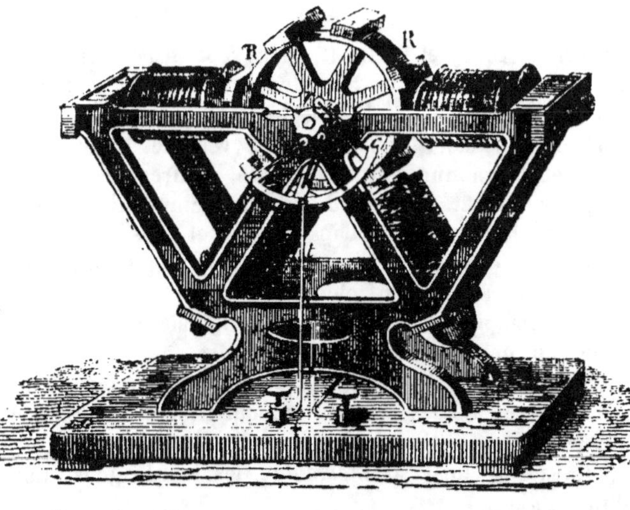

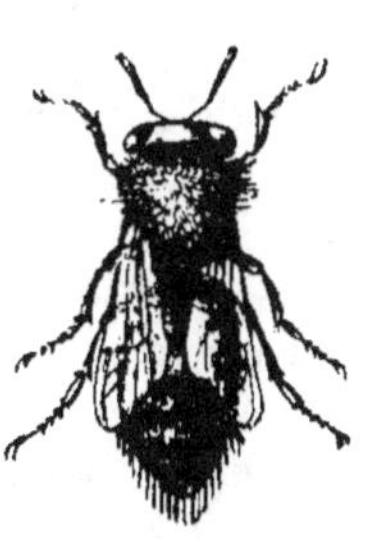

Illustré
de
4000 figures

2 forts volumes grand in-8 jésus, brochés, 30 francs.

En vente : le tome Ier. — Prix, broché. . . . . 15 fr. »
Et le 1er fascicule (ou première moitié) du tome II. — Prix. . 7 fr. 50
Très-prochainement le 4e et dernier

DICTIONNAIRE GÉNÉRAL
DE BIOGRAPHIE, D'HISTOIRE
DE GÉOGRAPHIE
DE MYTHOLOGIE, DES ANTIQUITÉS ET DES INSTITUTIONS

Par MM.

CH. DEZOBRY | **TH. BACHELET**
Auteur de *Rome au siècle d'Auguste* | Professeur au Lycée impérial de Rouen

ET UNE SOCIÉTÉ DE LITTÉRATEURS, PROFESSEURS ET SAVANTS

4⁰ édition, revue, complétée et mise au courant des événements récents.

2 volumes grand in-8 jésus de plus de 3000 pages à 2 colonnes

Prix broché : 25 francs

La demi-reliure en chagrin se paye en sus 7 fr. 50

Le dictionnaire de MM. Dezobry et Bachelet, grâce à sa disposition typographique, contient la matière de plus de 50 volumes in-8. C'est toute une bibliothèque d'histoire et de géographie, d'archéologie et de droit public.

Vie des hommes célèbres, indications bibliographiques, récit des événements, descriptions des localités et des monuments, statistique, chiffres des populations, exposé des religions, lois et coutumes de tous les temps, histoire des gouvernements, tout ce qui fait connaître, dans le passé et dans le présent, les hommes et les choses, est l'objet d'articles composés d'après les documents les plus authentiques et d'aperçus souvent pleins d'intérêt.

Ce n'est pas une simple compilation, c'est l'œuvre originale de nombreux et savants collaborateurs qui ont signé leurs articles.

Ce Dictionnaire, le plus complet de ce genre, a sa place sur le bureau du savant comme dans la bibliothèque des gens du monde. L'homme du monde y trouve un guide sûr pour les questions qui se rencontrent dans la lecture ou la conversation; le savant, un vaste *memento;* les jeunes gens, une source abondante d'instruction.

La rédaction est conçue avec beaucoup de tact et dans un esprit qui permet d'introduire ce livre dans les familles.

Cette 4⁰ édition, récemment revue et corrigée, a toute l'actualité désirable.

DICTIONNAIRE GÉNÉRAL
DES LETTRES, DES BEAUX-ARTS
ET DES
SCIENCES MORALES ET POLITIQUES

Par MM.

Th. BACHELET et Ch. DEZOBRY

ET UNE SOCIÉTÉ DE LITTÉRATEURS, D'ARTISTES ET DE SAVANTS

Arc flamboyant.   Balustrade de Cluny.

Littératures anciennes et modernes. Analyses des chefs-d'œuvre. Critique. Histoire littéraire.

Grammaire. Rhétorique. Philologie. Linguistique. Diplomatique. Paléographie.

Archéologie. Numismatique. Architecture. Sculpture. Peinture. Gravure. Dessin. Lithographie. Photographie.

Monuments célèbres.

Arts d'agrément. Jeux.

Musique.

Philosophie. Théodicée. Logique. Morale. Histoire des systèmes. Religions. Cultes.

Législation. Droit. Économie politique. Science administrative. Histoire des institutions.

Établissements publics. Hospices. Banques. Education, etc.

L'ouvrage, de 1816 pages grand in-8 jésus, à 2 colonnes, forme à volonté un ou deux volumes.

Prix broché, 25 francs.

La demi-reliure en chagrin se paye en sus, savoir : en deux volumes, 6 fr.; en un seul, 4 fr. 50 c.

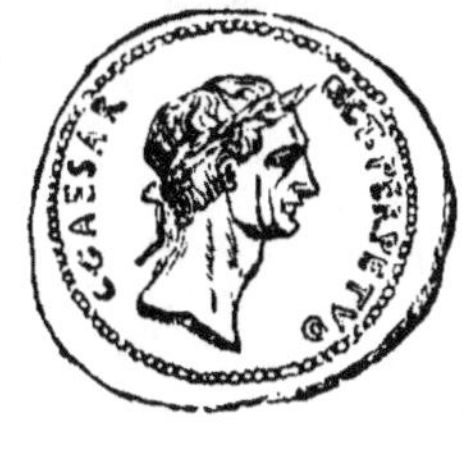

DICTIONNAIRE

DE

CHIMIE INDUSTRIELLE

Par MM. BARRESWIL et AIMÉ GIRARD

AVEC LA COLLABORATION DE M. DE LUCA

Et de MM. Aubergier, Balard (de l'Institut), Barral (J. A.), Bayvet, Bouillet (H.), Ciccone, Collin (C.), Gannal (A.), Girardin (de l'Institut), Kopp (E.), Legrand (A.), Lestelle (H. de), Menier (E.), Peligot (E.) (de l'Institut), Poggiale, Perrault (A.), Reveil (Dr), Troost (L.), etc.

Au moment de l'*Exposition universelle de Paris*, voici un dictionnaire qui prend un intérêt nouveau et vient à propos vulgariser des connaissances utiles à quiconque s'intéresse à notre prospérité industrielle.

On trouvera dans ce recueil, expliqués sous une forme claire, les **procédés de fabrication** les plus remarquables, les **inventions** les plus récentes, les perfectionnements de la **production manufacturière**.

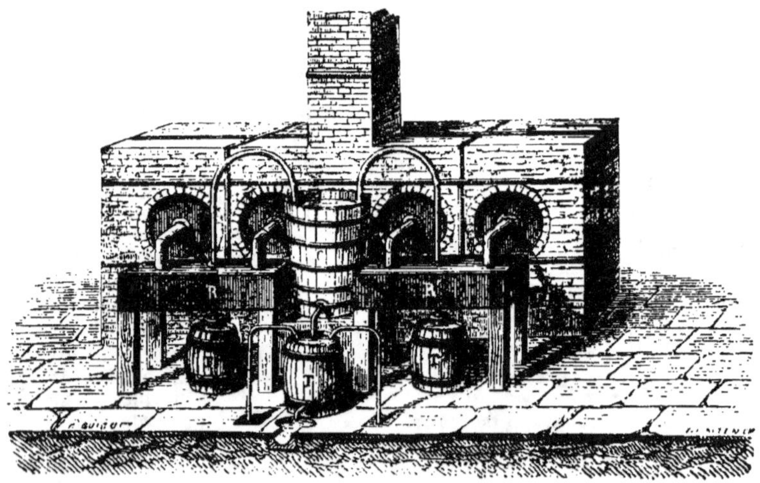

Distillation industrielle du bois.

Les relations personnelles de MM. Barreswil et Aimé Girard avec nos principaux chefs d'ateliers, les ont mis à même de connaître les moyens les plus avantageux de fabrication. Les dessins ont été presque toujours faits dans les ateliers mêmes.

DICTIONNAIRE UNIVERSEL
D'HISTOIRE NATURELLE

COMPRENANT :

La substance des Œuvres de Buffon, de Cuvier, etc., la Zoologie, la Botanique,
la Minéralogie, la Géologie, la Chimie, la Physique générale, l'Astronomie,
la Définition des noms scientifiques, les Applications agricoles, médicales
industrielles,

PAR CH. D'ORBIGNY

Avec la collaboration de nombreux savants, la plupart membres de l'Institut

(MM. GEOFFROY SAINT-HILAIRE, MILNE EDWARDS, FLOURENS, DE QUATREFAGES, BRONGNIART,
MOQUIN-TANDON, ÉLIE DE BEAUMONT, A. GUILLEMIN, DE HUMBOLDT, COSTE, C. BROUSSAIS,
DUPONCHEL, ARAGO, DUMAS, DE JUSSIEU, ETC., ETC.).

NOUVELLE ÉDITION, REVUE ET AUGMENTÉE

Publiée par livraisons de 24 à 32 pages, grand in-8, à deux colonnes,
accompagnées presque toujours d'une planche gravée sur acier et coloriée.

Prix de la livraison, 1 franc.

Les livraisons sont réunies cinq par cinq en *séries* : 5 francs.

L'ouvrage complet formera 26 volumes (10,000 pages), avec un magnifique
**Atlas de plus de 300 planches gravées sur acier et
finement coloriées.**

DICTIONNAIRE PRATIQUE ET CRITIQUE

DE

L'ART ÉPISTOLAIRE FRANÇAIS

PAR CH. DEZOBRY

Préceptes et Conseils sur chaque genre; plus de mille modèles choisis
dans les monuments et les documents de la langue française.

1 volume grand in-8 raisin, 1352 pages. — Prix : 15 francs.

LA PÊCHE ET LES POISSONS

LIVRAISONS A 1 FR.
DE
2 feuilles

DICTIONNAIRE GÉNÉRAL

PLANCHES COLORIÉES
ET
Gravures noires

DES PÊCHES

PUBLIÉ SOUS LES AUSPICES

de LL. EE. MM. le Ministre de la Marine et des Colonies, le Ministre du Commerce
et de l'Agriculture, le Ministre de l'Instruction publique

PAR

H. DE LA BLANCHÈRE

**Précédé d'une Préface par AUG. DUMÉRIL, professeur
au Muséum d'histoire naturelle.**

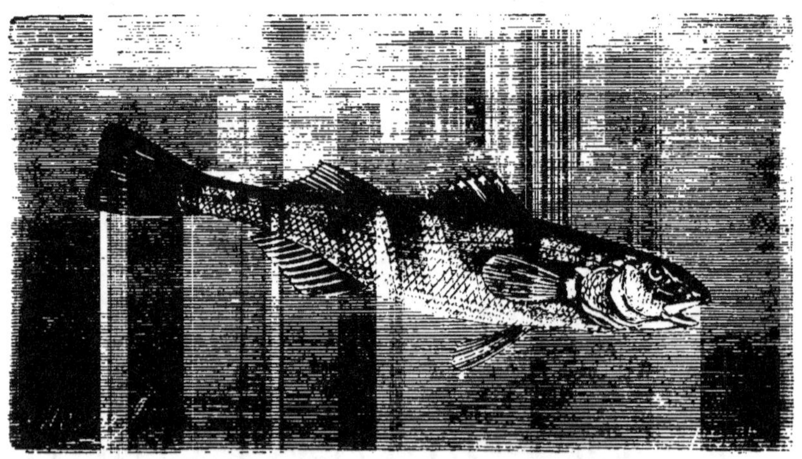

Illustrations dessinées et coloriées par A. MESNEL, d'après les
photographies faites sur nature par l'auteur.

L'ouvrage complet se composera de 30 livraisons à 1 fr.

Le *Dictionnaire* comprend non-seulement l'histoire naturelle des poissons, mais des renseignements techniques sur les pêches de chaque poisson
de mer et d'eau douce, et les notions de législation, de jurisprudence et de
statistique qui s'y rattachent.

LE
LIVRE DE LA FERME

ET

DES MAISONS DE CAMPAGNE

**2 forts vol.
grand in-8 jésus**

SOUS LA DIRECTION
DE M. P. JOIGNEAUX

**Prix des 2 vol
32 francs**

Formant une véritable encyclopédie agricole de 2160 pages illustrées.

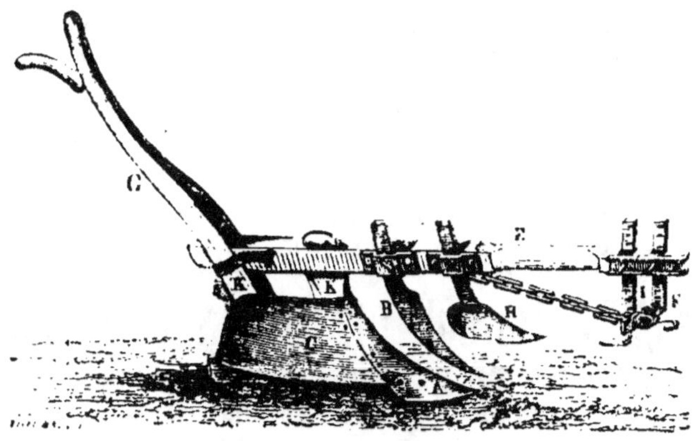

La grande et la petite culture, les meilleures méthodes et les instruments en usage, les moyens d'amélioration, assainissement des terres, défrichement, assolements, engrais et fumure, fourrages artificiels, céréales, prairies naturelles, etc.

Élevage des bestiaux, éducation des abeilles et des vers à soie, entretien des basses cours, des volières et des colombiers, des étangs, laiterie et laitages, pisciculture.

Animaux et insectes utiles ou nuisibles.

Taille des arbres, pépinières, greffage, vigne, vendanges, vinification.

Jardinage, culture des fleurs, des légumes, des bosquets, des parterres.

Chasse, pêche, gibier, poissons, meutes, lignes et filets.

Hygiène domestique, plantes officinales, recettes.

Économie rurale, comptabilité agricole.

La demi-reliure en chagrin se paye en sus 7 fr. 50.

A.

DICTIONNAIRE GÉNÉRAL
DE LA
LANGUE FRANÇAISE
DE BIOGRAPHIE, DE MYTHOLOGIE ET DE GÉOGRAPHIE

COMPRENANT :

1° Tous les *termes littéraires* et *ceux du langage usuel*, avec leurs sens propres et leur sens figuré ; 2° un Vocabulaire des principaux termes usités dans les *sciences* et dans les *arts ;* 3° un Dictionnaire *biographique* et *mythologique ;* 4° un Dictionnaire de *géographie ancienne et moderne.*

INDIQUANT :

1° La *Prononciation figurée*, dans les cas exceptionnels ou douteux ; 2° les *Étymologies* propres à déterminer et à rappeler le sens précis des termes scientifiques.

ET TERMINÉ

Par une liste des citations ou locutions latines, italiennes ou anglaises, le plus fréquemment employées par les Français dans leurs conversations ou dans leurs écrits,

PAR MM.

GUÉRARD	SARDOU
Directeur des études à Sainte-Barbe.	Ancien chef d'institution.

1 fort volume in-18 raisin. — Prix : cartonnage ordinaire. . . 2 fr. 60 c.
— cartonnage anglais, en percaline gaufrée. . . . 3 »

DICTIONNAIRE ABRÉGÉ DE LA LANGUE FRANÇAISE
DE BIOGRAPHIE, DE MYTHOLOGIE ET DE GÉOGRAPHIE
(EXTRAIT DU DICTIONNAIRE GÉNÉRAL)
Par LES MÊMES AUTEURS

1 fort volume in-18 carré. Prix : cartonnage ordinaire. . . . 2 fr. »
— cartonnage anglais, en percaline gaufrée. . . . 2 25

NOUVEAU DICTIONNAIRE DES SYNONYMES FRANÇAIS
Par M. A. L. SARDOU

Il n'y a point, à proprement parler, de *synonymes.* Les mots qui semblent pouvoir servir d'équivalents les uns aux autres ont, aux yeux de ceux qui recherchent l'exactitude du langage, des différences sensibles de signification et ne peuvent s'employer indifféremment. « Entre toutes les expressions qui peuvent rendre une seule de nos pensées, dit la Bruyère avec raison, il n'y en a qu'une qui soit la bonne. » Aussi ceux qui veulent parler avec pureté doivent-ils étudier scrupuleusement les différences délicates qui distinguent les *synonymes.*

1 vol. in-18 jésus, d'environ 600 pages, broché. — Prix : 3 fr. 50

ATLAS GÉNÉRAL DE GÉOGRAPHIE PHYSIQUE
ET POLITIQUE

ANCIENNE, DU MOYEN AGE ET MODERNE

PAR MM.

CH. BARBERET | **CH. PÉRIGOT**
Ancien inspecteur d'Académie | Professʳ d'histoire au lycée Saint-Louis

Un magnifique volume in-folio colombier, 95 cartes gravées sur acier et coloriées.

PRIX : Relié solidement et élégamment en demi-veau, plats papier : 40 fr.
Relié en demi-chagrin, plats toile : 42 fr.

ATLAS PHYSIQUE ET POLITIQUE DE LA FRANCE
ANCIENNE ET MODERNE
Par M. CH. PÉRIGOT

Un volume in-4, 26 cartes gravées sur acier et coloriées. — Prix : 5 fr. 50

Cet Atlas est le complément indispensable de toutes les histoires de notre pays. Il soutient le lecteur dans la suite de ces longues annales en lui présentant, DEPUIS LES TEMPS LES PLUS RECULÉS JUSQU'A NOS JOURS, tous les *endroits historiques* et les *nombreuses variations de nos frontières*.

Une même couleur, attribuée aux provinces du domaine royal, permet de suivre, de siècle en siècle, la formation territoriale de la France.

On trouve dans cet Atlas une carte oro-hydrographique et une carte climatoriale et agricole de la France.

ATLAS CLASSIQUE DE GÉOGRAPHIE PHYSIQUE
ET POLITIQUE

ANCIENNE, DU MOYEN AGE ET MODERNE
Par M. CH. PÉRIGOT

EN COLLABORATION AVEC M. CH. BARBERET, ANCIEN INSPECTEUR D'ACADÉMIE

Un volume, 79 cartes gravées sur acier et coloriées. — Prix : 12 francs.

Ce recueil est destiné aux élèves qui veulent posséder dès le commencement de leurs études un atlas complet, au lieu de prendre l'un après l'autre les atlas spéciaux qui conviennent aux différentes années scolaires, atlas dont la librairie Ch. Delagrave et Cⁱᵉ possède une collection très-estimée.

DU MÊME AUTEUR :

ATLAS pour les études élémentaires.
ATLAS pour l'enseignement secondaire spécial.
ATLAS pour l'enseignement secondaire classique.
ATLAS pour Saint-Cyr et pour l'École navale.

COLLECTION D'OUVRAGES DE GÉOGRAPHIE POUR LES CLASSES

Nouveau Cours de Géographie pour les lycées par MM. MAGIN et PÉRIGOT.
Cours de Géographie pour l'enseignement secondaire spécial.

CARTES MURALES ÉCRITES
Dressées sous la direction de M. A. MAGIN
Recteur de l'Académie de Poitiers
POUR SERVIR A L'ÉTUDE DE LA GÉOGRAPHIE ET DE L'HISTOIRE

Ces Cartes ont 1 mètre 70 de largeur sur 1 mètre 30 de hauteur, et sont écrites *en caractères d'une netteté parfaite, aussi gros et aussi faciles à lire que ceux des cartes de plus grande dimension.*

I. — FRANCE, BELGIQUE, SUISSE ET PIÉMONT
9 feuilles grand raisin, en feuilles et coloriées. — Prix : 6 fr.

Cette Carte représente, avec la France, la Belgique, la Suisse, le nord-ouest de l'Italie, le nord de l'Espagne et le sud de l'Angleterre.

2. — EUROPE PHYSIQUE, POLITIQUE ET HISTORIQUE
9 feuilles grand raisin, en feuilles et coloriées. — Prix : 6 fr.

Cette Carte offre les *divisions politiques véritables des États européens,* avec l'indication des *lieux célèbres dans l'histoire.*

3. — MAPPEMONDE SUR LA PROJECTION DE MERCATOR
9 feuilles grand raisin, en feuilles et coloriées. — Prix : 6 fr.

On trouve sur cette Carte le tracé des voyages des principaux navigateurs. Un cartouche offre une *Mappemonde physique* en deux hémisphères, divisée en grands *bassins maritimes.*

4. — ALLEMAGNE ET EUROPE CENTRALE
9 feuilles grand raisin, en feuilles et coloriées. — Prix : 6 fr.

Cette Carte, destinée à l'étude des guerres européennes, offre des renseignements exacts sur les divisions de cette partie de l'Europe.

5. — TABLEAU DES POIDS ET MESURES
9 feuilles format grand raisin, en feuilles et coloriées. — Prix : 6 fr.

On y trouve la série régulière de toutes les mesures usuelles, dans leur grandeur d'exécution.

EN SUS DU PRIX DE LA CARTE, ON PAYE :

Le montage sur toile simple.. . . . . 5 fr. 50
   —   avec gorge et rouleau. 7   50
   —   —   vernissage. 9   50

PLAN DE PARIS
IMPRIMÉ EN 4 COULEURS, BEAU PAPIER, FORMAT PORTATIF

Monuments, Palais, Théâtres, Jardins, Fontaines, principales Rues, etc.

Prix séparément : 60 cent. —— Avec le Tableau indicateur de rues : 75 cent.

Avec le livre de *Paris-Exposition*, prix broché : 3 fr.

Le cartonnage anglais, 50 cent. en sus.

GÉOGRAPHIE

PETIT ATLAS DE GÉOGRAPHIE CONTEMPORAINE, avec les changements récemment survenus; par M. Ch. Périgot. Prix, avec 25 cartes coloriées. . . . . 1 fr. 50

CARTE PHYSIQUE ET POLITIQUE DE L'ALLEMAGNE, DE LA PRUSSE ET DE L'AUTRICHE, avec les nouvelles annexions de la Prusse et les remaniements de la confédération depuis la bataille de Sadowa; par le même. Prix.. 0 fr. 60

PLAN DE PARIS divisé en 20 arrondissements et colorié; par le même Prix.. . . . . 0 fr. 60

SPHÈRE TERRESTRE
COLORIÉE
ET EN RELIEF
PAR
A. LE BÉALLE

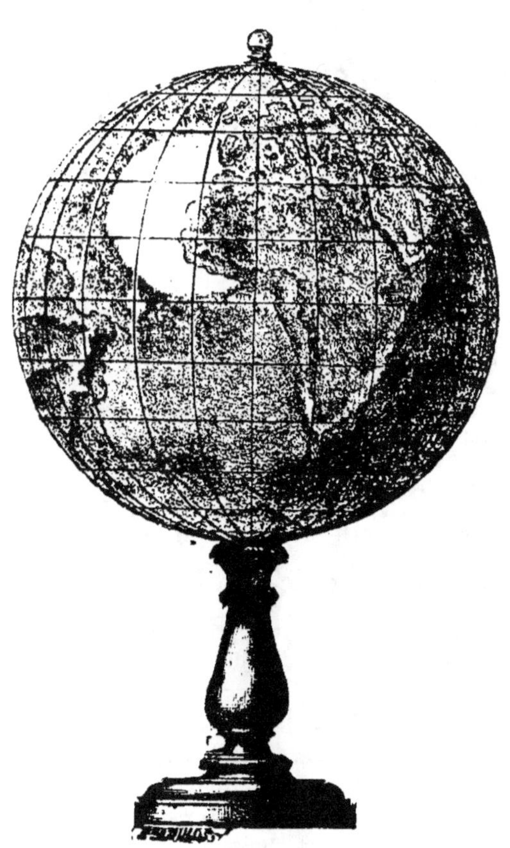

La couleur des terres se détache sur celle des eaux. — Le *relief des montagnes* donne leurs proportions relatives d'altitude. — Les méridiens sont tracés de 15 en 15 degrés, avec *l'indication de l'heure* correspondante pendant qu'il est midi à Paris.

PRIX :

La Sphère (50 centimètres de diamètre) **montée sur pivot, avec pied tourné : 45 fr.**

A.

BELLES ÉDITIONS IN-12, SUR PAPIER DE HOLLANDE, POUR AMATEURS

LA BRUYÈRE

LES CARACTÈRES, ou **les Mœurs de ce siècle**, suivis des **Caractères** de Théophraste. Nouvelle édition collationnée sur les meilleurs textes. Notice sur la Bruyère, par Suard. Commentaire littéraire et historique, par M. Hémardinquer. 1 fort vol. . . . . 6 fr. 50

LA FONTAINE

FABLES. Nouvelle édition avec notes philologiques et littéraires, précédée d'une **Vie de la Fontaine**, et suivie d'une **Étude sur ses fables**, par M. Colincamp, profr de littér. près la Faculté des lettres de Douai. 1 v. 3 fr. 50

FÉNELON

AVENTURES DE TÉLÉMAQUE, suivies des **Aventures d'Aristonoüs**. Nouvelle édition collationnée sur celle des sulpiciens, avec notes littéraires et géographiques. Imitation des auteurs grecs et latins, avec traduction, par M. Colincamp. 1 beau vol. in-18 . . . . 4 fr. 50

VOLTAIRE

HISTOIRE DE CHARLES XII. Nouvelle édition avec variantes de l'auteur, introduction et notes, par M. A. Geffroy, maître de conférences à l'École normale supérieure. 1 fort vol. . . . . 4 fr. 50
SIÈCLE DE LOUIS XIV, avec appréciation et notes, par M. C. A. Dauban, conservateur, sous-direct. adjoint de la Biblioth. imp., membre du comité des travaux historiques près le ministère de l'instr. publ. 1 vol. 5 fr. 50

ÉDITIONS ANNOTÉES IN-12 (reliure en demi-chagrin, plats toile).

BOILEAU. Œuvres poétiques, édit. collat. sur les meilleurs textes, avec un choix de notes de tous les commentateurs, par M. J. Travers. 2 fr. 25
BOSSUET. Oraisons funèbres, par M. A. Didier. . . . . 2 fr. 50
BUFFON. Morceaux choisis, par M. Hémardinquer. . . . . . . 2 fr. 50
FÉNELON. Dialogues des morts, par M. Galusky. . . . . . 2 fr. 50
FÉNELON, Dialogues sur l'éloquence, par M. Despois. . . . 2 fr. 25
FLÉCHIER. Oraisons funèbres, M. par A. Didier. 1 fort vol. . 2 fr. 50
MASSILLON. Morceaux choisis, par M. Hignard. . . . . . . 2 fr. 50
MASSILLON. Petit Carême, par M. E. Deschanel. 1 fort vol. . 2 fr 75
MONTESQUIEU. Grandeur et décadence des Romains, par M. Dezobry. 1 vol. in-12. . . . . 2 fr. 25
J. B. ROUSSEAU. Œuvres lyriques, suivies d'un choix des auteurs lyriques français, par M. Manuel. . . . . 2 fr. 25
THÉÂTRE CLASSIQUE. Choix de pièces de Corneille, Molière, J. Racine, avec notes. 1 fort vol. (625 pages). . . . . 3 fr. 25

BIBLIOTHÈQUE DES CHEFS-D'ŒUVRE

Sous presse pour paraître très-prochainement :

CORNEILLE. Œuvres choisies, avec notices et notes, par M. Émile Chasles.
RACINE. Œuvres choisies, avec notices et notes, par LE MÊME.
VOLTAIRE. Lettres choisies, avec notes, par M. Eug. Fallex. 2 vol.

PASCAL

PENSÉES, publiées dans leur texte authentique, avec une **Étude sur les Pensées de Pascal**, la **Préface de Port-Royal**, la **Vie de Pascal**, et avec des notes et des remarques. 2ᵉ édition du commentaire, revue et entièrement transformée, suivie d'une **Table analytique**, par M. ERNEST HAVET. 2 vol. in-8. Prix. . . . . 8 fr.

OPUSCULES (De l'Autorité en matière de philosophie; — de l'Art de persuader, etc.), texte reconstitué et annoté, par M. E. HAVET. 1 vol. in-18 jésus. Prix. . . . . 0 fr. 75

MAINE DE BIRAN

ŒUVRES INÉDITES (Essai sur les fondements de la psychologie et sur ses rapports avec l'étude de la nature, — Notes sur l'Evangile de saint Jean, — Nouveaux essais d'anthropologie), avec une Introduction, par M. ERNEST NAVILLE, avec la collaboration de M. MARC DEBRIT. 3 vol. in-8. Prix. 18 fr.

BOSSUET

ÉCRITS PHILOSOPHIQUES (Traité de la connaissance de Dieu et de soi-même — Traité sur le libre arbitre — Logique), avec notes et introduction, par M. BRISEBARRE, professeur de philosophie au collège Rollin. 1 fort vol. in-18 jésus. Prix. . . . . 3 fr. 50

DESCARTES

DISCOURS DE LA MÉTHODE pour bien conduire sa raison et chercher la vérité dans les sciences. Nouvelle édition, avec introduction, analyse et notes, par M CARRÉ, professeur de philosophie au lycée de Rennes. 1 vol. in-18 jésus. Prix. . . . . 0 fr. 70

PLATON

GORGIAS ou DE LA RHÉTORIQUE. Traduction française de GROU. Nouvelle édition, avec des notes et des remarques, précédée d'une *Étude philosophique sur le Gorgias*, et suivie d'un *Essai sur la sophistique et les sophistes*, par M. CH. BENARD, professeur de philosophie au lycée Charlemagne. 1 vol. in-18 jésus. Prix. . . . . 2 fr. 75

LA VIE MORALE
SUIVANT LA FOI ET SUIVANT LA RAISON
Par TH. HENRI MARTIN
Doyen de la Faculté des lettres de Rennes.

2ᵉ édition refondue. — 1 fort vol. in-12. — Prix : 4 fr.

PHILOSOPHIE MORALE
Par l'abbé L. E. BAUTAIN
Professeur près la Faculté de théologie de Paris.

2 très-forts volumes in-8. — Prix : 10 francs.

TABLEAU DES LITTÉRATURES MODERNES ET ANCIENNES
OU HISTOIRE DES OPINIONS LITTÉRAIRES
Par M. A. THÉRY
Recteur de l'Académie de Caen.

2 volumes in-8. — Prix : 10 fr.

DU MÊME AUTEUR :

HISTOIRE DE L'ÉDUCATION EN FRANCE. 2 volumes in-8 brochés. . . . . 12 fr.
Le même ouvrage, format in-18 jésus (2e édition), 2 volumes. . . 6 fr.

HISTOIRE DE LA LITTÉRATURE ITALIENNE
Par M. F. T. PERRENS
Professeur de rhétorique au lycée Bonaparte, répétiteur à l'École polytechnique,
membre de l'Académie royale de Turin.

2e ÉDITION. 1 vol. in-12. — Prix, brochés : 3 fr. 50.

HISTOIRE DE LA LITTÉRATURE ESPAGNOLE
Par M. EUG. BARET
1 fort vol. in-8. — Prix, broché : 7 fr.

NOTIONS D'HISTOIRE DE LA PHILOSOPHIE
DANS L'ANTIQUITÉ, LE MOYEN AGE
ET LES TEMPS MODERNES
Par M. F. BOUILLIER
Correspondant de l'Institut, inspecteur général de l'Instruction publique.

Nouvelle édition. — 1 vol. in-12. — Prix : 2 fr. 50 c.

DU MÊME AUTEUR

HISTOIRE DE LA PHILOSOPHIE CARTÉSIENNE, ouvrage couronné par l'Institut. Nouvelle édition. 2 vol. in-8. . . . . 12 fr.

MORCEAUX CHOISIS DE NOS MEILLEURS AUTEURS

Nouveau recueil de morceaux choisis. — PROSATEURS, avec an-
notations et notices biographiques, par M. GIDEL, profess^r de rhétorique
au lycée Bonaparte. 2 beaux vol. in-8. . . . . 7 fr.
**Morceaux choisis des meilleurs PROSATEURS FRANÇAIS du se-
cond ordre,** aux xvie, xviie et xviiie siècles, avec notes, par M. A. THÉRY,
recteur de l'Académie de Caen. 2 forts vol. in-12, brochés. . . . 3 fr.
MOSAÏQUE FRANÇAISE. Narrations historiques ou oratoires, tableaux,
portraits, caractères, etc. Extraits des meilleurs auteurs, avec commentaire
suivi, par MM. SAUCIÉ et GUILLEMOT, professeurs agrégés de l'Université.
Nouvelle édition. 1 vol. in-12, relié en demi-chagrin. . . . . . 2 fr. 25

HISTOIRE DE FRANCE
DEPUIS L'ORIGINE DE LA NATION JUSQU'A NOS JOURS
Par G. OZANEAUX
Officier de la Légion d'honneur, inspecteur général de l'Instruction publique.

Ouvrage couronné par l'Académie française

Orné d'un grand nombre de vignettes historiques expliquées par un texte raisonné à la fin de chaque volume, et dont le dessin est emprunté aux documents les plus authentiques, anciennes estampes, manuscrits et tableaux.

Vues d'anciens monuments et édifices; portraits, costumes, scènes historiques d'après les tableaux du Musée de Versailles.

Huit cartes de France aux différentes époques.

4ᵉ ÉDITION

2 forts volumes in-18 jésus, formant plus de 1200 pages.

Suivis de tables chronologiques; table des Événements; table des Rois; table des Assemblées; table des Batailles; table des Traités.

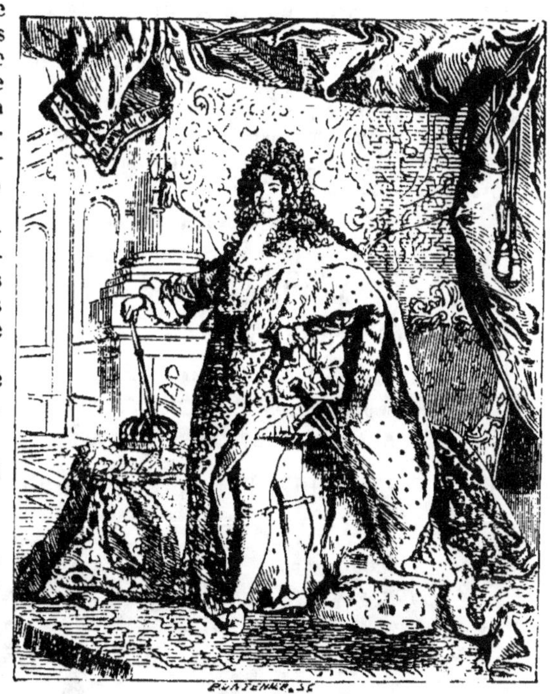

Prix : 7 fr. 50 c.

La demi-reliure en chagrin des 2 volumes se paye en sus 3 francs,
— en basane, 2 francs.

---

4 vol. in 8, cav. vélin

HISTOIRE DES CROISADES

Prix du vol. 24 francs

Par MICHAUD
De l'Académie française et de l'Académie des inscriptions et belles-lettres

7ᵉ ÉDITION. Avec un Appendice par M. HUILLARD-BRÉHOLLES.

Avec de belles gravures sur bois et sur acier, et une Carte des itinéraires des croisades.

A...

HISTOIRE CONTEMPORAINE

PRÉCÉDÉE D'UN RÉSUMÉ DE L'HISTOIRE DE LA RÉVOLUTION ET DE L'EMPIRE

Par M. C. A. DAUBAN

Cette histoire est avant tout un livre de *faits;* c'est un récit impartial des événements survenus dans le monde depuis 1815 jusqu'en 1867. Cette période de cinquante ans, féconde en résultats scientifiques, économiques, industriels, agricoles, est trop peu connue, et le livre de M. Dauban, qui atteste les progrès accomplis en si peu d'années, paraît toute une révélation.

Il expose, jusque dans leurs antécédents, toutes les questions qui agitent actuellement les diverses puissances.

Dans cette histoire on trouvera le reflet fidèle de l'esprit de notre époque, envisagé dans toutes ses manifestations et observé dans ses tendances libérales. C'est le tableau général du monde moderne, tracé par une plume indépendante et consciencieuse.

3 vol. in-12 broché. — Prix : 6 fr.

DU MÊME AUTEUR (C. A. DAUBAN)

HISTOIRE ANCIENNE | **ROME ANCIENNE**

RACONTÉES

PAR LEURS HISTORIENS, LEURS POËTES, LEURS ORATEURS

ET LEURS MONUMENTS

CHOIX DE LECTURES PUISÉES AUX SOURCES DE L'HISTOIRE

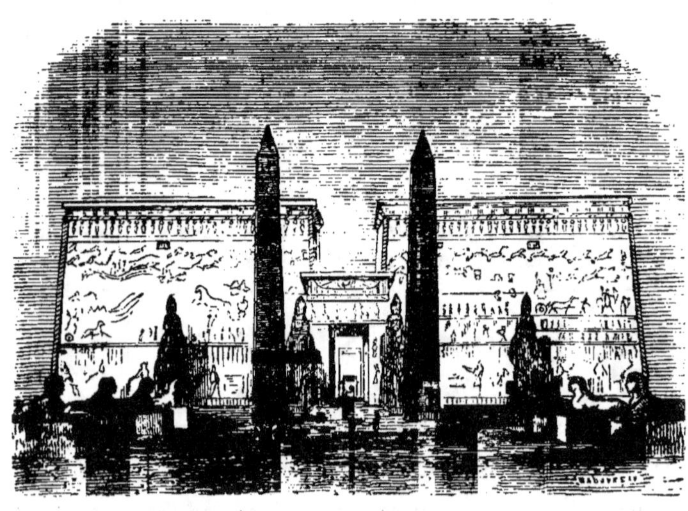

2 forts vol. in-12, illustrés. — Prix de chaque vol. : 3 fr. 50

Prix : 3 fr. 50

HÉRODOTE

Prix : 3 fr. 50

RÉCITS TIRÉS DE SES HISTOIRES

Traduction nouvelle, avec une notice sur Hérodote, et des notes,

Par M. BOUCHOT

Professeur au Lycée Louis-le-Grand, traducteur de Polybe

Un beau volume in-8, illustré de médailles antiques.

Les précieux documents qui ont servi à donner à ce livre des illustrations sérieuses, ont été puisés au cabinet des antiques de la Bibliothèque impériale Une *Notice numismatique* à la fin du volume en donne l'explication.

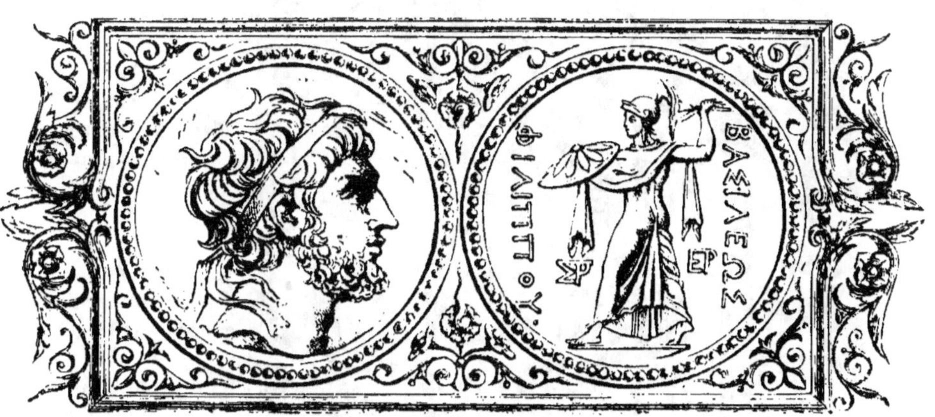

PLUTARQUE

VIES DES HOMMES ILLUSTRES

Traduction de Ricard. Nouvelle édition, avec des appréciations et des notes,

Par M. C. A. DAUBAN

Conservateur sous-directeur adjoint à la Bibliothèque impériale, membre du Comité des travaux historiques au ministère de l'Instruct. publique.

ÉDITION SPÉCIALE POUR LA JEUNESSE

VIES DES HOMMES ILLUSTRES DE LA GRÈCE	VIES DES HOMMES ILLUSTRES DE ROME
2 vol. — Prix : brochés, 6 fr.	2 vol. — Prix : brochés, 6 fr.

EXAMEN CRITIQUE DES HISTORIENS ANCIENS

DE LA VIE ET DU RÈGNE D'AUGUSTE

Par M. A. E. EGGER (DE L'INSTITUT)

Ouvrage couronné par l'Académie des inscriptions et belles-lettres

1 beau vol. in-8. — Prix : 4 fr.

2 forts volumes in-18 jésus. | # HISTOIRE MODERNE | **Prix : 7 francs, les 2 vol.**

PAR MM.

F. ROYÉ | **TEXTE**
Professeur d'histoire à Sainte-Barbe. | Professeur d'histoire au collége Rollin.

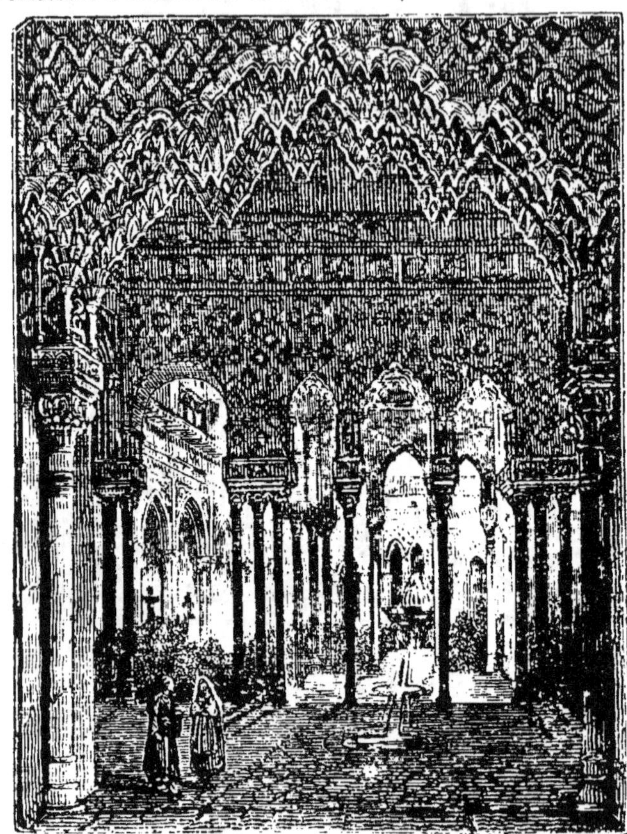

Les vignettes historiques qui enrichissent cet ouvrage n'y sont pas comme un stérile ornement, mais pour ajouter à la lucidité de la narration; elles ont été dessinées d'après les recueils les plus authentiques et les plus estimés, et elles sont l'objet d'une *explication raisonnée* placée à la fin de chaque volume.

Le premier volume conduit le lecteur jusqu'à la paix de Westphalie; le second, jusqu'à la Révolution française.

HISTOIRE DE L'ADMINISTRATION MONARCHIQUE
EN FRANCE
DEPUIS PHILIPPE AUGUSTE JUSQU'A LOUIS XIV (1180-1715)
Par M. CHÉRUEL

Ancien maître de Conférences à l'École normale supérieure
Recteur de l'Académie de Strasbourg.

Ouvrage couronné par l'Académie des sciences morales et politiques, et honoré d'un prix Gobert.

2 volumes in-8 (plus de 900 pages) **Prix : 12 francs.**

La demi-reliure en chagrin des 2 volumes se paye, en sus, 5 fr. 50 c.

OUVRAGES POUR L'ÉDUCATION DE LA JEUNESSE

HISTOIRE DU MOYEN AGE, par M. Dantier, membre du comité des travaux historiques au ministère de l'instruction publique. — 1 fort volume in-12. Prix . . . . 3 fr. 25 c.

Ouvrage approuvé par S. E. le cardinal-archevêque de Bourges et Mgr l'archevêque de Paris.

HISTOIRE DE FRANCE, par MM. Hubault, professeur d'histoire au lycée Louis-le-Grand, et Marguerin, directeur de l'école Turgot. 3ᵉ édition refondue. 1 fort volume in-12, broché . . . . 3 fr. 25 c.

Ouvrage approuvé par Mgr l'archevêque de Paris, et honoré de la souscription de S. Exc. le ministre de l'instruction publique pour les bibliothèques scolaires.

HISTOIRE DES TEMPS MODERNES, par les mêmes. 1 fort volume in-12, broché. . . . . 3 fr. 25 c.

HISTOIRE DE FRANCE ABRÉGÉE, depuis les temps les plus reculés jusqu'à nos jours, par M. A. Magin, recteur de l'Académie de Poitiers. Nouv. édition. 1 vol. avec questionnaire et tableaux généalogiques, cart. 1 fr.

Ouvrage autorisé par S. Exc. le ministre de l'instruction publique, approuvé par Mgr l'archevêque de Paris, couronné par la Société pour l'instruction élémentaire.

HISTOIRE ANCIENNE, *ORIENT* par M. Riquier.
- Petit cours. 1 vol. in-18, cart.. 75 c.
- Cours élémentaire. 1 vol. in-18, avec figures et cartes, cartonné. . 1 fr,

HISTOIRE GRECQUE par le même
- Petit Cours. 1 volume in-18 enrichi de figures et cartes, cartonné. . . . . 75 c.
- Cours élémentaire. . . . . 1 fr. 25

HISTOIRE SAINTE par MM. Riquier et l'abbé Combes
- Petit cours. 1 volume in-18, enrichi de figures et cartes, cart. . . . . . 75 c.
- Cours élémentaire. 1 vol. in-18.. 1 fr.

Précis D'HISTOIRE SAINTE, accompagné d'explications à l'usage des jeunes enfants par M. Edom, recteur honoraire. 1 vol. in-18, orné de vignettes sur bois. Nouvelle édition, cart. . . . . 75 c.

HISTOIRE SAINTE ABRÉGÉE, par le même, enrichie d'une carte de la Terre sainte et de vignettes. 1 vol. in-8, cart. . . . . 75 c.

Ouvrage approuvé par un grand nombre de prélats.

MYTHOLOGIE ÉLÉMENTAIRE par M. Edom, avec un Précis de la mythologie des Egyptiens, des Perses, des Indous, des Scandinaves et des Gaulois. 3ᵉ édition. 1 vol. in-18, cart. . . . . 90 c.

Ouvrage autorisé par le Conseil de l'instruction publique et approuvé par Mgr l'évêque de Bayeux.

LECTURES POUR L'ÉDUCATION DE LA JEUNESSE

J. J. PORCHAT

Trois mois sous la neige, ouvrage couronné par l'Académie ; nouvelle édition, augmentée des *Aventures du jeune Maurice*. 1 fort v. in-12, orné de vignettes (cartonnage anglais).. . . . . 1 fr. 60

Les Colons du rivage ou Industrie et probité, suivis de deux nouvelles (*Germain lé Vannier* et *les Deux Meuniers*). 5ᵉ édit. 1 vol. in-12, orné de vignettes, (cartonnage anglais).. . . . . 1 fr. 50

La Sagesse du hameau, entretiens d'un aïeul et de ses petits-enfants sur la famille, le travail, la propriété, les riches et les pauvres. Nouv. édition. 1 vol. in-18 (cartonnage anglais). . . . . 1 fr. 20

Le Fablier des écoles, avec des *explications morales*. 2 vol. in-18. Prix de chacun séparément, cart. . . . . 60 c.

VICTOR MULLER

LE FABULISTE DE LA FAMILLE, ou choix de Fables destinées à l'éducation et groupées par séries autour de l'idée morale qu'elles renferment. 1 beau vol. in-18 jésus, broché. . . . . 2 fr.

PAUL LEGUIDRE

Premiers éléments d'industrie manufacturière, ou simples notions sur les procédés en usage pour préparer les objets nécessaires à la nourriture, au logement, etc. Nouv. édit., avec gravures. 1 vol. in-18, cart. 90 c.

P. L. C. GUILLEMOT

La Semaine de l'enfant ou recueil d'histoires morales, suivi de fables et de prières, à l'usage du premier âge. 1 vol. in-18, cartonné. . . . . 60 c.

LAURENT DE JUSSIEU

Histoires et causeries morales et instructives, à l'usage des jeunes filles chrétiennes. Nouvelle édition. 1 vol. in-12, (cart. anglais). . . 2 fr. 10

Leçons et exemples de morale chrétienne. 1 vol. in-12. Cartonné. 1 fr. 50

Ouvrages approuvés par Mgr l'archevêque de Paris et honorés de la souscription de S. Exc. le ministre de l'instruction publique pour les bibliothèques scolaires.

C. JEANNEL

Petit-Jean. 21ᵉ édition. 1 vol. in-12, broché, 1 fr. 50 ; cart. angl. 2 fr. 10

EDOM

Vie et voyages de N. S. Jésus-Christ, selon le texte des Évangélistes, avec des notes géogr., historiq., etc. 1 vol. in-12 (cart. anglais). 2 fr. 60

Approbations de NN. SS. les évêques du Mans, de Saint-Claude, de Coutances, etc.

P. J. DE VARENNES

Veillées de la ferme du Tournebride ou entretiens sur l'agriculture. 1 vol in-12 avec vignettes (cartonnage anglais). . . . . 1 fr. 65

EUG. MANUEL ET J. ALVARÈS

La France. Aspect. — Géographie. — Administration. — Agriculture. — Industrie. — Commerce. — Grands hommes. — Hommes utiles. Nouvelle édit. 4 vol. in-12. Chaque volume séparément (cartonnage anglais). 1 fr. 80

HANRIOT

Choix de lectures pour l'année. 1 vol. in-12, cart. . . . . 1 fr. 50

LIVRES D'ÉDUCATION
MÉTHODES DE LECTURE ET D'ÉCRITURE

NOUVEAU SYLLABAIRE, méthode simple et facile pour apprendre à lire avec table d'addition et de soustraction, par M. Aug. Braud. 5ᵉ édition in-12, cart. . . . . 40 c.

MÉTHODE DE LECTURE par M. L. C. Michel (médaille de l'Exposition universelle de Londres, 1862). — **Édition illustrée** d'un grand nombre de vignettes. 1 volume grand in-8, cartonné. . . . . . 1 fr. 20

TABLEAUX de LECTURE par le même, adoptés par la ville de Paris pour ses écoles. 20 in-folio. . 1 fr. 50

MÉTHODE DE LECTURE applicable à tous les modes d'enseignement, par M. Sarradon. 2ᵉ édition, 18 tableux. . . . . . 1 fr. 50

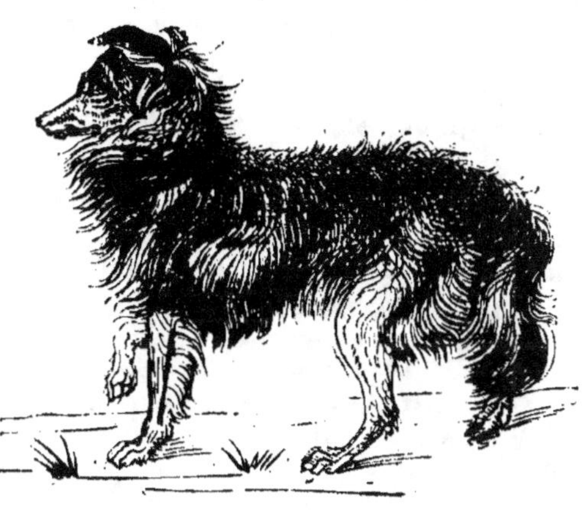

MÉTHODE d'ORTHOGRAPHE, par M. Michel. Livre de l'élève. 1 vol. in-18 jésus, cart. . . . . 50 c.

Livre ou Guide du Maître. 1 vol. in-18 jésus, broché.. . . . . 1 fr. 25

Méthode complète d'Écriture, en 24 pl. demi-carré, de trois modèles chacune, contenant les *cinq* genres : la *cursive* ou *anglaise*, la *bâtarde*, la *coulée*, la *ronde* et la *gothique* ; précédés de la théorie raisonnée des principes de chaque genre et de la taille de la plume ; écrite par Regnier jeune, professeur de calligraphie à l'École de commerce et à Sainte-Barbe, à Paris, et gravée par feu Davignon. 1 cah. obl., br. rog. . . . . . . 3 fr.

Ouvrage autorisé par le Conseil de l'instruction publique.

Chaque feuille, du format demi-carré, et contenant trois modèles se vend séparément. La douzaine. . . . . 1 fr. 50

MÉTHODE DE CHANT

PETITE GRAMMAIRE MUSICALE, par M. Mouzin, directeur du Conservatoire, président de l'Orphéon et membre de l'Académie impériale de Metz.

Partie théorique. **Livre de l'élève.** 1 vol. in-18 jésus, br. . . . 75 c.

— **Livre du maître.** 1 vol. in-18 jésus, br.. . . . 1 fr. 50

Partie pratique. **Solfége gradué**, 103 leçons à une, deux ou trois voix, sur toutes les clefs. 1 vol. in-8 jésus, br. . . . . 6 fr.

ENSEIGNEMENT DE LA LANGUE FRANÇAISE

Collection d'ouvrages spéciaux pour les élèves des lycées, des maisons d'éducation, et des écoles à tous les degrés.

GRAMMAIRE. Cours élémentaires et supérieurs (de MM. Sardou, L. C. Michel, Rapet, Lhomond, etc.).

COURS COMPLET DE LANGUE FRANÇAISE, par M. Guérard, agrégé de l'Université, directeur des études à Sainte-Barbe (grammaires, exercices, dictées).

EXERCICES sur la prononciation, l'orthographe, la syntaxe, l'analyse logique, etc., par MM. Guérard, Michel, Rapet, etc.

Choix de DICTÉES, de LECTURES et de COMPOSITIONS littéraires (de MM. Ch. Aubertin, l'abbé Verniolles, Guérard, Michel, etc.

Principes de RHÉTORIQUE et de LITTÉRATURE, appliqués à l'étude du français, par M. A. Didier. 1 vol. in-12, cart. . . . . **1 fr. 50**

PRINCIPES DE COMPOSITION ET DE STYLE, appliqués à la narration et au style épistolaire, par M. Talbot, professeur de rhétorique au collége Rollin. 1 vol. in-12, br.. . . . . **1 fr. 25**

LEXICOLOGIE française ou traité méthodique du SENS PRÉCIS des mots, théorie et applicat on; ouvrage destiné aux personnes qui ignorent les langues anciennes, et aux étrangers qui veulent acquérir une intelligence plus parfaite de la langue française, par M. A.-L. Sardou. 1 v. in-12, cart. . . . . **1 fr. 50**

Cours élémentaire de rhétorique et d'éloquence, à l'usage des classes, par M. l'abbé J. Verniolles, supérieur du petit séminaire de Servières. 4ᵉ édition. 1 vol. in-12, cart.. . . . . **2 fr. 50**

Cours abrégé de littérature, à l'usage des établissements où l'on n'étudie pas les langues anciennes, par le même. 2ᵉ édition 1 volume in-12, cartonné. . . . . **2 fr. 50**

Recueil de compositions françaises graduées, avec des conseils sur chaque genre, par MM. Saucié et Guillemot, agrégés de l'Université. 3ᵉ édit. refondue :
— *Matières et Conseils*. 1 v. in-12, cart. . . . . **1 fr.**
— *Corrigés*, annotés et commentés. 1 vol. in-12, br.. . . . **2 fr. 50**

Études sur la SIGNIFICATION des mots et la propriété de l'expression, par M. L. C. Michel. 1 volume in-12, cartonné. **2 fr. 50 c.**

Études et Exercices sur les SYNONYMES français, par M. Sardou. 1 volume in-12, cartonné.. . . . . **2 fr. 25 c.**

Traité de l'ART ÉPISTOLAIRE, par M. l'abbé Verniolles. 1 vol. in-12 cartonné. . . . . **2 fr. » c.**

Recueil de MORCEAUX CHOISIS de prose et de vers, avec des notes, par MM. Marguerin, directeur de l'École Turgot et M. L. C. Michel, professeur de langue et de littérature à la même école. 2 volumes in-12; chacun séparément cart.. . . . . **1 fr. 50**

Lectures choisies de MORALE et de LITTÉRATURE ou Recueil de beaux morceaux des Prosateurs, des Poëtes français, et de quelques traductions. Avec des notes, par Ern. Duthar. 1 fort vol. in-12, cart. **1 fr. 50

ANGLAIS

Grammaire complète de la langue anglaise avec un *Traité de prononciation*, par F. Churchill. 4e édition. 1 fort vol. in-12, br. . . . . 3 fr.

Thèmes et versions, pour servir d'application à la Grammaire anglaise de M. Churchill, et en général *à toutes les grammaires anglaises*, avec des notes et des lexiques spéciaux, par M. Morgan, ex-professeur de langue anglaise au lycée Saint-Louis. 1 vol. in-12, broché. . . . . . . 2 fr.

Étude sur la langue anglaise, ou versions choisies dans les meilleurs auteurs et accompagnées de notes, par M. Watson, agrégé pour les langues étrangères. 1 vol. in-12, br. . . . . 2 fr. 50

Forester. — Miss Edgeworth. — Avec notes, par M. H. Montucci. 1 volume in-12. . . . . 1 fr. 50

An Essay of dramatic poesy, by John Dryden, with copious notes critical, grammatical, etc., by F. Churchill. Gr. in-18, br. . . . . 2 fr. 25

Éléments de la grammaire anglaise, contenant un *traité de prononciation anglaise*, par M. Montucci, professeur d'anglais au lycée Saint-Louis. 5e édition. 1 vol. in-12, cart. . . . . 1 fr. 50

Premières Lectures anglaises ou nouveau Recueil de morceaux de prose et de poésie, avec la prononciation marquée, et des notes historiques et grammaticales, par M. Montucci. 2e édit. revue. 1 v. in-12, c. 2 fr. 25

Nouveau Cours de thèmes gradués, avec notes et *vocabulaires spéciaux* par M. Montucci. 5e édition refondue. 1 vol. in-12, cart. . . . . 2 fr. 50

Le corrigé. 1 vol. in-12, br. . . . . 5 fr. 50

DU MÊME AUTEUR.

Dialogues anglais, précédés d'un traité raisonné de prononciation et d'un vocabulaire de termes techniques, etc., *pour les élèves qui se destinent au commerce, aux arts, aux sciences, aux armées de terre et de mer.* 2e édit. 1 vol. in-12, cart. . . . . 2 fr. 50

Dialogues anglais, précédés d'un traité raisonné de prononciation et d'un vocabulaire de termes techniques, etc., *pour les jeunes personnes.* 1 vol. in-12, cart. . . . . 2 fr. 50

ALLEMAND

Cours complet de langue allemande, par M. Adler Mesnard, maître de conférences à l'École normale supérieure, professeur agrégé de langue allemande au lycée Napoléon, membre de l'Académie allemande de Berlin.

— Grammaire allemande. Nouv. édit. 1 vol. in-12, cart. . . . . . 2 fr.

Versions et thèmes écrits et parlés, avec un *vocabulaire spécial*.

—— Ire partie : *Exercices préliminaires*. 1 vol. in-12, cartonné. . 75 c.

—— IIe partie : *Exercices du second degré*. 2e édit. 1 v. in-12, c. . 2 fr.

Dans ces deux ouvrages, l'accent tonique et la quantité des syllabes sont marqués typographiquement.

— Dialogues classiques français-allemands. 1 vol. in-12, cart. 1 fr. 50

— La littérature allemande au dix-neuvième siècle, *morceaux choisis des auteurs allemands les plus distingués de cette époque, avec des notices bibliographiques et des notes explicatives.*

—— Ire partie: *Prose*, précédée d'un *Résumé de l'histoire de la littérature allemande*. 1 fort vol. in-12 de près de 500 p., br. . . . 3 fr. 50

—— IIe partie: *Poésie*, précédée d'un *Traité de versification allemande*. 1 fort vol. in-12, br. 3 fr. 50

ÉLÉMENTS D'ÉCONOMIE RURALE
INDUSTRIELLE ET COMMERCIALE
Par M. H. BAUDRILLART
Membre de l'institut, professeur au Collége de France.
1 vol. in-18 jésus. — Prix : 3 fr. 50

MANUEL POPULAIRE DE MORALE
ET D'ÉCONOMIE POLITIQUE
Par M. J. J. RAPET
Inspecteur général de l'enseignement primaire.
Ouvrage couronné par l'Institut. — 1 vol. in-18 jésus. — Prix, broché : 3 fr. 50

LÉGISLATION FRANÇAISE
ÉLÉMENTAIRE ET PRATIQUE
Droit civil, — Droit commercial, — Droit administratif, — Droit pénal, — Solutions
d'un grand nombre de questions; — Formulaire d'actes usuels.
Par M. CH. BONNE
Docteur en droit.

1 vol. in-18 jésus broché.	3 fr. 50
— — cartonné à l'anglaise. . . .	4 25

DU MÊME AUTEUR :

Cours de législation usuelle. 1 vol. in-18 jésus broché.. .   1 fr. 50
Leçons élémentaires de Droit commercial. 1 vol. in-18 br.   1   »
Conseils aux vendeurs et acquéreurs d'immeubles, broʳᵉ.   0   40
Étude sur le morcellement de la Propriété, in-18 br.   0   75

1 vol. in-8   # DES EAUX PUBLIQUES   Prix : 6 fr.
ET DE LEUR APPLICATION AUX BESOINS DES GRANDES VILLES
DES COMMUNES ET DES HABITATIONS RURALES
Par M G. GRIMAUD (de Caux).

COMPTABILITÉ
Divers Traités de comptabilité, par M. H. Vannier, professeur de comptabilité à l'École supérieure du commerce, et au lycée Charlemagne.
TENUE DES LIVRES des commerçants et des commissionnaires.
1 vol. in-18 jésus.. . . . . 2 fr. 50
**COMPTABILITÉ générale des négociants, des armateurs et des as-
sociés de tous les pays.** 1 gros vol. in-18 jésus . . . . . . 6 fr. 50

OUVRAGES DE SCIENCES

Leçons d'HISTOIRE NATURELLE, par M. L. Doyère, professeur au Lycée Bonaparte. 3 vol. in-8 de 900 pages environ, ornés d'un grand nombre de dessins, broché. . . . . 10 fr.

RÉAUMUR. Les Mœurs des insectes. Extraits des Mémoires sur les insectes. Avec des notes et une notice sur la vie et les travaux de Réaumur, par M. C. DE MONTMAHOU, professeur à l'école Turgot.

Leçons nouvelles de COSMOGRAPHIE. par M. Garcet, professeur de mathématiques au Lycée Napoléon. 5e édition avec figures dans le texte et planches gravées sur acier. 6 fr.

Leçons élémentaires de COSMOGRAPHIE, par M. l'abbé Reydellet. 2e édition. 1 vol. in-12 avec figures dans le texte et planches gravées sur acier. . . . . 2 fr. 50

Notions de CHIMIE USUELLE, par M. Isidore Pierre, professeur de chimie à la Faculté des sciences de Caen. 1 v. in-18 jés., avec fig.   2 fr. 50

Formes des cristaux qui composent la neige.
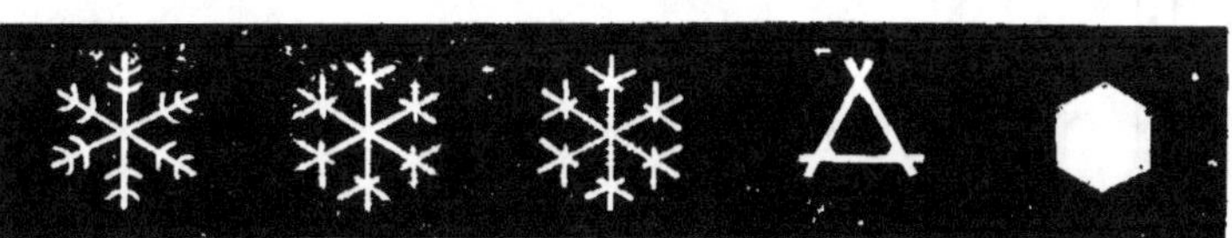

Cours de CHIMIE, pour le baccalauréat, par MM. A. Focillon et Privat-Deschanel, professeurs au lycée Louis-le-Grand. 1 v. avec fig.   4 fr. 50

Traité de PHYSIQUE, contenant les matières exigées pour l'admission à l'École polytechnique, par M. Privat-Deschanel. 1 vol. in-8, avec figures dans le texte. . . . . 4 fr. 50

Cours de MÉCANIQUE, par M. Privat-Deschanel, nouv. édit. pour le baccalauréat. 1 vol. avec fig.. . . . . 3 fr. 50

Éléments de MÉCANIQUE, pour les candidats à l'École polytechnique et à l'École normale, par M. Garcet. 2e édition. 1 vol. in-8.. . . . 5 fr.

MENUS PROPOS SUR LES SCIENCES
Par M. F. HÉMENT

(Cosmographie. — Physique. — La Vie d'une plante. — Les Cinq Sens. — L'Échelle des êtres. — L'Antiquité de l'homme. — Les Évolutions du globe. — Apparition de l'homme.)

1 vol. in-18 jésus, broché. — Prix : 2 fr.

LEÇONS DE PHYSIQUE
Par M. P. DESAINS
Professeur de physique à la Faculté des sciences de Paris

800 FIGURES DANS LE TEXTE

Dessinées d'après les appareils eux-mêmes, sur modèles pris dans la collection de la Faculté des sciences et dans les principaux ateliers de construction.

2 forts volumes
in-18 jés.
Prix : 14 fr.

THÉORIES LES PLUS RÉCENTES

—

OBSERVATIONS NOUVELLES

—

Pesanteur,
élasticité des gaz,
dilatation, vapeurs,
glace, magnétisme, électricité
statique,
acoustique, optique,
chaleur rayonnante,
électricité dynamique, etc

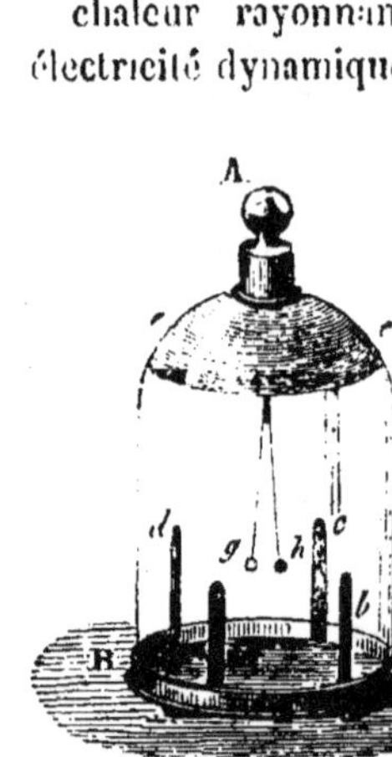

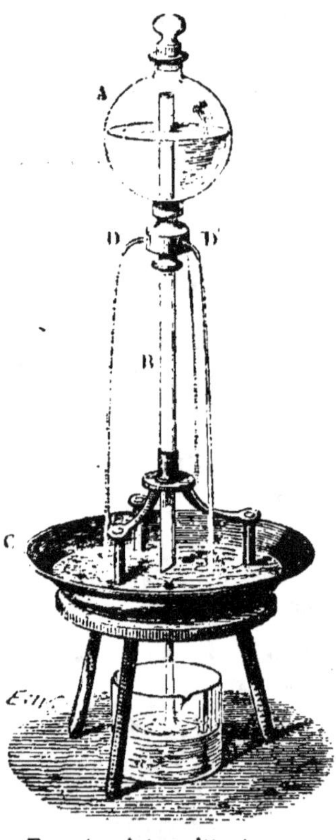

Baromètre.　　　Électroscope.　　　Fontaine intermittente.

Prix : 4 fr.
LEÇONS DE PHYSIQUE
Prix : 4 fr.
Par M. PAUL POIRÉ
Professeur de physique et de chimie au lycée d'Amiens.

1 beau vol. in-18, jésus. — 335 figures dans le texte.

LEÇONS ÉLÉMENTAIRES
DE CHIMIE

PAR

M. F. MALAGUTI

3e édition, revue et augmentée.

4 forts vol. in-18 jésus, avec de très-nombreuses figures.

16 fr.

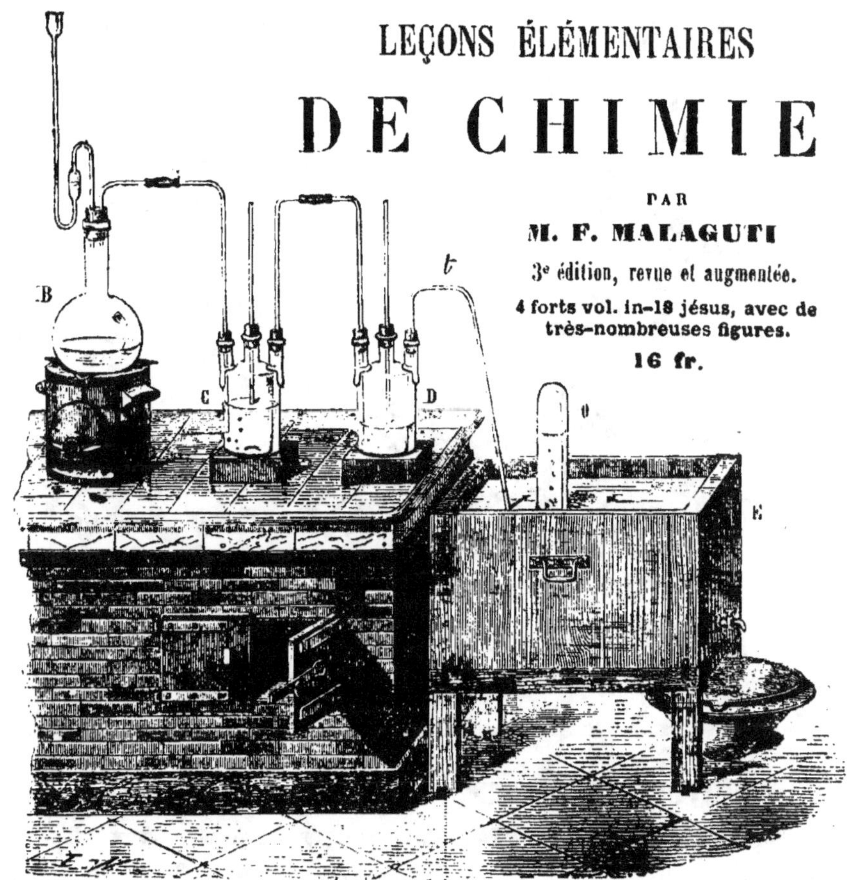

Les succès de ce livre a justifié une fois de plus les prévisions des éditeurs, qui tiennent à ce que les œuvres de vulgarisation ne soient confiées qu'à des hommes spéciaux d'un mérite reconnu. L'éminent chimiste qui a donné à ces leçons élémentaires toute l'autorité de son expérience et de ses longues études, a été le collaborateur de Gay-Lussac et de Pelouze ; depuis longtemps membre correspondant de l'Académie des sciences de Turin, il l'est actuellement de l'Institut de France. Après avoir occupé pendant seize ans la chaire de chimie à la Faculté des sciences de Rennes, il est maintenant recteur de l'Académie de la même ville.

M. MALAGUTI a publié également dans la librairie Ch. Delagrave et Cie, un **Traité de CHIMIE APPLIQUÉE A L'AGRICULTURE**. 3 beaux vol. in-18 jésus . . . . 10 fr.

Et pour la jeunesse, un **PETIT COURS DE CHIMIE AGRICOLE**. 1 vol. in-18 avec figures, broché . . . . 1 fr. 25

Premières leçons d'HISTOIRE NATURELLE

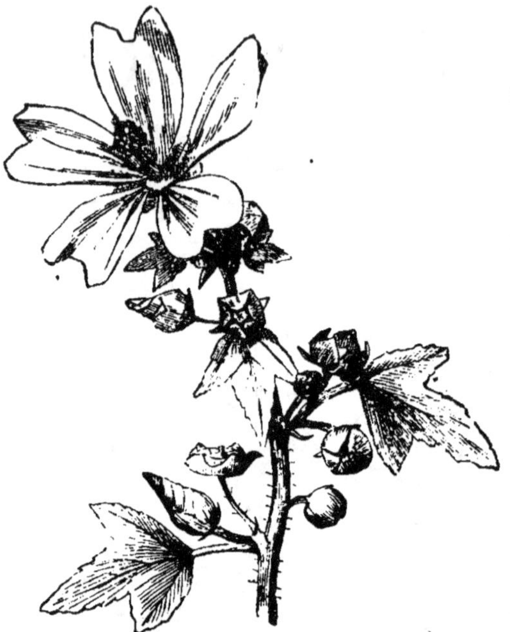

PAR

M. AD. FOCILLON
Profess^r de sciences physiques naturelles
au lycée Louis-le-Grand,
Chevalier de la Légion d'honneur.

———◇———

ZOOLOGIE — BOTANIQUE

MINÉRALOGIE

———◇———

1 beau vol. in-18 jésus
avec 300 figures.

Prix : 2 fr. 50

———

Ouvrage honoré de la souscription de S. E. le ministre de
l'Instruction publique pour les
bibliothèques scolaires.

Premières notions d'HISTOIRE NATURELLE
Par **FÉLIX HÉMENT**, PROFESSEUR A L'ÉCOLE TURGOT

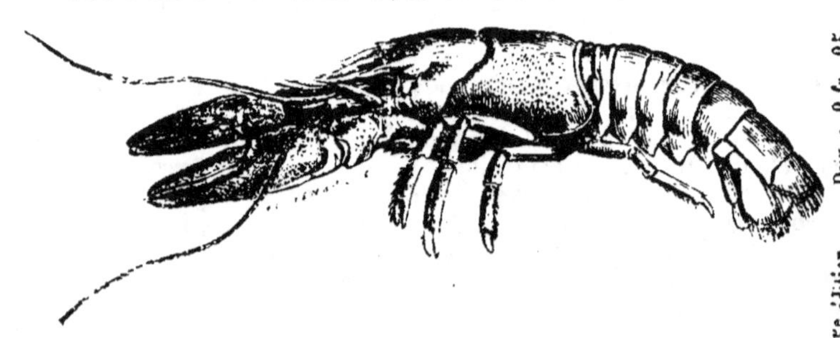

1 beau vol., très-nombreuses figures. — 5e édition. — Prix : 2 fr. 25

PHYSIOLOGIE. — Digestion, circulation, respiration, système nerveux, les sens, organes du mouvement. — ZOOLOGIE. — *Mammifères :* Alimentation, travail et transports, industrie, espèces diverses ; *oiseaux :* basse-cour, gibier, volière ; *reptiles :* poissons, etc. — BOTANIQUE. — Céréales, four-rages, légumes, fruits, plantes industrielles, jardins. — MINÉRALOGIE et GÉOLOGIE

Éléments d'HISTOIRE NATURELLE

PAR

C. DE MONTMAHOU

Ex-Répétiteur à l'École centrale des arts et manufactures,
Professeur à l'école Turgot.

NOUVELLE ÉDITION

I. PHYSIOLOGIE

ET NOTIONS D'HYGIÈNE

Digestion, circulation, respiration, système nerveux, les sens, l'appareil vocal, locomotion, système osseux, système musculaire; habitations, vêtements, alimentation, asphyxie, premiers soins, etc., etc.

1 vol. in-18 jésus, broché, avec figures. — Prix : 1 fr. 50

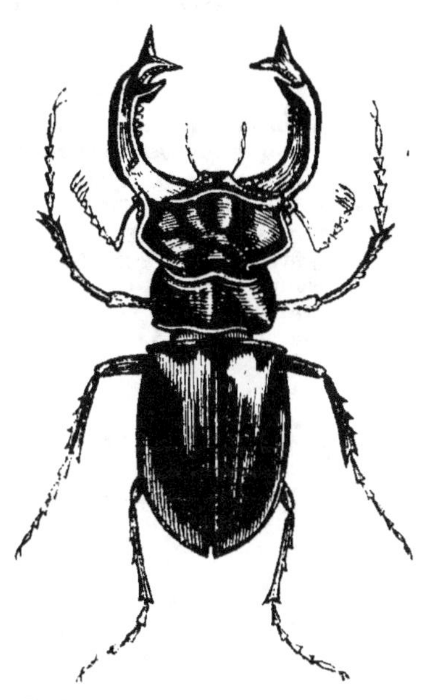

II. ZOOLOGIE

Mammifères, oiseaux, reptiles, batraciens, poissons, annelés, insectes, mollusques, zoophytes.
1 vol. in-18 jésus, avec figures. — Prix : 2 fr. 25.

III. BOTANIQUE

Racines, leur emploi, tige, bourgeons, greffe, feuilles, respiration, etc.; — fleur calice, corolle, pistil, etc.; —fruit, graine;—fonctions végétales, germination, circulation de la séve, floraison; — maladies et médecine des plantes; — applications à l'agriculture, drainage, engrais, assolement, jachère; — classifications botaniques, etc.

1 vol. in-18, broché, avec fig. — Prix : 2 fr. 25.

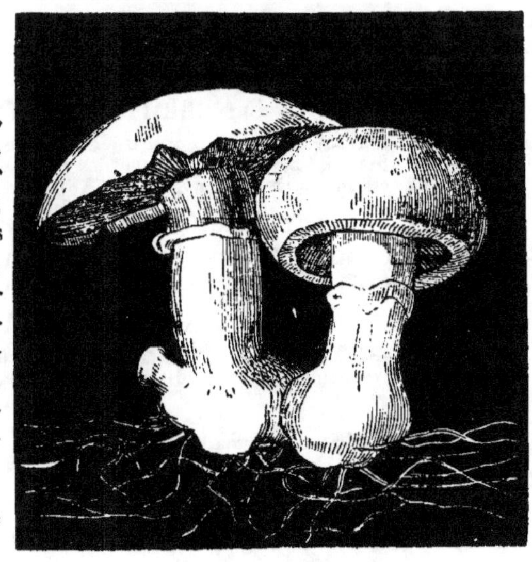

OUVRAGES DE MATHÉMATIQUES

A. AMIOT
Professeur de mathématiques au lycée Saint-Louis

Leçons nouvelles d'ALGÈBRE élémentaire, 3ᵉ édition. 1 vol. in-8. . **4 fr.**
Leçons nouvelles de GÉOMÉTRIE. I. Géométrie plane. 1 v. in-18. . **4 fr.**
— II. Géométrie dans l'espace. 1 vol. in-8. . . . . **4 fr.**
Éléments de GÉOMÉTRIE — 11ᵉ édit. 1 v. in-8, avec fig. dans le texte. **5 fr.**
SOLUTIONS raisonnées des problèmes énoncés dans les éléments de géométrie, précédées d'*Observations*, par MM. AMIOT et DESVIGNES. Nouvelle édition. 1 fort volume in-8, avec planches. . . . . **6 fr.**
Leçons nouvelles de GÉOMÉTRIE DESCRIPTIVE, 2ᵉ édition refondue et augmentée par M. A. CHEVILLARD, professeur de perspective à l'Ecole impériale des beaux-arts; 2 vol. in-8, dont un de planches. . . . . **7 fr.**

J. F. A. DUMOUCHEL ET J. DUPUIS

Traité d'ARITHMÉTIQUE théorique et pratique; plus de 1,500 exercices et problèmes gradués. 11ᵉ édition. 1 vol. in-12, cart.. . . . . **1 fr. 50**
SOLUTIONS raisonnées des problèmes, contenus dans le Traité d'Arithmétique. 2ᵉ édition. 1 vol. in-12, br. . . . . **1 fr. 75**

J. DUPUIS

Traité de GÉOMÉTRIE APPLIQUÉE, d'Arpentage et de Dessin linéaire, contenant des applications à l'architecture, au levé des plans, au nivellement, à la perspective, etc. 2ᵉ édit. 1 v. in-12 . . . . **2 fr.**
Solutions raisonnées des problèmes proposés dans le traité de géométrie. 1 vol. in-12. . . . . **75 c.**

LUSSON ET COURCELLES
Éléments d'ALGÈBRE et de TRIGONOMÉTRIE. 1 vol. in-12. . . . . **2 fr.**

L'ABBÉ REYDELLET

Leçons élémentaires d'ALGÈBRE. 1 vol. in-12.. . . . . **5 fr. 50**
Leçons élémentaires de GÉOMÉTRIE, suivies d'un *Traité élémentaire du levé des plans,* d'arpentage et et de nivellement. 1 vol. in-12 avec fig. **5 fr. 25**

CH. BRIOT ET MARTIN

GÉOMÉTRIE élémentaire, théorique et pratique, contenant un grand nombre d'applications à l'arpentage, au levé des plans, à la topographie, à l'architecture et aux arts industriels. Nouv. édit. 1 vol. in-12, avec figures. . . . **2 fr.**

CH. BRIOT ET C. BOUQUET

Leçons de TRIGONOMÉTRIE, 4ᵉ édition. 1 vol. in-8 avec fig., br. . . **4 fr.**
Leçons de GÉOMÉTRIE ANALYTIQUE, 5ᵉ édit. 1 v. in-8 avec fig. **7 fr. 50**

GÉRONO ET CASSANAC

Éléments de GÉOMÉTRIE DESCRIPTIVE, à l'usage des candidats aux écoles du gouvernement. Nouv. édition. 2 vol. in-8 dont 1 de pl.. . . . . . **6 fr.**

C. FOUGÈRE
Professeur de mathématiques au lycée Charlemagne

Leçons d'ARITHMÉTIQUE. 1 vol. in-8 br. . . . . **2 fr. 50**

CAILLET

Éléments d'ARITHMÉTIQUE DE BEZOUT. 1 vol. in-8.. . . . . . **1 fr. 25**

LECTURES POUR L'INSTRUCTION DE LA JEUNESSE

LA SCIENCE ÉLÉMENTAIRE
Par M. J. HENRI FABRE
Docteur ès sciences, Profᵉ de chimie au lycée et aux écoles municipales d'Avignon.

La Science élémentaire forme une collection de petits traités, chacun en un volume, et qui se vendent séparément. Tous concourent au même but : instruire sans fatigue et intéresser à l'étude des sciences usuelles les jeunes gens que rebutent trop souvent la sécheresse du langage et les difficultés de la démonstration dans les ouvrages didactiques.

4 volumes sont en vente, format in-12, avec figures.

LA TERRE

Les saisons, les climats, le mouvement diurne, les tremblements de terre, ce qu'il y a sous la terre, les volcans, le feu et l'eau, les montagnes, le mont Blanc, les neiges éternelles, les glaciers, les lacs et les sources, les régions polaires, etc. — **Prix : 2 fr.**

LE CIEL

Comment on pèse la terre, pôles célestes, l'heure et la longitude, l'illumination de l'atmosphère, la terre vue de la lune, les phases de la lune, les éclipses, le soleil, l'année et les saisons, le calendrier, les planètes, etc. — **Prix : 2 fr.**

PHYSIQUE

L'atmosphère, l'aérostat, le thermomètre, le vent, les nuages, les pluies, la glace, la neige, l'évaporation, la machine, le son, l'ouïe, l'électricité, le paratonnerre, le télégraphe électrique, la lumière, la coloration, la vue. — **Prix : 2 fr.**

CHIMIE AGRICOLE

L'influence de l'air, les éléments essentiels à la vie des plantes, leur nutrition, leur respiration, la fonction des engrais dans la terre, l'efficacité du chaulage, du plâtrage, du drainage, les assolements, etc. — **Prix : 1 fr. 50.**

DU MÊME AUTEUR

Série d'ouvrages de PHYSIQUE et de CHIMIE, pour l'enseignement secondaire spécial.

SONT EN VENTE : **Notions préliminaires de CHIMIE** (en collaboration avec M. MALAGUTI). 1 vol. in-18 jésus, avec figures. . . . . 1 fr. 50

Notions préliminaires de PHYSIQUE. 1 fort vol. in-18 jésus, avec figures. . . . . 3 fr. 50

Lectures sur divers sujets de PHYSIQUE et d'HISTOIRE NATURELLE, par LAURENT DE JUSSIEU. 1 vol. in-12, cartonné, 1 fr. 20 ; demi-reliure en chagrin, 2 fr. 15.

MATÉRIEL D'ÉTUDES

FOURNITURES DE CLASSE ET DE BUREAU

ARTICLES POUR DESSIN, PEINTURE ET MUSIQUE
GÉOMÉTRIE, ARPENTAGE ET GÉODÉSIE

Albums, Alidades, Boussoles, Cahiers, Cercles géodésiques, Chaînes d'arpenteur, Compas, Couleurs, Crayons, Échelles de réduction, Encre, Équerres, Figures géométriques (solides ou planes), Graphomètres, mètres et mesures, Niveaux, Palettes, Pastels, Pinceaux, Plumes, Portefeuilles, Presses coup de poing, Presses timbre sec, Presses à copier, Presses timbre humide à levier, Rapporteurs, Règles, Sténographe, Toile à calquer, etc.

MODÈLES EN BOIS POUR LA MÉCANIQUE

Cabestan, cames, chèvres, crics, engrenages, freins, grues, manivelles, laminoirs, poulies, roues à aubes, etc., treuil, vis, etc.

COLLECTIONS POUR L'HISTOIRE NATURELLE

Sujets empaillés, squelettes, insectes, coquilles, herbiers, fossiles, roches, minéraux.

Instruments pour les travaux d'histoire naturelle, les excursions botaniques et minéralogiques, objets nécessaires pour les préparations.

PRODUITS CHIMIQUES — INSTRUMENTS DE PRÉCISION

POUR L'ANALYSE CHIMIQUE, MINÉRALE ET ORGANIQUE.

INSTRUMENTS DE PHYSIQUE

Pesanteur et hydrostatique, pneumatique, calorique, électricité, magnétisme, acoustique, optique etc.

Les relations de notre librairie avec le corps enseignant nous permettent de garantir la bonne exécution des commandes qui nous sont adressées.

Tous les objets fournis par nous sont vérifiés avec le plus grand soin par un comité de plusieurs professeurs spéciaux.

Nota. — Le **Catalogue** général et détaillé de ce *Matériel d'études* est envoyé *franco* sur demande affranchie.

DESSIN LINÉAIRE

Cours complet, texte et planches, par M. PERSIN.

Cours et Atlas pour les diverses années de l'enseignement secondaire spécial, par M. TRONQUOY.

PUBLICATION ILLUSTRÉE PARAISSANT LE 1er ET LE 15 DE CHAQUE MOIS

<table>
<tr><td>Abonnement :
4 fr.
PAR AN.</td><td># L'INSTITUTEUR</td><td>Abonnement :
4 fr.
PAR AN.</td></tr>
</table>

JOURNAL DE L'INSTRUCTION PRIMAIRE

DE L'INSTRUCTION SECONDAIRE SPÉCIALE ET DE L'ENSEIGNEMENT AGRICOLE

**Salles d'asile. — Écoles de garçons et de filles. — Classes d'adultes.
Écoles normales.**

*Chaque numéro est d'une feuille grand in-8 de 16 pages à 2 colonnes,
avec gravures.*

Documents officiels, — Nominations, — Examens, — Causerie littéraire, — Chronique de la quinzaine, — Hygiène, — Économie, — Pédagogie, — Dictées, devoirs, problèmes, exercices, — Géographie, histoire, calcul, grammaire, — Agriculture, — Bibliographie, — Correspondance, etc.

Principaux collaborateurs : MM. ANDRÉ, BARDEAU, J. A. BARRAL, DE LA BLANCHÈRE, E. CHASLES, DALIMIER, DAUBAN, FONSSAGRIVES, GAFFARD, E. LECLERT, MAGGIOLO, MARGUERIN, C. DE MONTMAHOU, CH. PÉRIGOT, POMPÉE, L. ROGER, SAINT-MARTIN, SARDOU, THÉRY, VILLEMEREUX, etc.

Rédacteur en chef: GUSTAVE LEJEAL. — Bureaux du journal, 78, rue des Écoles.

On s'abonne en envoyant, avec son adresse exacte, un mandat de *quatre francs* sur la poste, à MM. CH. DELAGRAVE ET Ce. — Les abonnements partent du 1er septembre. — Les lettres et envois doivent être *affranchis*.

On a droit à un abonnement d'*une année* en faisant *à la Librairie Ch. Delagrave et Ce* une commande de 25 fr. de livres.

Pour la Belgique, le prix de l'abonnement est de **5 fr.**

PUBLICATION HEBDOMADAIRE (Tous les Dimanches)

LA RÉFORME MUSICALE

JOURNAL DES DOCTRINES DE L'ÉCOLE GALLIN — PARIS — CHEVÉ

Moniteur et Guide des Professeurs de cette École

MUSIQUE — SCIENCES — ARTS — LITTÉRATURE — THÉATRES

LOUIS ROGER, rédacteur en chef

ABONNEMENT : 12 fr. par an. — *Spécimens* envoyés *franco*.

Les Abonnements et les Annonces sont reçus chez MM. DELAGRAVE et Ce,
à Paris, 78, rue des Écoles.

HISTOIRE CONTEMPORAINE

PRÉCÉDÉE D'UN RÉSUMÉ DE L'HISTOIRE DE LA RÉVOLUTION ET DE L'EMPIRE

Par M. C. A. DAUBAN

Cette histoire est avant tout un livre de *faits;* c'est un récit impartial des événements survenus dans le monde depuis 1815 jusqu'en 1867. Cette période de cinquante ans, féconde en résultats scientifiques, économiques, industriels, agricoles, est trop peu connue, et le livre de M. Dauban, qui atteste les progrès accomplis en si peu d'années, paraît toute une révélation.

Il expose, jusque dans leurs antécédents, toutes les questions qui agitent actuellement les diverses puissances.

Dans cette histoire on trouvera le reflet fidèle de l'esprit de notre époque, envisagé dans toutes ses manifestations et observé dans ses tendances libérales. C'est le tableau général du monde moderne, tracé par une plume indépendante et consciencieuse.

3 vol. in-12 broché. — Prix : 6 fr.

DU MÊME AUTEUR (C. A. DAUBAN)

HISTOIRE ANCIENNE | ROME ANCIENNE

RACONTÉES

PAR LEURS HISTORIENS, LEURS POËTES, LEURS ORATEURS
ET LEURS MONUMENTS

CHOIX DE LECTURES PUISÉES AUX SOURCES DE L'HISTOIRE

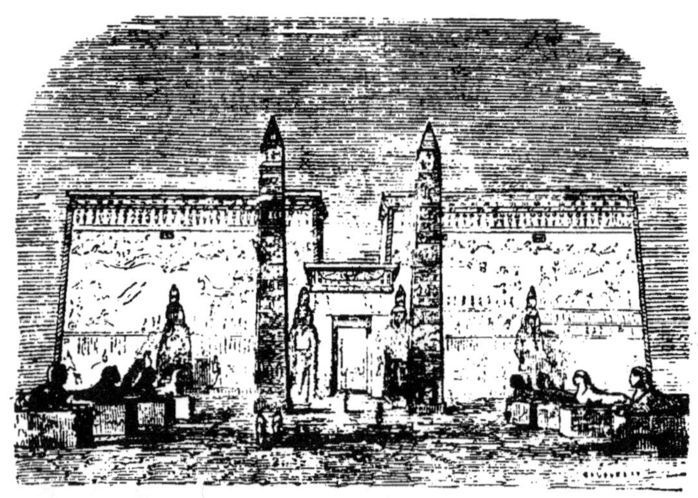

2 forts vol. in-12, illustrés. — Prix de chaque vol. : 3 fr. 50

Imprimerie générale de Ch. Lahure, rue de Fleurus, 9, à Paris.